自然科学概论

娄兆文　甘永超　赵锦慧　孙志敏 等　编

科学出版社
北　京

内 容 简 介

本书以人类认识自然、改造自然的史实为基础，以历史进程为线索，以学科为主线，侧重介绍产生过重大影响的历史事件，介绍部分重要学科领域的历史与现代发展状况，以不同社会发展阶段的自然科学成就和著名科学家具有划时代意义的发现、发明及学说为主要内容，概括地分析和阐明自然科学及其学科的对象、特点、发展规律与历史作用，粗略地介绍自然科学的知识体系。本书共10章，内容包括绪论及物理学、化学、生命科学、天文学、地学、数学、系统科学等自然科学的主要学科方向，并提供了部分供教学参考的资料。

本书可作为高等学校人文社会科学各专业学生的通识教育或素质教育教材、参考书，也可作为一般读者的科学普及读本。

图书在版编目(CIP)数据

自然科学概论/娄兆文等编．—北京：科学出版社，2012.6

ISBN 978-7-03-034872-2

Ⅰ.①自… Ⅱ.①娄… Ⅲ.①自然科学-高等学校-教材 Ⅳ.①N

中国版本图书馆CIP数据核字(2012)第127680号

责任编辑：丁 里 / 责任校对：朱光兰

责任印制：张 伟 / 封面设计：华路天然工作室

科学出版社 出版

北京东黄城根北街16号

邮政编码：100717

http://www.sciencep.com

北京建宏印刷有限公司 印刷

科学出版社发行 各地新华书店经销

*

2012年6月第 一 版 开本：720×1000 1/16

2023年8月第十一次印刷 印张：14 1/2

字数：322 000

定价：39.00元

(如有印装质量问题，我社负责调换)

目　录

第1章 绪 论

1.1 自然科学的概念、研究对象和特征

自然科学是人类科学知识的主要组成部分之一。对于什么是自然科学(或者说狭义的科学),虽然目前学术界没有一个固定的说法,但人们一般都认为自然科学是人类研究自然界各种物质和现象的科学,是人类在认识自然和改造自然的过程中所获得的关于自然界各种事物的现象和规律的知识体系,同时也是人类追求知识的一项社会活动事业。它包括数学、物理学、化学、天文学、地学和生物学等基础性科学,以及材料科学、能源科学、空间科学和医学等应用性技术科学。一般而言,属于人类对自然的认识部分称为科学(科学知识);属于人类对自然的利用和改造部分称为技术(技术知识),自然科学一般也被人们称为科学技术。

1.1.1 科学的概念和特征

广义的科学是人类反映自然、社会和人类自身客观规律的知识体系,它主要包括自然科学、社会科学和人文科学三大部分(后两种人们一般通称为人文社会科学)。狭义的科学一般指自然科学。社会科学研究的对象是政治、经济、法律和文学艺术等社会现象,它们是人类自身活动的产物。自然科学的研究对象是天体、地球和各种动植物等不依赖于人类而存在的客观事物,它们早在人类出现以前就已经存在。

自然科学是研究自然界中不同领域的运动、变化和发展规律的理论和知识体系。它概括了人类对大自然的理性认识,是关于自然界的本质和发展规律的正确反映,是人类利用、改造和保护大自然的有力武器。

自然科学的各个学科反映的只是自然界的不同侧面,而把大自然作为一个整体,研究这个整体的本质和规律的学科则不属于自然科学,而是哲学的一个二级学科——"自然辩证法",或者说"科学技术哲学"。"自然辩证法"或者"科学技术哲学"属于人文社会科学。

人文社会科学是研究"人文"与"社会"中不同领域运动、变化和发展规律的理论和知识体系。它概括了人类对自身的理性认识。人文社会科学又分为人文科学和社会科学两大部分,前者以人类自身为研究对象,主要包括文学、历史、哲学等学科;后者以人类社会为研究对象,主要包括经济、政治、管理和法学等学科。人文科学和社会科学的研究对象和内容通常是缠绕在一起的,很难把二者完全分离开来。

无论是自然科学还是社会科学,它们都是对研究对象的本质及其规律的揭示,是反映事物真相的客观真理。因此,科学的主要特征是:第一,具有重复性、再现性和可比性。科学是一种知识形态的理论、概念、原理和学说,它存在于人们的大脑、书刊和光盘

等多种载体之中，是人类的精神财富，是可以传播、教授、继承和发展的。对于同一个或同一类研究对象来说，不同的人在相同的条件下，通过实验和观察可以得到相同的结果，可以发现共同的科学现象和规律。第二，既具有连续性，又具有创造性。特定的历史条件下的科学及其活动，首先要继承历史和传统，学习前人积累下来的知识并将其贯穿于自己的科学研究中，这就是科学研究的连续性；同时又必须努力解决不同时代所提出的不同问题，并在这些问题上有所发现和创造，这就是科学研究的创造性。在科学研究中必须处理好继承和创新的关系。第三，具有开放性。科学知识的对象是客观世界，世界是不断变化和发展的，人们对世界的科学认识也是不断发展的。科学的开放性就意味着科学具有广阔的胸怀去包容、批判和创造一切揭示事物客观规律的知识和理论。

1.1.2 技术的概念和特征

1. 技术的概念

技术是一个非常复杂的概念，因为技术涉及的对象非常广泛；技术也是一个动态的概念，因为随着历史的发展，技术的含义在不断扩充，不同时期人们对“技术”的看法是不一样的。在古代，古希腊著名哲学家（也是科学家）亚里士多德最早提出：科学是知识，技术是制作的智慧。技术仅仅是指个人的经验、技巧和手艺。在近代，随着工业革命的兴起，机器在工业生产中占据着越来越重要的地位，于是人们就认为技术就是工具、机器和设备，是一个个没有生命的装置。20 世纪以后，随着现代科学技术的发展，技术不仅成为人类改造自然、进行劳动生产的手段，而且成为人类认识自然、进行科学探索的重要工具。现代技术已经不仅是日常经验的产物，而且是科学研究的结果。目前比较流行的“技术”的定义是：技术是根据科学原理和实践经验而发展起来的各种工艺操作方法和技能体系。

2. 技术的特征

首先，技术具有明确的目的性。由于技术是为人类所拥有，也是为人类服务的，所以任何技术都有明确的目的，目的性是技术活动的起点，技术成果是技术的目的性的实现。其次，技术是人（使用者或者说劳动者）和物（使用对象或者说劳动对象）结合在一起的有机整体。所有技术都包括两个方面：一是利用和改造自然的物质要素，指生产工具、设备和机器等劳动资料，称为技术的“硬件”；二是利用和改造自然的人的要素，指生产工艺、加工方法和管理体系等，称为技术的“软件”。只有将物的因素和人的因素结合起来，技术才能有效地发挥作用。最后，技术既具有自然属性，又具有社会属性。技术的自然属性是指人们在应用技术的过程中必须遵循自然自身的发展规律，不能是“人有多大胆，地有多大产”、“思想有多远，我们就能走多远”，这是人类所有技术活动必须遵循的前提。所有技术本质上都是对自然规律的应用。技术的社会属性是指人们在应用技术改造自然的过程中，必须遵守社会发展的规律。技术在应用于社会的过程中，必然会受到各种社会因素的影响和制约。例如，一项非常先进的技术，如果它的功能和效用不符合当时当地社会经济的要求，不能满足经济性、可靠性、安全性和社会心理因素等社会需求,那么这种技术就没有生命力。任何技术都是社会的技术,只有通过广泛的社会协作才能得以实现和推广。

1.1.3 科学与技术的关系

科学与技术,一方面它们是两个不同的学科,二者具有不同的研究对象和研究方法;另一方面,科学与技术又是两个关系非常密切的学科,这既指人们很难把科学与技术,特别是现代科学与技术完全分离开来,也指科学和技术一体化的趋势在当今时代越来越明显。

1. 科学与技术的区别

科学与技术经常被人们联系在一起使用,简称为"科技"。但是也应该注意到,科学与技术是两种不同的现象,也是两个不同的学科,二者是有区别的。忽视二者的区别会引起一系列的误解和失误。

科学属于认识范畴,它的主要任务是回答有关"是什么"、"为什么"的问题,目的是建立相应的知识体系;技术属于实践范畴,它的主要任务是解决有关客观世界(研究对象)"做什么"、"怎么做"的问题,目的是建立相应的操作体系。

科学,或科学研究活动,是对未知世界的探索,所用的方法主要包括观察、实验、收集与整理感性资料、假说、逻辑推理和验证等;技术,或具体的技术活动,是在已有理论指导下的实践性探索,所用的方法主要是设计、模拟、类比、试验、放大、制作、标准化、程序化和试用(验收)等。

对于科学或科学的成果,评价的标准是其符合性(理论的最终结果与实验事实是否相符,以及符合的程度)、创新性(在理论上是否有突破、是否有创造)和逻辑性(理论体系的结构是否严谨、自洽);对于技术或技术产品,评价的标准是其效用性(是否有用,以及效用的大小)、可行性(可否实施、实施的条件是否苛刻)和经济性(投入产出比如何、市场前景如何)。

科学与经济只有间接的关系,虽然科学的成果对经济可能具有长远的影响,但是一般而言,科学在短期之内并不会对经济产生直接的影响。与此相反,技术与经济具有直接的关系,技术产品对经济可能会产生立竿见影的影响。当然,技术对经济的影响也可能是长远的,因为技术一般是保密的,特别是在技术发明的初期是受专利保护的。

表1-1简要说明了科学与技术的主要区别。

表1-1 科学与技术的主要区别

项目	科学	技术
所属范畴	认识范畴	实践范畴
主要任务	建立"是什么"、"为什么"的知识体系	建立"做什么"、"怎么做"的操作体系

续表

项目	科学	技术
所用方法	观察、实验、假说、推理、验证等	设计、模拟、试验、制作、试用(验收)等
评价标准	符合性、创新性、逻辑性	效用性、可行性、经济性
与经济的关系	间接、长远相关	直接、短期相关
主体人员	科学家、学者	发明家、工程技术人员

2. 科学与技术的联系

科学与技术的联系表现或发生在多个方面及不同层次，主要包括以下方面：

(1) 科学是技术(主要指科学性技术)产生与形成的基础，并为科学性技术的发展不断提供新的知识源泉。

(2) 技术的需要是科学发展最重要的动力之一。

(3) 技术为科学研究及其进展提供必要的手段及条件。

(4) 经验性技术包含一些科学的因素，它的提炼与升华是科学创造的一类源泉。

(5) 科学可以改进或提升经验性技术。

(6) 在技术中存在科学问题(“是什么”、“为什么”)，对这些问题的研究将形成技术科学。

(7) 在科学中存在技术问题(“做什么”、“怎么做”)，这些问题的解决将推动科学发展或产生新的技术。

(8) 出现了“科学技术化”、“技术科学化”和“科学技术一体化”的趋势。

3. 科学与技术之间的相互转化

科学与技术之间的转化包括科学向技术的转化和技术向科学的转化两个方面。历史上，技术向科学的转化曾经是科学产生与发展的重要途径。但是，20 世纪现代科学体系建立以后，科学向技术的转化已成为科学与技术之间相互转化的主流，虽然仍然存在技术向科学转化的现象。

由于科学与技术分属不同范畴(科学属认识和理论范畴，技术属实践与操作范畴)，且科学存在着不同的层次(基础科学、技术科学和生产科学)，技术也存在着不同的等级(实验技术、专业技术、生产或工程技术等)，所以，科学向技术的转化必然要经过一系列的中间环节，并有着方方面面的联系。下面以激光技术的发展来说明这种转化的复杂性。

激光技术的第一阶段是所谓“激光实验技术”。根据爱因斯坦提出的光的受激发射理论(1916 年)，科学家致力于从实验上实现光的受激发射。经过各种理论方案的探讨及实验研究，终于在 1960 年制成第一台红宝石激光器，在实验室观察到了激光。这个阶段运用了原子物理学、光学与光谱学、波谱学和固体物理学等有关知识，使光的受激发射理论(基础科学)转化成激光实验技术(光的受激发射)。

激光技术的第二阶段是所谓“激光专业技术”。从1960年至1966年，研制成许多不同类型的激光器，并研究出激光特性参数（功率、频宽、发射角和脉冲时间等）的测量方法以及激光频率转换和调谐方法，从而形成了激光专业技术。在此过程中，运用了激光理论、非线性光学、晶体学、电子学和计量学等多种知识，使激光原理（技术科学）等转化成激光专业技术（激光器的制作及参数测量）。

激光技术的第三阶段是所谓“激光生产技术”。从20世纪60年代后期，特别是70年代起，激光技术广泛地应用于工业、农业、医疗、军事、通信和科学研究等方面。各种以激光器为核心的激光机（如激光打孔机、激光测长仪、激光育种机和激光手术器等）投入批量生产、规模生产，形成激光生产技术，与此相应的则是激光工业的出现。在这个过程中，运用了激光原理、机械制造学和材料学等知识，使激光工艺学（生产科学）转化成激光生产技术（各种激光机的制造及应用）。

1.2 自然科学的功能与作用

100多年以前，马克思和恩格斯就指出，科学是一种在历史上起推动作用的、最高意义上的革命力量，揭示了科学技术在经济、社会、文化等多方面的价值和作用。现代科学技术的进步影响着人类社会的各个领域，显示出对人类社会发展的巨大推动作用。

1.2.1 科学技术是社会发展中的一种历史现象

科学与技术起源于人类认识与改造自然的需要，它们都有着悠久的历史。不过科学与技术成为一种引人注目的社会力量，则是从文艺复兴运动以来，随着科学革命与技术革命，以及科学技术成为生产力而开始的。

1543年，哥白尼的《天体运行论》一书的出版，宣告科学“从神学中解放出来”，走上独立发展的道路。然而，16～19世纪，科学研究大多局限在个体活动的范围之内，社会的支持与关注很少。例如，世界著名的格林尼治天文台在17世纪建立时，其仪器设备主要是天文学家弗拉姆斯蒂德个人出资购买的。

18世纪发生在英国的技术革命（瓦特蒸汽机的发明，1768年）及随后的产业革命（蒸汽动力的大规模应用，1784年）引起整个社会对科学技术的力量刮目相看。大机器生产方式的确立，使物质生产过程变为科学在生产中的应用，科学技术成为生产力，从此，科学技术开始成为一种社会事业。

20世纪以来，科学技术从“小科技”发展成“大科技”，形成国家规模及国际合作事业；科学技术已成为第一生产力；发展高科技、抢夺经济发展的制高点，成为各国政府战略发展的重要组成部分。与此同时，也出现了对科学技术的人文批判、社会批判与生态批判的各种思潮，它提醒我们，在充分评价科学技术的正面效应时，也不应该忽视它的负面效应。

1.2.2　科学技术既是一种物质力量，又是一种精神力量

科学技术既具有物质力量，又具有精神力量。正是这两种力量的发挥，形成了科学技术的社会功能。

1. 科学技术的生产力功能

生产力一般指物质生产的能力。但是，社会生产除物质生产外，还包括精神生产及人的生产。因此，从广义角度来说，生产力可以分为物质生产力、精神生产力及人的生产力(人自身生产的能力)三种类型。

科学技术是生产力包含两方面的含义：科学技术作为一种知识形态，在未进入生产过程之前，只是一种潜在的生产力或可能的生产力；而当科学技术进入生产过程之后，就被“物化”而转变成直接的生产力或现实的生产力。科学技术既是潜在的生产力(尚未“物化”)，又是直接生产力(已被“物化”)。

“科学技术是生产力”是一个历史命题。在大机器生产方式确立以前，人类的生产主要凭借经验，因此，科学技术尚未成为生产力。大机器生产方式的确立(18 世纪 80 年代)，“第一次使自然科学为直接的生产过程服务”，“第一次产生了只有用科学方法才能解决的实际问题”，“第一次达到使科学的应用成为可能和必要的那样一种规模”，“第一次把物质生产过程变为科学在生产中的应用”(马克思，1978)，从而使科学技术成为生产力。

在当代(20 世纪 50 年代以来)，科学技术与现代生产力系统已融为一体，它广泛而深入地渗透到(“物化”)生产力系统(由生产力各要素相互联系构成的一个整体)的从微观到宏观的各个层次，渗透到生产力系统的每一要素、整体结构，以及生产力系统的外部环境之中。科学技术已成为现代社会生产力发展的主要源泉，具有开辟道路、决定水平及确定方向之作用，因而科学技术在当今时代已成为第一生产力。

2. 科学技术的文化功能

科学不仅是一种知识体系，而且是一种产生知识的社会活动；技术则是在科学指导下利用与改造对象世界的社会实践活动。在这些活动中，科学技术除本身的物质力量(主要体现在生产力功能方面)外，还有一种精神力量，那就是科学精神。科学精神主要表现为以下几个方面：

(1) 实事求是。科学认识源于经验、迄于经验，以实践(理论与实验的一致性)作为检验科学理论的唯一标准。实事求是是科学的基本精神，偏离实事求是，科学将寸步难行。

(2) 崇尚理性。科学重视经验，但反对狭隘的经验主义。科学强调理性思维(逻辑的与直觉的)在科学发展中的作用，把揭示事物固有的因果性、规律性和统一性作为自己的目标，因此，科学是一种理性的事业。

(3) 不畏“权势”。科学以实事求是作为自己的基本精神，以崇尚理性作为自己的基本风格，科学中的最高权威是真理(由实践来检验)，而不是“金钱”或“权势”。许多科

学家为追求真理而献身，这代表了科学的本性。

(4) 团结协作。现代科学技术已由科学家、发明家的个体活动变成了科学技术共同体的群体活动，科学技术已成为社会事业。20 世纪 80 年代以后，许多迫切的科学技术问题，如环境、信息网络、人口、能源、气象、生态和宇航等要求全球合作。

1.2.3　科学技术是推动历史发展的革命力量

恩格斯在马克思墓前的演说中曾经指出："在马克思看来，科学是一种在历史上起推动作用的、革命的力量"（中共中央马克思恩格斯列宁斯大林著作编译局，1963）。正因为马克思把科学看做一种革命力量，所以，"任何一门理论科学中的每一个新发现，即使它的实际应用甚至还无法预言，都使马克思感到衷心喜悦"（中共中央马克思恩格斯列宁斯大林著作编译局，1963）。

为什么马克思把科学技术看成一种革命力量？这是因为，按照历史唯物主义，物质资料的生产是人类社会的基础。而人类要生产，就必须同自然界发生联系，形成一定的生产力，同时，人与人之间又要结成一定的生产关系。生产力与生产关系的统一，就构成一定的社会生产方式。而"物质生活的生产方式制约着整个社会生活、政治生活和精神生活的过程……社会的物质生产力发展到一定的阶段，便同它们一直在其中活动的现存生产关系或财产关系（这只是生产关系的法律用语）发生矛盾。于是这些关系便由生产力的发展形式变成生产力的桎梏。那时社会革命时代就到来了"（中共中央马克思恩格斯列宁斯大林著作编译局，1972）。也就是说，按照历史唯物主义的观点，生产力是历史发展最终的决定力量。而科学技术是生产力，并在当代已经成为第一生产力。因此，科学技术必然成为一种推动历史发展的革命力量。

科学技术成为一种革命力量，除了它的生产力功能，还由于它的文化功能。实事求是、崇尚理性、不畏"权势"、团结协作——这些科学精神，代表着人类社会的光明与前景，它将作为一种有形或无形的力量批判着人类社会各种黑暗与反动的势力，推动着人类社会的不断进步与发展。

1.3　自然科学的体系结构与发展趋势

1.3.1　科学和技术的形成与发展

科学技术发展的历史源远流长。二三百万年以前地球上开始有了人类，人从动物界分化出来的标志是工具的制造。人类在制造工具、进行生产劳动的过程中，做出了一系列有重大意义的技术创造，掌握了改造自然的技能，同样取得了一些经验知识。就是在这样的过程中，萌发了科学技术的幼芽。它的发展经历了古代、近代、现代三大阶段。古代的科学处于萌芽状态，只有天文学、数学和力学等少数几个学科，并且附属在哲学之内。到 15 世纪下半叶，在近代资本主义生产的有力推动下，从哥白尼发表的《天体运行论》一书开始，科学才真正发展起来，当时除天文学、力学和数学有了很大的进展外，物理学、化学、生物学和地质学等主要学科也相继建立起来。它们是在能量守恒和转化定律、原子-分子论、元素周期律、细胞学说和进化论等一些重要学说诞生的基础上建立的。19 世纪末，科学进入现代阶段，上述学科又有了重大进展，除每一门基础学科分化出许多分支学科外，还分别产生了一些新的科学理论。例如，物理学中的量子力学、相对论，化学中的量子化学、结构化学，生物学中的分子生物学，天文学中的宇宙学等，这标志着纯理论科学已进入相当成熟的阶段。

所谓“技术”，泛指根据生产实践经验和自然科学原理而发展起来的各种工艺操作方法和技能。技术发展的历史比科学发展的历史更为久远。最初的技术是包含在生产经验之中的。在人类制造第一把石斧时，就产生了最早的技术。在古代，人们从生产活动中获得了各种技术知识，如耕作、制陶、酿酒、金属冶炼，以及修建水坝、宫殿和陵墓等。但是，这些来自生产经验的技术，在当时只是一种技能，还没有形成一种专门的学问，那时的人们还不知道有关这些技术的科学原理。到了近代，技术才从生产中分化出来，逐渐成为一种专门学问，并在推动社会发展的过程中起着重要的作用，受到人们的重视。例如，人们先后制造的纺织机、蒸汽机等大大推动了社会生产力的发展；19 世纪以后，一系列现代技术，如通信、电子、原子能、激光和电子计算机等相继问世，对整个社会的经济生活产生了巨大的影响。现代技术和科学发展的趋势与古代不同，古代的科学与技术处在分离状态，而现代的科学与技术是密不可分的。技术发明要依靠于科学的发现；科学发现又要依赖于技术所提供的实验手段和科研课题。因此，现代科学与技术将逐步走向一体化，形成现代自然科学新的体系结构。

1.3.2　现代自然科学的体系结构

现代自然科学的体系结构，一般认为是由基础科学、技术科学和工程技术科学（专业技术科学）所构成。它们各自都有自己的研究对象和特点，所起的作用也不相同。

基础科学是以自然界各种物质形态及其运动形式作为研究对象的。基础科学的目的在于不断地探索和揭示自然界的新现象和新规律，建立科学体系。基础科学主要包括力学、天文学、地学、物理学、化学、生物学和数学等学科。力学是研究物体机械运动规律的科学；天文学是研究天体及天体系统运动的科学；地学是研究地球（包括海洋和大气）的组成、结构、演化和运动规律的科学；物理学是研究物体的物理现象和物质微观结构及运动规律的科学；化学是研究物质的组成、结构和化学变化规律的科学；生物学是研究生物的结构、功能、发生和发展规律的科学；数学是研究客观世界中一切物质运动空间形式和数量关系的科学。每一基础学科又由若干分支学科组成，如天文学中有天体力学、天体测量学、天体物理学和天体演化学等分支学科。

技术科学是在基础科学理论的指导下，研究其应用，并解决工程技术中带有普遍性问题的科学。例如，农业科学、电子科学、计算机科学、原子科学、半导体科学和激光科学等都属于技术科学。它们都是在基础科学的理论上产生的，如激光科学就是根据爱因斯坦提出的光受激辐射的理论产生的。技术科学一方面以基础科学作为自己的理论基础，另一方面又是工程技术科学的理论基础。

工程技术科学也称为专业技术科学，是应用技术科学来解决各种专业生产中的技术、工艺等问题，进而推广到生产中去的科学。例如，人们把激光科学应用到工农业生产中，于是出现了激光打孔、激光切割、激光焊接、激光印刷排版和激光育种等专业技术，它可以焊接许多传统焊接难以焊接的金属材料和特殊的微型零件，并能达到优质水平，比普通焊接的效率高出 27 倍以上。

如图 1－1 所示，自然科学由基础科学、技术科学和工程技术科学三大门类学科组成，这三大门类的区别如上所述，其中基础科学和技术科学、工程技术科学的区别较为明显，前者是理论科学，后者属应用科学，但技术科学和工程技术科学的界限则不十分明显，因此，有的学科把它们二者统称为“技术”。这也就是把自然科学看成是由“科学”和“技术”两大部分组成，并称为“科学技术”的原因。

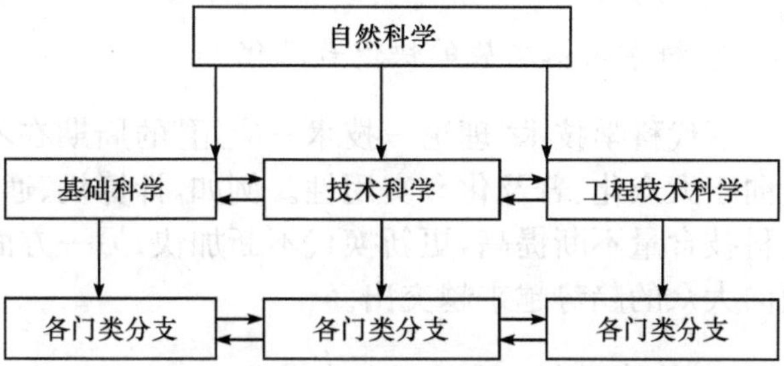

图 1－1　现代自然科学的体系结构

随着社会的发展，自然科学体系结构中的三大门类学科是相互联系、相互促进的。基础科学在科学理论研究上的突破必然会引起技术上的革新。据统计，现在 70％的技术突破来源于纯探索性的基础科学研究。另外，在技术的应用中，又会产生许多新的课题，要求基础科学作出回答，从而推动基础科学的研究。例如，蒸汽机技术诞生后，为了解决热机效率的问题，人们对热力学进行研究。

现代自然科学体系结构中的三大门类学科的联系还体现在一些新的横断学科（控制论、信息论、系统论）和综合学科（空间科学、海洋科学、环境科学）的形成上。这些新兴学科都是在综合基础科学和技术有关的知识基础上诞生的。

通过对自然科学体系结构的研究，我们可以更好地研究自然科学转化为生产力的机制和途径。由于基础科学、技术科学和工程技术科学的职能不同，决定了它们与生产实践结合的程度也不同。从基础理论研究的成果过渡到实际应用，需要经过技术科学和工程技术科学这两个中间环节，这就要求我们对理论成果进行应用性研究，解决与其有关的一些技术、工艺等问题，并迅速应用、推广到生产中去，这对于经济落后的国家尤为重要。同时，也要求我们在选择基础理论研究的课题时，要侧重那些和生产实践关系较大的课题，以尽快地为生产所利用。

对自然科学体系结构的研究，可以为正确制定科学技术发展的方针、政策提供理论依据。由于自然科学体系结构中三大门类学科迅速发展，所以要有一个正确的发展方针。这就必须考察三者之间的关系，以便恰当地分配有限的科研力量，使三者得到协调发展。特别是当今世界已处于知识经济时代，尤其应当在三大门类学科的协调发展中推动整个自然科学的大踏步前进。

1.3.3　现代科学和技术的发展趋势

1. *科学技术发展的高速多元化*

现代科学技术的发展，在宏观上朝着科学前沿和尖端技术的方向高速发展，一个个科学谜团被不断地解开，一个个技术极限接连被突破；在微观上呈现出多元化发展的状况，大量的边缘学科、综合学科和尖端、高新技术纷纷涌现，体现了现代科学技术蓬勃发展的态势。

2. 科学技术发展的快速普及化

现代科学技术"理论—技术—应用"的周期在不断地缩短，科学技术的成果越来越趋向于大众化、普及化和实用性。例如，计算机、通信设备等高科技产品，一方面在技术上科技含量不断提高，更新换代不断加快；另一方面在使用上越来越经济、实用和方便，面向大众的趋势越来越突出。

3. 科学技术发展的国际合作化

现代科学技术的研究开发在许多领域呈现出高投入、高风险、高科技和综合化的状况，许多前沿课题的研究往往需要通过广泛的国际协作共同完成。例如，人类基因组计划的实施和空间技术的开发等，使科学技术的发展不断地超越地域和国界的限制。

4. 科学技术发展的综合系统化

现代科学技术的研究，往往不再是单个专业和学科闭门造车，而是多领域、多专业和多技术的合作研发，形成庞大的系统工程。例如，空间技术的开发涉及物理学、材料学、医学、自动控制、电子技术、计算机技术、喷气技术、真空技术、低温技术、半导体技术和机械制造工艺等各个领域。

1.4 科学结构的革命——自然科学与人文社会科学走向统一

目前，我们在谈及科学技术时，一般主要指的是自然科学及其技术，而不包括人文社会科学，自然科学与人文社会科学基本上处于分离状态。这种分离状态不适应科学技术本身发展的需要，也不能满足社会历史发展的需要。当代科技革命发展趋势之一，就是要逐渐结束这种分离状态，推动自然科学与人文社会科学在21世纪或更长的时间内走向统一。

1.4.1 自然科学与人文社会科学的不同特点

自然科学以自然界中各种形态的物质运动(机械运动、物理运动、化学运动、生物运动、地球运动和天体运动等)为研究对象，自然界的物质运动不受人的意志或意识的影响，是一种客观的运动。自然科学仅反映自然界的物质运动的客观规律，不能也不应该掺杂人的主观要求或价值观念。

人文科学，或人文社会科学以人及由人群组成的社会为研究对象，这种研究对象本身就包括个人、团体、阶级或国家的利益、价值取向和信仰，同时，又受研究者本人的观念、信仰及所处的社会环境的影响。因而人文社会科学不像自然科学那样客观，而是比较强烈地受到个人、团体、阶级和国家的意志或意识的影响，也就是通常所说的，人文社会科学具有一定的、甚至鲜明的阶级性。

1.4.2 自然科学与人文社会科学分离

1959年,英国著名学者斯诺在剑桥大学作了一次演讲,题目为"两种文化与科学革命"。在这次讲演中斯诺认为,科学文化与人文文化两者处于分离与对抗状态。两种文化的分离与对抗使西方丧失了整体的文化观,以致20世纪的西方学术界不能对"过去"作正确的描述,不能对"现在"作合理的解释,不能对"未来"作可靠的估计。

斯诺关于科学文化与人文文化分离与对抗的描绘,虽然有一定的夸大,估计也过于严重,但是总的说来,自然科学家与人文社会科学家缺乏必要的沟通与合作则是无可争辩的事实。究其根源,主要是在很长的一段时间内,自然科学与人文社会科学各自独立地发展,再加上各自特点的不同(如上所述),使得自然科学家与社会科学家难以充分地互相理解与信任,于是自然科学与人文社会科学就表现出一种分离状态。20世纪50年代以来出现的科学主义与反科学主义的对立就是这种分离状态的一种表现。

1.4.3 自然科学与人文社会科学统一的基础

早在100多年前,马克思就曾指出,自然科学与人文社会科学的分离只是一种受历史制约的暂时性现象,随着社会历史的发展,"自然科学将包括关于人的科学;同时,关于人的科学将包括自然科学:这将是一门科学"(马克思,1979)。

为什么说自然科学与人文社会科学的分离只是暂时的现象,随着科学及社会的发展,两者必将走向统一?这主要是由于自然科学与人文社会科学二者存在着统一的基础。这个统一的基础在于以下两点。

1. 无论是自然科学还是人文社会科学,它们揭示的都是客观规律

自然科学反映的是自然界运动的客观规律,它们不以人的意志或意识为转移,对于这一点现在学术界已经没有什么争论。人文社会科学反映的是人与社会运动的客观规律。在一定的历史时期内,人文社会科学理论确实不可避免地会打上阶级的烙印,包含某些偏见与谬误,但是,只要是真正的人文社会科学,那些歪曲了人与社会客观规律的理论迟早会在人类的社会实践中被历史所抛弃而走向客观真理。

2. 自然科学与人文社会科学具有某些共同规律

无论是自然领域还是人与社会领域,都存在某些共同的范畴及规律,如数量关系,要素、结构、系统、环境、功能、信息和控制之间的关系,量变与质变、渐变与突变、吸引与排斥、对立与统一、进化与退化、现象与本质、偶然性与必然性、原因与结果等之间的关系。正因为如此,反映数与形关系的数学,反映要素、结构、系统、环境、功能、信息和控制之间的关系的系统科学,以及反映自然、社会及思维过程共同规律的哲学都已渗透到自然科学及人文社会科学中并得到广泛应用。

普利高津1969年建立的耗散结构理论就是一个成功的范例。耗散结构理论指出,一个远离平衡态的开放系统(包括非生命的、生命的和社会的系统),通过不断地与外界

交换物质、能量或信息，在相互作用达到一定阈值时，可能从无序状态转变为相对有序状态。作为系统科学的一个学派理论，耗散结构理论已被广泛地用来分析与处理自然界、工程技术和社会历史生活中的有关问题，在科学文化与人文文化之间架起一座沟通的桥梁。

1.4.4 对自然科学及人文社会科学统一的理解

怎样才算自然科学与人文社会科学走向了统一？对这个问题，虽然目前学术界存在不同的理解，但比较共同的看法有以下三点。

1. 遵守共同的科学规范

无论是自然科学还是人文社会科学，如果想成为统一科学体系中的不同部门，它们就应该遵守共同的科学规范：①实事求是，从客观事实出发，而不是从先验设定出发建构自己的理论体系；②理论体系应该是逻辑一致的、自洽的；③接受实践的检验，在历史的发展过程中不断排除不符合客观事实的理论观点而逐渐走向客观真理。

2. 理论观点相互包容而不是相互排斥

自然科学是物质低级运动形态规律的反映，人文社会科学是物质高级运动形态规律的反映。物质高级运动形态是建立在物质低级运动形态基础之上的(人是从自然界中分化出来的，社会是在人群的基础上组成并发展起来的)，因此，作为统一科学体系的两大部门——自然科学与人文社会科学的理论观点应该是相互包容，而不是相互排斥。例如，如果承认自然界是不断地进化与发展的，那么就应该承认社会也是不断进化与发展的；如果承认自然界有普遍的规律，就应该承认人与社会也有普遍的规律，等等。特别是作为反映物质高级运动形态规律的人文社会科学理论，不应违反业已被实验检验过的自然科学原理，相反，应该援引自然科学原理作为自己理论的论据。

3. 功能互补并将各自的作用充分发挥出来

自然科学与人文社会科学各自研究的对象不同，它们的内容当然也就不同。内容不同，当然功能也就不同。正是自然科学与人文社会科学功能上的不同，使它们在解决人类社会所面临的各类问题，特别是那些重大、复杂的问题中发挥特长而相互补充。例如，关于科学技术转化或技术创新的问题，就不仅仅是提高科学技术水平的问题，更大程度上是建立科技转化的机制、提供社会保障条件的问题。前者依靠自然科学自身就基本可以解决；后者则需要发挥人文社会科学的特长。

1.4.5 自然科学与人文社会科学走向统一的途径

推动自然科学与人文社会科学走向统一的主要途径应该包括以下六点。

1. 加强联系与沟通

由于专业化的原因，大多数知识分子只了解一种文化(自然科学或人文社会科学)。

分离的双方经常以无知的自大而蔑视对方，不能充分地理解与信任对方。为了填平科学文化与人文文化之间的鸿沟，最简单的办法是加强自然科学家与人文社会科学家之间的联系与沟通。例如，举行报告会、座谈会，建立综合性的科学团体，举办文化沙龙等。

2. 组织联合攻关

当代很多的工程技术问题与社会问题，既有自然科学技术的问题，又有人文社会科学的问题，非常有必要组织联合攻关。这种联合攻关，如果形成一种风气、一种规范，那么两种文化之间的统一就会大大得到推进。

3. 合作研究与著书立说

积极提倡自然科学家与人文社会科学家合作研究，并将其成果写成专著，适当通俗一些地加以出版，在社会上形成两种文化结合的样板。在这方面数学家冯·诺依曼(Von Neumann)和经济学家摩根斯特恩于 1944 年合作创立对策论是一次成功的尝试。他们在《对策论与经济行为》一书中概括了经济主体的典型行为特征，提出了各种对策论模型，奠定了对策学及其应用的理论基础。数学家维纳于 20 世纪 40～50 年代召集不同专业的学者在一起研讨各种学术问题并最终创建控制论更是成功的典范。

4. 开展战略发展研究

21 世纪是一个在信息化、知识化和全球化背景下激烈竞争的时代，为了在竞争中获胜，战略发展研究具有极其重要的意义。战略发展研究涉及自然科学、工程技术和人文社会科学各个方面的问题。通过战略发展的研究，加强两种文化的联系与沟通，对推动边缘科学、交叉科学和综合科学的发展大有裨益。战略发展的思想研究可以公开讨论，吸引更多的学者及民众参加，增强两种文化统一的意识；战略发展的实施草案可以组织专家内部研究，一方面取长补短，使实施方案全面、合理，另一方面也可以推动两种文化的交流与统一。

5. 发展各种软科学服务公司

随着社会生活的复杂化，个人、单位、企业和政府等都有许多经营、管理和决策方面的问题，这些仅靠自己的力量是难以解决的，需要求助于专业性的机构。为适应这种形势，应积极提倡建立各种类型的软科学服务公司，从事相关咨询服务。在咨询服务中发展软科学技术，培养文理兼通的人才，推进两类文化的统一。

6. 改革教育体系，从源头上推动两种文化的统一

两种文化之间分离状态的形成，最重要的原因之一是教学体系中两种文化教育的脱节。为克服这种弊端，应该在幼儿园—小学—中学—大学—硕士—博士各个教育阶段都注意到科学文化与人文文化的兼顾与统一，如改革我国目前争议很大的高考文理分科制度，在大学加强通识教育等，从而从人才培养上为两种文化的结合、统一打下坚实的基础。

第2章 物 理 学

2.1 物理学的学科特点与研究方法

2.1.1 物理学简介

“物理学”一词最先出自希腊文 φυσικη,原意是指自然(φυσι ς)。古时欧洲人称物理学为“自然哲学”。从最广泛的意义上来说,物理学是研究大自然现象及其规律的学问。

具体来说,物理学是研究物质世界最基本的结构、最普遍的相互作用、最一般的运动规律及所使用的实验手段和思维方法的自然科学。在现代,物理学已成为自然科学中最基础的学科之一。经过大量严格的实验验证的物理学规律被称为物理学定律。然而,与其他很多自然科学理论一样,这些定律不能被证明,其正确性只能由实验反复检验。

在物理学领域中,主要研究的是宇宙的基本组成要素如物质、能量、空间、时间以及它们之间的相互关系,并希望借助那些已经认识到的基本定律和法则完整地了解这个系统。物理学在经典时代是由与它极其相像的自然哲学的一部分研究成果所组成的,到了19世纪,物理学才从哲学中分离出来而成为一门独立的实证科学。

从古代起,人们就尝试着理解这个世界:为什么物体会往地上掉,为什么不同的物质有不同的性质等。宇宙的性质同样是一个谜,如地球、太阳和月亮这些星体究竟是遵循着什么规律在运动,并且是什么力量决定着这些规律。人们提出了各种理论试图解释这个世界,然而其中的大多数都是错误的。这些早期的理论在今天看来更像是一些哲学理论,它们不像今天的理论通常需要被有系统的实验证明。例如,托勒密(Ptolemy)和亚里士多德(Aristotle)提出的理论,其中有些与我们日常所观察到的事实是相悖的。当然也有例外,如印度的一些哲学家和天文学家在原子论和天文学方面所给出的许多描述是正确的,古希腊思想家阿基米德(Archimedes)在力学方面导出了许多正确的结论,如我们熟知的阿基米德定律。

物理学与其他许多自然科学息息相关,如数学、化学、生物学、天文学和地学等,尤其是与数学、化学和天文学的关系十分密切,如化学与物理学中的量子力学交叉而产生了量子化学,天文学更是直接与物理学“联姻”而产生了天体物理学,数学则可以作为物理学的工具而相互促进、相得益彰。

2.1.2 物理学的学科特点

物理学是研究物质结构、相互作用和基本运动规律的学科,物理学的学科特点可以概括为以下五个方面。

1. 物理学是一门精密的实验科学

自从伽利略开创了把观察实验、抽象思维与数学方法相结合的研究途径以后，物理学就迅速发展成为一门精密的定量的科学。在物理学中，许多物理概念和物理规律具有定量的含义，物理学中的基本定律和公式都是运用数学的语言精确表达的，物理学中基本概念和规律的定性描述与精确的定量表达相结合是物理学区别于其他学科的显著特点。此外，数学方法还是物理学研究的重要推理论证的工具和手段，物理学与数学有密切的关系，物理学的发展离不开数学。

2. 物理学是一门严谨的理论科学

物理学是以基本概念和基本规律为主干而构成的一个完整的理论体系，它的基本概念、基本规律和基本方法及其相互联系构成了物理学的主体结构，其中的基本概念是基石、基本规律是中心、基本方法是纽带，比较完备而精确的数学描述则是物理学的主要特色。

3. 物理学是一门理论与实验相互印证、辩证统一的科学

实验是物理学的基础，科学思维是物理学的生命。在物理学中，概念的形成、规律的发现和理论的建立都有其坚实的基础，任何物理理论的真实性都要以实验作为唯一的检验标准。物理实验不仅是物理学理论的基础，也是物理学发展的基本动力，是启迪物理思维的源泉，不少重要的物理思想就是在物理实验的基础上涌现出来的。例如，卢瑟福建立原子核式结构模型的基础是 α 粒子散射实验中所出现的大角度散射现象，普朗克的能量量子假设则是在解释黑体辐射实验规律时萌发的。物理学的发展充分表明，实验不仅是一种研究物理问题的科学方法或手段，而且还是一种物理学的基本思想和基本观点。另外，在物理学中，观察实验也离不开科学思维，无论是实验方案的设计、实验现象的观察、实验数据的采集、实验结果的分析和实验结论的得出，还是理论研究中的推理论证、概括和总结，都必须经过科学思维；同时，经过科学思维得出的物理结论又必须接受实验的检验。由此可见，物理学是观察实验和科学思维相结合的产物，物理模型的提出、物理概念的形成、物理规律的发现、物理理论的建立及物理学中许多重大发现都是在观察实验的基础上进行科学思维的结果，科学思维对物理学的发展起着决定性的作用。

4. 物理学是一门基础科学，它是自然科学的重要基础之一

物理学的研究成果和研究方法在自然科学的各个领域都起着重要作用，并且形成了许多交叉学科；物理学也是现代科学技术的重要基础，许多高新技术都与物理学密切相关，历史上许多与物理学直接有关的重要的技术发明对人类社会的发展都起到了很大的作用。

5. 物理学是一门带有方法论性质的科学

物理学在长期的发展过程中，形成了一整套研究问题和解决问题的科学方法，这些方法不仅对物理学的发展起了很重要的作用，而且对其他学科的发展产生了一定的影响，它是辩证唯物主义哲学的重要基础，深刻影响着人们的思想、观点和思维方式。大量事实表明，物理学思想和方法不仅对物理学本身有价值，而且对整个自然科学，乃至社会科学的发展都有着重要的贡献。据统计，自 20 世纪中叶以来，在诺贝尔化学奖、生理学或医学奖，甚至经济学奖的获奖者中，有一半以上的人具有物理学的背景——这意味着他们从物理学中汲取了思想和方法并转化到非物理学领域而获得了成功。反过来，却很少发现有非物理专业出身的科学家问鼎诺贝尔物理学奖的事例。这就是物理学思想和方法的力量表现。

2.1.3　物理学的研究方法

诺贝尔物理学奖得主、德国科学家玻恩(Born)说："与其说是因为我发表的工作里包含了一个自然现象的发现，倒不如说是因为那里包含了一个关于自然现象的科学思想方法的基础。"物理学之所以被人们公认为一门重要的科学，不仅仅在于它对客观世界的规律作出了深刻的揭示，还因为它在发展和成长的过程中，形成了一整套独特而卓有成效的思想方法体系。正因为如此，物理学当之无愧地成为人类智能的结晶、文明的瑰宝。

对于物理学理论与实验来说，物理量的定义和测量的假设选择、理论的数学展开、理论与实验的比较要求理论模型与实验定律一致，从而揭示实验定律的深刻物理内涵，这是物理学理论的唯一目标。对于物理学来说，理论预言与现实一致与否是真理的唯一判断标准。

物理学作为一门研究物质结构、相互作用和运动基本规律的学科，有多种研究方法。简单地说，如两个 5 Ω 的电阻串联可以用一个 10 Ω 的电阻等效替换，这是等效法；模型法也用得比较多，如讲原子结构时原子的核式结构模型或者行星模型。此外，还有比较法，如在研究杠杆平衡条件的实验中，测出了动力、动力臂、阻力、阻力臂之后，要比较动力与动力臂和阻力与阻力臂的乘积，才能得到杠杆的平衡条件；分类法，在研究导体与绝缘体时就用到了分类法；类比法，在研究电流时用水流来类比说明；控制变量法，在研究电流、电压与电阻三者之间的关系时就用了此法；转换法，如测密度时依据密度公式将其转换为测质量和测体积等。

当然，这些都是比较初等的方法。如果概括程度稍微高一点，则可以分为理性思维方法、实验方法以及理论与实验相结合的综合方法。具体来说，理性思维方法又包括逻辑方法与数学方法等，而逻辑方法又包括科学抽象方法、比较与类比方法、证明与反驳方法等。数学方法则几乎囊括了所有可以应用于物理学方法，包括对必然现象的数学描述方法、对或然现象的数学描述方法以及对模糊现象的数学描述方法等。实验方法更是五花八门，除地面上所进行的各种实验外，现已深入地(水)下很深的地方乃至外太空。所谓理论与实验相结合的综合方法现在更是热门,不少杰出的现代物理学成果都是理论与实验相结合的综合方法的结晶。

2.2 物理学革命的背景及其发展模式

由牛顿(Newton)、克劳修斯(Clausius)、麦克斯韦(Maxwell)等一大批物理学家所创立的经典物理学经过几百年的发展,到19世纪末早已枝繁叶茂,成为一个独立、完整和比较成熟的科学体系。当时的不少物理学家认为,物理学的大厦已经建成,物理学中基本的、原则的问题都已经解决,剩下的只是进一步精确化的问题。然而,19世纪末物理实验上的三大发现以及物理学晴朗天空中两朵小小乌云的飘荡,却引来了一场急风暴雨式的物理学革命。

2.2.1 物理学革命前夜的三大发现

1. X射线的发现

1895年11月8日,德国物理学家伦琴(Röntgen)像平时一样在实验室里做实验。他先将一支克鲁克斯放电管用黑纸严严实实地包裹起来,把房间弄黑,接通感应圈,使高压放电通过放电管,黑纸并没有漏光,一切正常。他截断电流,准备做每天做的实验,可是一眨眼,眼前似乎闪过一丝绿色荧光,再一眨眼,却又是一团漆黑了。刚才放电管是用黑纸包裹着的,荧光屏也没有竖起,怎么会出现荧光呢?他想,一定是自己整天在暗室里观察这种神秘的荧光,形成习惯,产生了错觉,于是又重复做放电实验。原来离工作台近一米远的地方立着一个亚铂氰化钡小屏,荧光是从这里发出的。但是阴极射线绝不能穿过数厘米以上的空气,怎么能使这面在将近一米外的荧光屏闪光呢?难道是一种未发现的新射线吗?他兴奋地托起荧光屏,前前后后地挪动位置,可是那一丝绿光总不会逝去。看来这种新射线的穿透能力极强,与距离没有多大关系。那么,除空气外,它能不能穿透其他物质呢?伦琴抽出一张扑克牌,挡住射线,荧光屏上照样出现亮光。他又换了一本书,荧光屏虽不像刚才那样亮,但照样发光。他又换了一张薄铝片,效果和一本厚书一样。他再换一张薄铅片,却没有了亮光——铅竟能截断射线。伦琴兴奋极了,现在可以肯定这是一种新的射线!这一发现宣布了现代物理学时代的到来,使医学发生了革命,伦琴也于1901年获得了第一届诺贝尔物理学奖。

2. 电子的发现

19世纪是电磁学大发展的时期,到七八十年代电气工业开始有了发展,发电机、变压器和高压输电线路逐步在生产中得到应用。然而,漏电和放电损耗非常严重,成了亟待解决的问题。同时,电气照明也引起了许多科学家的注意。这些问题都涉及低压气体放电现象,于是,人们竞相研究与低压气体放电现象有关的问题。阴极射线是低压气体放电过程中出现的一种奇特现象,对其本性的研究导致了英国学派的微粒说和德国学派的以太论。

在阴极射线的争论中，汤姆孙(J. J. Thomson)认为带电微粒说更符合实际。X射线的发现宣布后，他立即用X射线轰击气体，发现有气体电离的现象发生。X射线能使气体电离的现象使他更加深刻地认识到阴极射线的粒子性，下决心以更鲜明的实验来证实这一特性：①测阴极射线的电荷；②使阴极射线在静电场中偏转；③测阴极射线的荷质比。根据几个比较精确的实验结果，汤姆孙可以明确无误地证明阴极射线是由某种带负电的微粒组成。为了确定"这种微粒是什么"，汤姆孙进一步对阴极射线的荷质比进行了大量的测量，最后得到阴极射线微粒的质荷比为 10^{-11} kg/C，比氢离子的质荷比 10^{-8} kg/C 小千倍。

3. 放射性的发现

1895年，德国物理学家伦琴发现了X射线，他的工作开拓了一个新的研究领域，引起了科学界的极大震动。1896年初，法国科学家庞加莱(Poincaré)收到伦琴寄给他的论文预印本和有关照片，他在1896年1月20日的法国科学院每周例会上展示了这些资料。法国科学院院士贝克勒尔(Becquerel)出席了这次会议，他立即对新发现产生了兴趣。他问庞加莱：射线是从阴极射线管的哪一个区域发出的？庞加莱说，X射线看来是从管子正对着阴极的区域发出的，就是玻璃管发出荧光的区域(李剑桥和竭宝峰，2008)。贝克勒尔受到启发，他提出这样的猜测：X射线和荧光之间可能存在着某种联系，能够发出荧光的物质可能同时也可发出X射线。科学院例会之后，贝克勒尔立即动手进行实验来检验他的猜测，此后几周内进行的一系列实验使天然放射性被发现。

2.2.2 物理学革命前夜飘荡在物理学上空的两朵乌云

1. 迈克耳孙-莫利实验

迈克耳孙-莫利(Michelson-Morley)实验是为了观测"以太风"是否存在而做的一个实验，是在1887年由迈克耳孙与莫利合作，在美国的克利夫兰进行的。

实验原理和结果：当时认为光的传播介质是"以太"，由此产生了一个新的问题，地球以 30 km/s 的速度绕太阳运动，就必然会遇到 30 km/s 的"以太风"迎面吹来，同时，它也必然对光的传播产生影响。这个问题的产生，引起人们去探讨"以太风"是否存在。迈克耳孙-莫利实验就是在这个基础上进行的。实验结果证明，无论地球运动的方向与光的传播方向相同或相反，测出的光速都相同，这就是说地球与设想的"以太"之间没有相对运动。当时的迈克耳孙因此认为：以太是随着地球一起运动的。

2. 黑体辐射

任何物体都具有不断辐射、吸收和发射电磁波的本领。辐射出去的电磁波在各个波段是不同的，也就是具有一定的谱分布。这种谱分布与物体本身的特性及其温度有关，因而称为热辐射。为了研究不依赖于物质具体物性的热辐射规律，物理学家定义了一种理想物体——黑体(black body)，以此作为热辐射研究的标准物体。所谓黑体是指入射的电磁波全部被吸收，既没有反射，也没有透射(当然黑体仍然要向外辐射)。基尔霍夫(Kirchhoff)辐射定律:在热平衡状态的物体所辐射的能量与吸收的能量之比与物体本身物性无关,只与波长和温度有关。按照基尔霍夫辐射定律,在一定温度下,黑体必然是辐射本领最大的物体,可称为完全辐射体。普朗克(Planck)辐射定律则给出了黑体辐射的具体谱分布,它是一个很复杂的公式。但是,在对该公式进行物理解释的时候遇到了巨大的障碍:它居然要求一个振子的能量(或者)振幅是不连续的。这对于经典物理学来说是不可思议的事情!

2.2.3 物理学革命进行曲——物理学发展模式

关于物理学发展的模式,《物理学的进化》一书中提到:“我们只提到科学上的开辟工作,包括寻找新的和未预见到的科学发展道路,以及能够创造出一个永远变化着的宇宙图景的科学思想奇迹。最初的和最基本的步骤总是带有革命性的。科学想象力发现旧的概念太狭窄了,于是用新的概念去代替它。沿着所有已经开辟的思想路线而继续进行的发展,在到达下一个需要去征服的领域的转折点以前,是带有进化性的。”这里提到了两种科学发展模式:进化性的积累模式和飞跃式的革命模式。

关于物理学的发展模式,不少科学哲学家提出了他们自己的见解。最典型也最具有说服力的有四种模式。当然他们的观点也有一定的片面性。

1. 进化性的积累模式

1960年,逻辑经验主义者、美国科学哲学家内格尔(Nagel)在《科学的结构》一书中提出了“通过归并而成长”的科学发展观。

内格尔提出两种类型的归并:一种是同质归并,指某一得到高度确证的理论合并到另一个更全面的、具有实质上相同的概念的理论中。例如,伽利略的落体定律被吸收到牛顿力学中。另一种是异质归并,指某一得到高度确证的理论通过演绎包容到一个缺乏表达该理论所用的一些概念的更为深刻的理论中去。例如,关于物体宏观性质的理论归并到涉及物体微观结构的理论,如经典热力学理论归并到统计力学中,虽然经典热力学中的某些重要概念如温度、熵等并没有包含在统计力学中,但在揭示分子运动统计规律的前提下,完全可以推演出经典热力学定律。

同时,内格尔提出了关于新旧理论更替的两个基本条件:一是“经验支持”,即新理论不但能解释旧理论所能解释的事实,而且还能解释旧理论所不能解释的事实;二是“增殖力”,即新理论的假定提示着旧理论的进一步发展,并能预言旧理论不能预见到的事实。

“通过归并而成长”的理论反映出科学理论是通过量的增长而进步,通过积累而发展的。这是一种线性直观的科学发展模式。还有一种“指数规律”的积累发展模式,但它们都有局限性。因为科学的发展除知识的量的积累外,还有理论上质的飞跃,即理论体系的革命,如哥白尼革命、现代物理学革命等。新理论绝非旧理论的逻辑扩张,而是包含着基本观念的突破。

2. 波珀的证伪主义模式

逻辑经验主义强调经验归纳与证实原则。它虽然能在一定程度上反应科学不断进步的总趋势,但却解释不了革命性新理论的出现。

波珀(Popper)反对经验科学并非始于经验归纳,理性的创造力帮助科学家提出有价值的问题,然后人们带着问题去学习、实验、观察。因此,波珀认为:科学并非始于观察,而是始于提出问题;科学的历史就是问题处境以及不断通过解决问题和改进这一处境的历史,而不能看做科学理论的历史。

波珀还认为:科学接下来的发展就是科学家为了解决问题而寻求答案,试探性地提出某些猜想和假设而不是归纳。因为归纳只能告诉人们过去的知识,而不能告诉人们未来的知识。科学不是观察的汇总,而是人们的发明——大胆提出准备加以试探的猜想。任何科学理论实质上都是根据有限的经验材料大胆地跳跃到某种结论上,试探性地对问题进行解答。例如,从哥白尼的太阳中心说、开普勒的天体运动定律到牛顿力学、爱因斯坦的相对论都是大胆猜测的产物。

然后,就是对猜测的产物进行经验的检验,判断猜测和假说的价值。检验不能最终"证实"一个假说,但可以"证伪"一个假说。被证伪了就被淘汰,同时产生新的问题,代之以更新的假说。这样波珀就勾画出了这样一幅科学知识增长的图景:从问题开始,通过不断的"试探—除错"、"猜测—反驳"消除被证伪的理论,发展新的问题,提出新的理论,在"不断革命"中使认识越来越逼近真理。

3. 库恩的范式变革模式

库恩(Kuhn)在1960年出版的《科学革命的结构》一书中提出了"范式"(paradigm)的概念和科学经历着常规时期和革命时期不同阶段的科学发展的动态模型也即范式形成发展及更迭的过程。

库恩认为:科学发展模型的中心概念是"范式",范式的更迭标志着科学的革命。范式是一种概念,它包含着科学、哲学、社会和心理等多方面的因素。具体地说,包括三个方面的内容:一是概括(符号概括、文字概括);二是模型(提供类比和启发的模型);三是范例(具体的题解)。概括地讲,范式就是某个科学家集团的共同信念,以及在这一共同信念支配下的基本理论、基本观点和基本方法,包括对科学发展方向的共识。例如,哥白尼学说是哥白尼以来天文学派的范式,牛顿力学是经典物理学的范式。

根据范式的形成、发展到被新的范式代替,科学知识的发展被分成下面几个阶段:前科学阶段—常规科学—科学革命—新的常规科学……

前科学阶段,即这门学科的基本原则还处于尚未定向、众说不一的混乱时期,各种假说之间存在很大分歧。随着争论的深入和研究活动的进展,某种理论逐渐得到科学界的支持而占据优势,形成一套由假说、概念、定律、模型、方法和哲学观点所构成的科学范式,作为进行该学科研究活动的基础和手段。范式的形成标志着科学进入成熟和发展时期,即常规科学发展阶段。在范式的指导下科学稳步发展。但随着研究的深入,会遇到用范式无法解释的"反常"现象,这就迫使常规科学家对现有的范式进行补充和修改。然而，在后来“反常”现象出现的频率越来越高，越来越偏离旧范式，科学家不得不对旧范式进行越来越深入的修改，越来越大规模的补充。当然这样做间接的后果是使范式显得不简洁，而且有很多不自洽的地方，这也预示着范式进入危机时期，科学革命即将到来。而这场革命的领导者便是那些受旧范式束缚较小的科学家。他们除旧创新，运用新战术使旧范式退出历史的舞台，新范式占据统治地位，从而进入新的常规时期。像历史上王朝的更迭一样，新的范式也会因为持续不断的反常现象的出现最后逃脱不了灭亡，更新的科学范式登上历史舞台……

在库恩的眼中，范式似乎是如此的脆弱。不过，他把科学发展的进化和革命两种状态结合起来，使其模式更符合实际的科学发展。

4. 拉卡托斯的科学研究纲领模式

在拉卡托斯(Lakatos)眼中，科学理论是有韧性的，它会通过不断修正和补充辅助性假设来消化“反常”，保护自己的基础部分，而这也更符合科学理论的本质。

科学最基本的单位是具有严密内在结构的理论系列，而理论系列又构成科学研究纲领，如牛顿力学、热力学理论和相对论等。科学纲领又由以下三部分组成：①硬核，它是理论系列的核心部分，有最基本的理论构成，它决定着研究纲领的生死存亡，如牛顿三大定律和万有引力定律，就是牛顿力学的硬核；②保护带，它由一系列辅助性假设和初始条件构成，它保护着硬核不受经验事实的反驳，当反常现象出现时，就用修改、调整或增加辅助性假设的方法使硬核免受侵犯；③研究方法，它包括正面启示法和反面启示法，是为保护硬核而作出的方法论的规定。正面启示法引导科学家按照既定的方向进行研究，积极地发展科学研究纲领，是一种鼓励性的规定；而反面启示法是一种禁令，它禁止某些研究途径和禁止把经验的矛头指向硬核。

在拉卡托斯的学说中，包含着下述的科学发展模式：科学研究纲领的进化阶段—科学研究纲领的退化阶段—新的进化的研究纲领的证伪并取代退化的研究纲领—新的研究纲领的进化阶段。在这里，进化的含义是对新的经验事实具有更大的预见力，并能对反常事实作出解释。

拉卡托斯的学说的韧性体现在它强调理论系列是个有内在结构的整体，也注意到研究纲领之间的连续性与继承性，较好地反映了科学发展中进化与革命的更替。

2.3 相对论的建立及其时空观上的革命

2.3.1 狭义相对论的建立

正如法国思想家拉罗什福科所说：“为了正确地了解事情，我应该了解其中的细枝末节，由于事物的细枝末节是不可穷尽的，我们的知识也就始终是肤浅而有缺憾的。”对物理学的研究也是这样的，我们不可能使物理学具有对一切时代、一切过程都完美无缺的形式，它的内容的有限性总是和可观察到的事物的无限多样性相对立的，这二者的统一永远是物理学发展的持续动力。

1. 牛顿的绝对时空观

物质世界是千变万化的,人们对物质客体运动规律的认识只能维持在一定的历史条件和一定的程度之上。牛顿的绝对时空观就是局限在一定历史条件下的有一定程度的物理学发展的产物,它继承了人们自古以来对空间和时间同物质及其运动相互独立的直觉,同时也是牛顿力学运动规律的表述要求。

全部经典物理学的出发点是“惯性”和“惯性运动”。“惯性运动”是指物体在不受外力时或者“绝对静止”,或者作“匀速直线运动”。这就对作为物体运动的环境的空间和时间的属性提出了要求:物体的绝对静止要求有一个绝对静止的空间为其场所;而匀速直线运动则要求空间和时间是绝对均匀的。这也反映了经典物理学中空间和时间的独立性。

在法拉第、麦克斯韦和赫兹创立第一个场论之后,很多物理学家习惯性地试图用力学的概念来解释这种新的场,因此,电磁场被解释为以太的应力(当时的以太被看做光传播的媒质)。从参考系的观点来看,如果光和电磁波在以太中传播,相对于静止的以太,光或电磁波在以太中传播速度必是各向同性的。而麦克斯韦方程组也表明光或电磁波在真空中是以不变的速度 c 在各个方向传播的,是各向同性的。但按照经典的速度合成法则,相对于以太静止和相对于以太运动的两种参考系,或者更广义地说在不同的惯性系中,光或电磁波沿不同方向的速度就会出现明显的差别,不会都等于 c。如果是那样的话,就会存在一个特殊的惯性系,在这个惯性系中,麦克斯韦方程组才取标准形式。这就是说,对于电磁现象的研究,可以定义一个最优惯性系,即相对以太静止的参照系。利用在静止以太中以恒定的速度传播的光信号,又可以确定处在宇宙中一切地点都同步的“绝对时间”。这样,充满整个宇宙的绝对静止的以太就成了牛顿绝对时空观的物质框架。

它无处不在,充满宇宙的空间和有形之物,对物体的运动产生阻力;它可以不遭受任何摩擦力而透过一切物质;它没有质量而不受重力影响。以上是人们依据经典物理学为解释电磁场论赋予以太的。但这些性质不是任何已知的媒质所具有的,而且麦克斯韦方程组在许多方面和弹性波方程不同。纵观以太被赋予的性质,其实它们正表明了经典物理学所处的困境。冲出这种困境有两条道路,其一是找出以太存在的状态,其二就是创造新的理论。

光行差现象表明,以太是不会被运动的物体拖曳的,而菲佐(Fizeau)的实验则证明,以太是被运动物体部分拖曳的;迈克耳孙-莫利实验证明以太是完全被运动物体拖曳的。因此,无法确定以太的运动状态。而所有证据似乎都指出,在光学和电动力学中存在着相对性原理,尽管伽利略变换方程排斥这一点。洛伦兹坚信以太的存在,根据各种实验现象,利用数学推导给出了洛伦兹变换方程,然而利用它解释各种实验现象需要10多种假设。

2. 伽利略变换

伽利略相对性原理就是对于经典力学规律，所有惯性系都是等价的，也就是说经典力学的基本方程式在所有惯性系中都具有相同的数学形式。那么力学规律是怎么在所有惯性系中都具有相同的数学形式的呢？将力学规律进行伽利略变换，如果其数学形式不变，那么，就说明力学规律在所有惯性系中具有相同的形式。所以说，伽利略变换

$$\begin{cases} x'=x-ut \\ y'=y \\ z'=z \\ t'=t \end{cases} \tag{2-1}$$

是伽利略相对性原理的数学表达形式。

在伽利略变换中，$t=t'$。这表示，在所有惯性系中时间都是相同的，或者说存在着与参考系的运动状态无关的时间，即时间是绝对的。既然时间是同一的，那么在所有惯性系中时间间隔也必定是相同的，即 $\Delta t=\Delta t'$。这表示，在伽利略变换下时间间隔也是绝对的。在伽利略变换中还有一个不变量，这就是在任意确定时刻空间两点的长度对于所有惯性系是不变的。在同一时刻，空间两点的长度在两个惯性系中分别表示为

$$\Delta L=\sqrt{(x_2-x_1)^2+(y_2-y_1)^2+(z_2-z_1)^2}$$

$$\Delta L'=\sqrt{(x_2'-x_1')^2+(y_2'-y_1')^2+(z_2'-z_1')^2}$$

由伽利略变换容易证明

$$\Delta L=\Delta L'$$

这表示，在所有惯性系中，在任意确定时刻空间两点的长度都是相同的，或者空间长度与参考系的运动状态无关，即空间长度是绝对的。

所以，在伽利略变换下，时间和空间均与参考系的运动状态无关，时间和空间之间是不相联系的，是绝对的，这正是经典的时空观念。于是可以这样说，伽利略变换是经典时空观念的集中体现。

3. 相对性原理和光速不变性的由来与运用

狭义相对论有两条公设，表述如下：

(1) 物理体系的状态据以变化的定律与描述这些变化时所参照的坐标系究竟是用两个在互相均匀移动着的坐标系中的哪一个并无关系。

(2) 任何光线在“静止的”坐标系中都是以确定的速度 v 运动着，不管这条光线是由静止的还是由运动的物体发射出来的。

一种新的理论，其实是旧理论的继承与发展。狭义相对论的第一个公设，相对性原理，其实就是伽利略相对性原理的推广。而第二个公设，光速不变原理，则是经典力学中速度叠加原理的推广。

关于狭义相对论的创立，爱因斯坦有一个追光悖论。16 岁的时候，他无意中想到：

如果我以速度 c 追随一条光线运动，那么我就应当看到这样一条光线就好像一个在空间中振荡着的、停滞不前的电磁场。可无论是依据经验，还是按照麦克斯韦方程来看，都不会有这样的事情。从一开始，根据我们的直觉看来就很清楚，站在这样一个观察者的观点判断，一切都应该像一个相对于地球是静止的观察者所看到的那样按照相同的一些定律进行。因为第一个观察者怎么会知道或者能判明他不是处在均匀的快速运动的状态中呢？爱因斯坦还有一个在电动力学中相对性原理的思考。他设想一个磁体同一个导体之间的电动力学的相互作用。在这里，可观察的现象只与导体和磁体的相对运动有关。但是按照麦克斯韦电动力学理论，这两个物体之中究竟是谁在运动却是截然不同的两码事。无论是导体运动还是磁体运动，导体中都会有相同的感应电流。按照麦克斯韦理论，如果是磁体在运动，它周围就会出现一个具有能量的电场；如果是导体运动，静止的磁体周围就没有电场，只是导体中产生感应电动势，而这种电动势本身并不相当于能量，却会引起电流。因为伽利略相对性原理表明，所有的惯性系对于表述力学规律都是等价的，或者说总是相对的，用任何力学实验都无法判断坐标系本身的绝对运动状态。然而在经典力学中普遍成立的这种运动的相对性，在讨论运动物体的电磁现象时却被放弃了。出于对美学和简单性的追求，爱因斯坦猜想："绝对静止这个概念，不仅是在力学中，而且就是在电动力学中也不符合事实。相反地倒是认为，凡是对力学方程适用的一切坐标系，对于上述电动力学和和光学定律也一样合用。"这便是后来的相对性原理的起源。

按照相对性原理的思想，根据麦克斯韦和洛伦兹的电动力学方程，爱因斯坦得出了光速不变原理。

2.3.2　狭义相对论及其所引出的全新的观念

1. 相对论的时空观

依据两个公设，空间和时间不再有绝对的意义。狭义相对论中关于不同惯性系之间物理事件时空坐标变换的基本关系式满足洛伦兹变换，即

$$\begin{cases} x'=\dfrac{x-vt}{\sqrt{1-v^2/c^2}} \\ y'=y \\ z'=z \\ t'=\dfrac{t-vx/c^2}{\sqrt{1-v^2/c^2}} \end{cases} \tag{2-2}$$

由式(2-2)可知，若有一根杆沿 x' 方向静置于坐标系 k 中，坐标系 k' 以速度 v 沿 x 方向相对于坐标系 k 运动，杆在两个坐标系中的长度 l 和 l' 的关系为

$$l'=l\sqrt{1-\frac{v^2}{c^2}} \tag{2-3}$$

同一事件在相对静止的参照系 k 中所测得时间间隔设为 T，而在 k' 系中测得它的

时间间隔为T'，根据洛伦兹变换，两者之间的关系为

$$T'=T\sqrt{1-\frac{v^2}{c^2}} \tag{2-4}$$

下面是一个理想实验，它直观地说明了时间与长度的相对性：首先设定两个参考系，一个与地(S)相连接，另一个与沿直线轨道匀速直线运动的火车(S')相连接。设有两个观察者，一个站在铁轨旁边，一个坐在火车上。每一个观察者备有一个光脉冲接收装置和一根用来测量的尺。他们用来测量的尺不必等长，只要每个参考者能用来确定他的参考物体——地面上或是火车上两点之间的中点就行了。

今假设发生两个雷电，每个雷电都打在地面上和火车上并留下永久性的记号。又假定每位观察者以后都发现，他的记录仪器准确地位于参考物体上所留下的两个记号的中点上。把雷电在地上和火车上留下的记号分别用A、B和A^*、B^*表示，C和C^*用来表示符号仪器。我们要问：自A、A^*和B、B^*发出的光信号同时到达C是否也可能同时到达C^*？

当雷电打击在A和A^*上的那一刻，这两点是重合的，同样B和B^*也是重合的。如果最后由地面上的观察者看来，两个雷电是同时打击的，那么在A和A^*相重合，B和B^*相重合的时刻(两雷电打击的时刻)，C必须和C^*重合，必须了解这些同时性是对参考系S而定义的。

由于光信号需要有限的时间，而C^*在向左边运动，所以A、A^*发出的信号只有在通过C^*后才能到达C；而由B、B^*发出的光信号在到达C^*之前就到达了C。结果，火车上的观察者将发现，从A、A^*发出的信号到达他的仪器比从B和B^*来的信号到得早。

这并不意味着地面具有一种火车所没有的性质，使得光信号同时到达C^*的雷击是可能的。但是此时从A、A^*发出的信号到达C时将落后于从B、B^*发出的信号。在任何情况下，放在C和C^*两个记录仪器不可能指示出两个雷电同时打击。由此得出结论：对一个参考系同时发生的两件事件，一般地说，对另一个参考系就不是同时发生的。上面的结论也影响长度测量的计算。已经假定，地面上的观察者和火车中的观察者都能够在他们各自的参考系中进行长度的测量。如果两把尺子在同一个参考系中进行长度的测量，那么，两把尺子对同一个参考系都是静止的，只有当两者并排放在一起，并且它们相应的端点E、E^*和F、F^*相重合时，才可以认为它们的长度相等。在两个彼此做相对运动的不同参考系物体上所标出的两段距离也可以用同样的方法来进行比较，只要两者互相平行，并且与相对运动的方向垂直。但是如果两段距离与相对运动的方向平行，又若两者在同一直线上运动，那么它们相应的端点必定会在某一时刻重合，如果重合同时发生，那么就可以认为两段距离EF和E^*F^*相等。但是它们是否同时发生，依赖于观察者的参考系。在雷击的情形中，两段距离AB和A^*B^*，从地面上的观察者看来是相等的。可是火车上的观察者却发现A和A^*的重合是在B与B^*的重合之前，结果他就认为A^*B^*比AB长。换句话说，不仅事件的同时性，而且长度的测量结果，都与参考系有关。

观察者的参考系也决定了两个距离很远的钟是否一致(它们的指针是否同时指在

一个位置）。如果两个钟处于不同的运动状态，就不能离开参考系去比较它们的时间。为了说明这一点，考虑两个钟 D 和 D^*，一个钟安放在轨道上，另一个钟安放在火车上。当 D^* 经过 D 的瞬间，假定这两个钟是相合的。如果它们继续相合，就说 D^* 和 D 所走的时间相合。但过一段时间，D^* 和 D 的距离就相当远了。从地面上和火车上的观察者看来，它们的指针就不能指在同一个位置上了。上述实验表明空间距离、时间距离和同时性都是具有相对性的，它们的测量依赖于参考系的选择。这就深刻揭示了空间、时间与物质运动的密切联系。

2. *相对论的质速关系*

狭义相对论采用洛伦兹变换后，建立了新的时空观，同时也带来了新的问题，这就是经典力学不满足洛伦兹变换，自然也就不满足新变换下的相对性原理。爱因斯坦认为，应该对经典力学进行改造或修正，以使它满足洛伦兹变换和洛伦兹变换下的相对性原理。经这种改造的力学就是相对论力学。

在经典力学中，根据动能定理，做功将会使质点的动能增加，质点的运动速率将增大，速率增大到多大，原则上是没有上限的。而实验证明这是错误的。例如，在真空管的两个电极之间施加电压，用以对其中的电子加速，实验发现，当电子速率越高时加速就越困难，并且无论施加多大的电压都不能达到光速。这一事实意味着物体的质量不是绝对不变量，可能是速率的函数，随速率的增加而增大。下面就来探求质量与速率的这种函数关系。

取两个惯性系 S 系和 S' 系。现在 S 系中有一静止在 $x=x_0$ 处的粒子，由于内力的作用而分裂为质量相等的两部分（A 和 B），即 $M_A=M_B$，并且，分裂后 M_A 以速度 v 沿 x 轴正方向运动，而 M_B 以速度 $-v$ 沿 x 轴负方向运动。由于 S' 系也相对于 S 系以速度 v 沿 x 轴正方向运动，所以，在 S' 系看来，M_A 是静止不动的，即 $v'_A=0$。M_B 相对于 S 系的运动速度 v'_B 可以由洛伦兹速度变换公式求出

$$v'_B=\frac{-v-v}{1-(-v)v/c^2}=\frac{-2v}{1+v^2/c^2} \tag{2-5}$$

从 S 系看，粒子分裂后其质心仍在 x_0 处不动；但从 S' 系看，质心是以速度 $-v$ 沿 x 轴负方向运动。也可以根据质心的定义求质心相对于 S' 系的运动速度，即

$$v'_0=-v=\frac{M_A v'_A+M_B v'_B}{M_A+M_B}=\frac{M_B}{M_A+M_B}v'_B \tag{2-6}$$

在式(2-6)中考虑了 $v'_A=0$。由式(2-6)可以解得

$$\frac{M_B}{M_A}=\frac{v'_0}{v'_B-v'_0}=\frac{-v}{v'_B+v} \tag{2-7}$$

将式(2-5)代入式(2-7)解出 v，得

$$v=-\frac{c^2}{v'_B}\left[1-\sqrt{1-(v'_B/c)^2}\right] \tag{2-8}$$

将式(2-8)代入式(2-7)，得

$$\frac{M_B}{M_A}=\frac{1}{\sqrt{1-(v_B'/c)^2}} \tag{2-9}$$

或者

$$M_B=\frac{M_A}{\sqrt{1-(v_B'/c)^2}} \tag{2-10}$$

由式(2-10)可以看出，在 S 系中观测，粒子分裂后的两部分以相同速率运动，质量相等；但在 S' 系中观测，由于它们运动速率不同，质量也不相等。M_A 静止，可看做静质量，用 m_0 表示；M_B 以速率 v_B' 运动，可视为运动质量，称为相对论性质量，用 m 表示。去掉 v_B' 的上下标，就得到运动物体的质量与它的静质量的一般关系

$$m=\frac{m_0}{\sqrt{1-v^2/c^2}} \tag{2-11}$$

这个重要结论就是相对论质速关系，这个关系改变了人们在经典力学中认为质量是不变量的基本观念。

静质量 m_0 可以看做物体静止时测到的相对论性质量，它在洛伦兹变换下是不变的。相对论性质量 m 是运动速率的函数，在不同惯性系中有不同的值，是相对论中物体惯性的量度，简称质量。由式(2-11)可以看出，当物体的运动速率无限接近于光速时，其相对论性质量将无限增大，其惯性也将无限增大。所以，施以任何有限大的力都不可能将静质量不为零的物体加速到光速。可见，用任何动力学手段都无法获得超光速运动。这就从另一个角度说明了在相对论中光速是物体运动的极限速度。

1966 年在美国斯坦福投入运行的电子直线加速器，全长为 3 km，加速电势差为 7×10^6 V/m，可将电子加速到 0.999 999 999 7 c，接近光速，但不能超过光速。这有力地证明了相对论质速关系的正确性。

3. 相对论的质能关系

根据相对论动力学基本方程可以得到

$$F=m\frac{\mathrm{d}v}{\mathrm{d}t}+v\frac{\mathrm{d}m}{\mathrm{d}t} \tag{2-12}$$

为简便起见，设质点沿 x 轴作直线运动，在式(2-12)中的力和速度都可以表示为标量。在经典力学中，质点动能的增量等于合力所做的功，将这一规律应用到相对论力学中，考虑到式(2-12)，于是有

$$E_k=\int F\mathrm{d}x=\int\left(m\frac{\mathrm{d}v}{\mathrm{d}t}+v\frac{\mathrm{d}m}{\mathrm{d}t}\right)\mathrm{d}x=\int(mv\mathrm{d}v+v^2\mathrm{d}m) \tag{2-13}$$

对质速关系[式(2-11)]求微分，得

$$\mathrm{d}m=\frac{m_0v\mathrm{d}v}{c^2(1-v^2/c^2)^{3/2}}$$

代入式(2-13)，得

$$E_k=\int\left[\frac{m_0v\mathrm{d}v}{(1-v^2/c^2)^{1/2}}+\frac{m_0v^3\mathrm{d}v}{c^2(1-v^2/c^2)^{3/2}}\right]=\int\frac{c^2m_0v\mathrm{d}v}{c^2(1-v^2/c^2)^{3/2}}\ \frac{m_0c^2}{\sqrt{1-v^2/c^2}}+C$$

$$=\int c^2\mathrm{d}m=mc^2+C=\frac{m_0c^2}{\sqrt{1-v^2/c^2}}+C \qquad (2-14)$$

式中，C 为积分常量。当 $v=0$ 时，质点的动能 $E_0=0$，即可求得 $C=-m_0c^2$，代入式(2-14)，有

$$E_k=mc^2-m_0c^2=m_0c^2\left[\frac{1}{\sqrt{1-v^2/c^2}}-1\right] \qquad (2-15)$$

这就是相对论中质点动能的表达式。

显然，当 $v\ll c$ 时，可将 $(1-v^2/c^2)^{-1/2}$ 按泰勒级数展开，得

$$\left(1-\frac{v^2}{c^2}\right)^{-1/2}=1+\frac{1}{2}\frac{v^2}{c^2}+\frac{3}{8}\frac{v^4}{c^4}+\cdots$$

取上式的前两项，代入式(2-15)，有

$$E_k=m_0c^2\left(1+\frac{v^2}{2c^2}-1\right)=\frac{1}{2}m_0v^2$$

这正是经典力学中动能的表达式。

若将式(2-15)改写为

$$mc^2=E_0+m_0c^2 \qquad (2-16)$$

爱因斯坦认为式(2-16)中的 m_0c^2 是物体静止时的能量，称为物体的静能，而 mc^2 则是物体的总能量，它等于静能与动能之和。物体的总能量若用 E 表示，可写为

$$E=mc^2=\frac{m_0c^2}{\sqrt{1-v^2/c^2}} \qquad (2-17)$$

这就是著名的相对论质能关系式。

在相对论建立以前，人们是将质量守恒定律与能量守恒定律看做两个互相独立的定律。质能关系把它们统一起来了，认为质量的变化必定伴随着能量的变化，而能量的变化同样伴随着质量的变化，质量守恒定律和能量守恒定律就是一个不可分割的定律了。

一个处在外部电磁场中的物理体系，在一个以速度 v 相对于它运动的参照系中，其能量等于 $E=\left(\mu+\frac{E_0}{c^2}\right)\frac{c^2}{\sqrt{1-v^2/c^2}}$。式中，$\mu$ 为系统原来的惯性质量；E_0 为系统在静止系中的能量。从质能关系的角度看，设 $M=\mu+\frac{E_0}{c^2}$，把 M 当做质量来看，该式就可以看做 M 与体系热力学能的关系。因为可以任意规定 E_0 的零点，所以无法区分体系的“真实”质量和“表观”质量，我们可以把惯性质量当做一种能量的储存。在孤立的物理系统中，质量守恒定律只有在其能量保持不变的情况下才是正确的，而这时这个质量守恒定律和能量守恒定律已具有同样的意义。

2.3.3 广义相对论简介和意义

狭义相对论不仅解决了物理学中的一些旧矛盾，还引出一些新结果，在各方面都取得了很大的成就。但它存在两方面的局限性：第一，它给了惯性坐标系特别优越的地位，却无法给出理由；第二，它无法正确解释引力现象。这促使爱因斯坦在建立狭义相对论后，开始构思广义相对论。

1. 广义相对论简介

广义相对论的理论基础是广义相对性原理和等效原理。前者认为描述所有的物理现象对于惯性参考系和非惯性参考系都是等价的。后者认为“惯性质量”和“引力质量”相等。

下面是一个关于“升降机”的理想实验，可以把广义相对性原理直观化。

升降机里面有一个人，当升降机静止时，能够用通常的方法测出地球表面的引力场强度 g。例如，测量物体从离地面 100 cm 处落到升降机的底部的时间间隔。假定这个人不能从升降机外得到任何信息，那么，升降机静止在引力场中的情形便可以与失去引力场而作加速运动的升降机等效。他可以这样设想：在我的升降机内的一切物体，只要它们的运动不因与其他物体或升降机相碰而停止，都会有相同的视加速度。因为这种加速度不依赖于升降机内物体的任何个别特征，所以这种加速度也就不大可能与作用在物体上的力相当。或许我的参考系(和升降机连在一起)不是一个惯性系，而是由于某种我所不知道的理由，它以等同的加速度相对于一个惯性参考系而向上加速。在升降机内的物体至少暂时没有被带着参加这种加速运动，因此它们遵从惯性定律，停滞不前，一直到升降机的地板碰到它们。

现在设想升降机的电缆突然断裂，而升降机又没有安装自动安全设备，它就在地球的引力场中自由下落。在下落时升降机内的物体受到和升降机一样的加速度。因此，它们对升降机来说没有加速。升降机内的观察者可以将这种情况解释为升降机内的加速度已停止，它的参考系现在是一个惯性参考系。

相反，我们可以考虑更富幻想性的“理想实验”。升降机放在没有引力场的空间内，如果把升降机单独留下，并且假定它只能平动而不能转动，于是它构成了惯性系。假定用一个恒力拉系在顶端的电缆，这时升降机就不再是惯性系了。如果升降机内的物体不和其他的物体接触，那么它们将遵从惯性定律，而落后于被加速的升降机。也就是说，它们将落在地板上，而升降机内的人可能错误地把实验物体的加速度看做引力场效应。这个实验表明惯性系与非惯性系的等效性。这就是广义相对性原理的通俗演义。它取消了惯性参考系在物理学中的优越地位。物理学中还有两个相对性原理：伽利略相对性原理和狭义相对性原理。前者认为所有的惯性参考系对描述力学现象都是等价的；后者认为所有的惯性参考系对于描述力学现象和电磁现象都是等价的。这三个相对性原理是逻辑继承与发展关系，将参考系的适用范围逐步扩大(而参考系又是在描述物理现象时必不可少的)。

狭义相对论是在电动力学的发展中产生的，而广义相对论则是相对论的引力理论。引力和其他力的区别在于：引力和它所作用的物体的质量成正比。物体的质量是表征该物体在任何力作用下行为的恒量，它是力与加速度之比。从“质量是‘对加速度的惯性阻力’的量度”这一角度来看，我们把物体的质量称为“惯性质量”；由于质量引起“引力荷”的作用，我们称这质量为粒子的“引力质量”。按照牛顿引力定律，同一物体的“惯性质量”和“引力质量”总是相等的。这个原理就是广义相对论的第二个基础理论。而实验在很高的精确度上也能证明惯性质量等于引力质量。

与伽利略的相对论原理相对应，牛顿力学方程在伽利略坐标变换下保持协变性。与狭义相对论原理相对应，力学和电磁学方程在洛伦兹坐标变换下具有协对性。满足广义协变性的是非线性方程——引力场方程。

如果说狭义相对论冲破了绝对时空观的束缚，那么广义相对论则冲破了统一的时间和长度的测量标准的束缚。广义相对论的这个突破缘于一个设想：一个“平面圆盘在其本身的平面内围绕其中心作匀速转动”，坐在其上的观察者用尺和钟做实验。不同的观察者会得到不同的结果。坐在圆盘中心的观察者会发现，放在圆盘边缘的钟比放在中心处的钟走得慢；而坐在圆盘上的观察者可以把他的圆盘当做一个“静止”的参考物体，根据广义相对性原理，他会发现钟走得快与慢，要看这个钟（静止的）所放的位置如何。同样可得在圆盘的参考系中，量杆的长度也与其放的位置和方向有关。转动的圆盘就像一个引力场。

引力场方程用黎曼空间几何学解决了物理定律在非线形变换中保持协变的问题，对上述实验进行了数学上的阐述。

2. 广义相对论的意义

爱因斯坦的广义相对论的第一大预言是水星近日点的进动。由于有物质的存在，空间和时间会发生弯曲，则引力场实际上是一个弯曲的时空。爱因斯坦用太阳引力使空间弯曲的理论，很好地解释了水星近日点进动中一直无法解释的 43 s。广义相对论的第二大预言是引力红移，即在强引力场中，时间的节奏减慢，当光在引力场中传播时，它的频率和波长将会发生变化。爱因斯坦预言，太阳表面的光比地球上同类谱线的波长大百万分之一。20 世纪 20 年代，天文学家在天文观测中证实了这一点。广义相对论的第三大预言是引力场使光线偏转。最靠近地球的大引力场是太阳引力场，爱因斯坦预言，遥远的星光如果掠过太阳表面将会发生 1.7 s 的偏转。1919 年，在英国天文学家爱丁顿的鼓动下，英国派出了两支远征队分赴两地观察日全食，经过认真的研究得出最后的结论是：星光在太阳附近确实发生了 1.7 s 的偏转。

20 世纪 60 年代以来，天文学获得了一系列的发现：3K 微波背景辐射、脉冲星、X 射电源、黑洞和中子星等，这一切都间接地证明了引力场理论所预言的引力波的存在，也是对广义相对论的支持。广义相对论俨然已经成为现代天体物理学的理论基础。目前，物理学家正在沿着爱因斯坦开创的道路，为完成统一场论、建立量子引力场论而努力奋斗。

2.4 量子力学的发展及其全新的物理概念

19世纪末，经典物理学的各个分支，如力学、光学、热力学、统计力学、电磁学和电动力学等都已基本发展成熟了。人们认为物理学已经没有什么可以研究了，物理学这座大厦已经完全建起。1900年元旦，著名的英国物理学家开尔文在新年献词中十分惬意地宣布：在已经基本建成的物理学大厦中，后辈物理学家只需做一些零碎的修补工作就行了。可是就在物理学大厦将要落成之际，科学实验却发现了一系列经典物理学无法解释的现象：如1895年11月8日德国物理学家伦琴发现X射线；1896年法国物理学家贝克勒尔和居里夫妇发现天然放射性现象；1897年英国物理学家汤姆孙发现电子；此外，还有黑体辐射以及以太观测实验方面的有关问题。这些现象猛烈地冲击着经典物理学中关于时间、空间、质量、能量和运动等的基本概念。就在人们检验旧理论探求新理论的同时，一个未知领域——量子领域已逐渐将人们从宏观世界引入微观世界。

2.4.1 能量子、波粒二象性与测不准原理

1. 普朗克的能量子

19世纪末期，人们开始发现黑体辐射等一些根本无法用经典物理学解释的物理现象，随之，一大批实验物理学家开始从事黑体辐射的精确测量工作。1894年，时为普鲁士科学院院士的普朗克开始投身于黑体辐射的理论研究。他的研究方法是，首先设想空腔里的电磁辐射是由于一些电磁谐振子产生的，而平衡状态的辐射的正常分布只能通过辐射场与吸收和发射辐射的谐振子发生相互作用而调节。由于空腔辐射与腔壁材料的性质无关，所以也就与谐振子的种类无关。这样，他就可以不必考虑谐振子的具体结构，而采用最简单的线性赫兹振子作为研究的物理模型。1900年12月24日，普朗克在德国物理学会的圣诞会上宣读了题为“关于正常光谱的能量分布定律”的论文。在这篇论文中他提出了具有重大意义的能量量子化的假设：

(1) 黑体的腔壁是由无数个带电的谐振子组成的，这些谐振子不断地吸收和辐射电磁波，与腔内的辐射场交换能量。

(2) 这些谐振子所具有的能量是一份一份的，它的能量与其振动频率ν成正比，其关系可以写成$\varepsilon=h\nu$。式中，h为普朗克常量，$h=6.626\ 075\ 5\times10^{-34}\ \mathrm{J\cdot s}$。

不同频率的振动具有不同的能量，能量子与振子频率之比总等于恒量h，当谐振子与腔壁内的辐射场交换（吸收或辐射）能量时，也只能改变ε的整数倍，ε是谐振子能量的最小单位，即“能量子”。所以，人们通常把1900年12月24日作为量子论的诞生之日。

普朗克的能量量子化假设大胆地抛弃了经典物理学中物理量连续变化的旧观念，它不仅是对经典物理学的改造，而且还引出了一场物理学革命。后来的事实证明，随着普朗克能量子的提出，物理学理论发生了巨大的变革，它奠定了量子理论的基础，揭开了人类认识微观世界的序幕。

2. 波粒二象性

光的波动性早在17世纪就已发现，光的反射、折射、干涉和衍射等现象充分肯定了光的波动性。虽然如此，但黑体辐射、光电效应和康普顿效应等现象却揭示了把光看做波动的局限性。

第一个完全肯定光除了波动性之外还具有微粒性的是爱因斯坦。他认为，电磁辐射不仅在发射或吸收时是以能量 $h\nu$ 的微粒形式出现，而且还以这种形式在空间以速度 c 运动。这种粒子称为光量子或光子，以此成功地解释了光电效应。

光电效应是当光照射到金属表面时，有电子从金属中逃逸出来，这种电子称为光电子。实验证明，只有当光的频率大于一定值时，才有光电子逃逸出来，否则，无论光的强度多大，照射时间多长，都没有光电子产生；光电子能量只与光的频率有关，光的频率越大，光电子的能量就越大；光的强度只影响光电子的数目，强度越大，光电子的数目就越多。这些规律都是经典理论无法解释的。

按照爱因斯坦的观点，当光射到金属表面上时，能量为 $h\nu$ 的光子被电子所吸收。电子把这份能量的一部分用来克服金属表面对它的吸引力，另一部分就是电子离开金属表面后所剩余的动能。这个能量可写为

$$h\nu=\frac{1}{2}mv^2+W \tag{2-18}$$

这就是著名的爱因斯坦光电效应公式。式中，m 为电子的质量；v 为电子逸出金属表面时的速度；W 为电子逸出金属表面所需要做的功，称为脱出功。如果电子所吸收的光子的能量 $h\nu$ 小于 W，则电子不能逸出金属表面，因而没有光电子产生。光的频率决定光子的能量，光的强度只决定光子的数目，光子多，产生的光电子也就多。

康普顿效应也证实光具有粒子性。实验证明，高频率的X射线被原子中的电子散射后，波长会随散射角的增大而增大，而按照经典理论，电磁波被散射后波长不应改变。如果把该过程看做光子与电子碰撞的过程，则康普顿效应就可以得到圆满的解释。

普朗克和爱因斯坦等人的理论揭示出光的微粒性，但这并不否定光的波动性。如此，光就具有微粒和波动的双重性质，这种性质称为波粒二象性。

3. 海森伯的测不准原理

量子力学与经典力学的主要区别在于测量过程在理论中的地位。在经典力学中，一个物理系统的位置和动量可以无限精确地被确定和被预言。至少在理论上，测量对这个系统本身并没有任何影响，并可以无限精确地进行。而在量子力学中，测量过程本身却会对系统造成影响。

在光子、电子和其他粒子的微观世界中，存在一种不确定性。1927年海森伯(Heisenberg)以其著名的不确定性原理量化了这种不确定性。

如果一个粒子的位置为 x，动量为 p，则它们的不确定性 Δx 和 Δp 的乘积大于或等于约化普朗克常量 $\hbar\left(\hbar=\dfrac{h}{2\pi}\right)$ 的一半，即

$$\Delta x \Delta p \geqslant \frac{\hbar}{2} \tag{2-19}$$

这个公式称为测不准原理，又称为不确定性原理。它是量子力学的一个基本原理，由德国物理学家海森伯于1927年提出。该原理表明：一个微观粒子的某些物理量（如位置与动量、方位角与动量矩、时间与能量等）不可能同时具有确定的数值，其中一个量越确定，另一个量的不确定程度就越大。测量一对共轭量的误差的乘积必然大于或等于约化普朗克常量的一半。

该原理的另一种表述与试图同时测量一个量子物体的位置和运动有关。为了预言一个粒子未来的位置和速度，人们必须测量它现在的位置和速度。我们的视觉系统是通过光的反射来观察物体的，显而易见的办法是将光照射到粒子上，一部分光波被粒子散射开来，由此确定它的位置。然而，人们不可能将粒子的位置确定到比光的两个波峰之间的距离（波长）更小的程度，所以必须用短波长的光来测量粒子的位置。现在，根据普朗克的量子假设，人们不能用任意少的光的量，至少要用一个光量子。这量子会扰动这个被测量的粒子，并且以一种不能预见的方式改变粒子的速度。而且，位置测量得越准确，所需的波长就越短，用于测量的量子的能量就越大，这样被测量的粒子的速度就被扰动得越厉害。换句话说，对粒子的位置测量得越准确，对速度的测量就越不准确，反之亦然。

测不准原理是一个不同历史时期的相对真理！在以后的科学发展中，测不准原理会由于不同时期的实验条件的限制而具有现实性意义。因此，应该辩证地、批判地对测不准原理的历史局限性予以正确的认识，使人们不至于陷入所谓权威的阴影之中，从而使历史的巨轮前进的步伐不会放慢速度。

2.4.2 量子力学的基本概念和理论

1. 量子力学中的状态描述——波函数

为了定量地描述微观粒子的状态，1926年玻恩（Born）提出了概率波的概念：在数学上，用一函数表示描写粒子的波，这个函数称为波函数，并用 ψ 表示。波函数是量子力学中用来描述粒子的德布罗意（de Broglie）波的函数。一般来讲，波函数是空间和时间的函数，并且是复函数，即 $\psi=\psi(x,y,z,t)$。波函数在空间中某一点的强度（振幅绝对值的平方）与在该点找到粒子的概率成正比，所以描写粒子的波又称为概率波。概率波是一种统计结果，即为许多电子同一实验或一个电子在多次相同实验中的统计结果。

玻恩假定 ψ 的模方就是粒子的概率密度，即在时刻 t、在点 (x,y,z) 附近单位体积内发现粒子的概率，并且具有归一性，即整个空间内发现粒子的概率为1。波函数 ψ 因此就称为概率幅，概率幅满足叠加原理，即 $\psi_{12}=\psi_1+\psi_2$。

如图2-1所示，电子在屏上各个位置出现的概率密度并不是常数，有些地方出现的概率大，即出现干涉图样中的“亮条纹”；而有些地方出现的概率却可以为零，没有电子到达，显示“暗条纹”。

波函数的另一个重要特性是相干性。两个波函数叠加，概率的大小取决于两个波

图 2-1 电子的衍射图样

函数的相位差，类似光学中的双缝实验。在电子双缝干涉实验中观察到的是大量事件所显示出来的一种概率分布，这正是玻恩对波函数物理意义的解释，即波函数模的平方对应于微观粒子在某处出现的概率密度，也就是说，微观粒子在各处出现的概率密度才具有明显的物理意义。

概率波的概念将微观粒子的波动性和粒子性统一起来。微观客体的粒子性反映微观客体具有质量、能量和电荷等属性；而微观客体的波动性也只反映了波动性最本质的东西——波的叠加性（相干性）。

可以认为波函数所代表的是一种概率的波动。这虽然只是人们目前对物质波所能作出的一种理解，然而波函数概念的形成正是量子力学完全摆脱经典观念、走向成熟的标志，波函数和概率密度是构成量子力学理论的最基本的概念。

描述经典粒子和微观粒子的区别为

描述经典粒子：坐标、动量，其他力学量随之确定；

描述微观粒子：波函数，各力学量的可能值以一定概率出现。

经典波和微观粒子概率波的区别有以下三点：

(1) 经典波描述某物理量在空间分布的周期变化，而概率波描述微观粒子某力学量的概率分布。

(2) 经典波的波幅增大一倍，相应波动能量增大为原来的 4 倍，这就变成了另一状态；而微观粒子在空间出现的概率只取决于波函数在空间各点的相对强度，将概率波的波幅增大一倍并不影响粒子在空间各点出现的概率，即将波函数乘上一个常数，所描述的粒子的状态并不改变。

(3) 对经典波，加一相因子 $e^{i\delta}$，状态会改变；而对概率波，加一相因子 $e^{i\delta}$ 则不会引起状态改变。

2. 薛定谔方程

奥地利物理学家薛定谔(Schrödinger)把原子系统中的能级理论、德布罗意的物质波思想以及哈密顿的经典力学与几何光学的数学相似性思想结合起来，形成了波动力学概念，建立了薛定谔方程(Schrödinger equation)。

薛定谔方程是量子力学的基本方程，是将物质波的概念和波动方程相结合建立的二阶偏微分方程，可描述微观粒子的状态随时间变化的规律。每个微观系统都有一个相应的薛定谔方程，通过解方程可得到波函数的具体形式以及对应的物理量，从而了解微观系统的性质。

薛定谔方程是由薛定谔于 1926 年提出的量子力学中的一个非相对论的基本波动方程，也是量子力学的一个基本假定，其正确性只能靠实验来检验。如同牛顿定律在经典力学中的地位一样，薛定谔方程在量子力学中也占有中心地位。量子力学中求解粒子问题常归结为解薛定谔方程或定态薛定谔方程。对于原子、分子、核和固体等一系列问题，求解薛定谔方程的结果都与实际符合得很好。因此，薛定谔方程是原子物理学中处理一切非相对论问题的有力工具，在原子、分子、固体物理、核物理和化学等领域中被广泛应用。

薛定谔方程主要分为含时薛定谔方程与不含时薛定谔方程。含时薛定谔方程依赖于时间，专门用来计算一个量子系统的波函数怎样随着时间演变。不含时薛定谔方程不依赖于时间，可以计算一个定态量子系统对应于某本征能量的本征波函数，波函数又可以用来计算在量子系统里某个事件发生的概率幅。设描述微观粒子状态的波函数为 $\Psi(r,t)$，质量为 m 的微观粒子在势场 $U(r,t)$ 中运动的薛定谔方程为

$$\left(-\frac{\hbar^2}{2m}\nabla^2+U\right)\Psi=i\hbar\frac{\partial}{\partial t}\Psi \tag{2-20}$$

在给定初始条件和边界条件以及波函数所满足的单值、有限和连续的条件下，可解出波函数 $\Psi(r,t)$。由此可计算粒子的分布概率和任何可能实验的平均值(期望值)。当势函数 U 不依赖于时间 t 时，粒子具有确定的能量，粒子的状态称为定态。定态时的波函数可以写成 $\Psi(r)$，称为定态波函数，满足定态薛定谔方程，这一方程在数学上称为本征方程。$\Psi(r)$ 称为属于能量本征值的本征函数。

薛定谔方程的解清楚地描述量子系统中量子尺寸粒子的统计性量子行为。量子尺寸的粒子包括基本粒子，如电子、质子和正电子等，以及一组相同或不相同的粒子，如原子核。

薛定谔方程仅适用于速度不太大的非相对论粒子，其中也没有包含关于粒子自旋的描述。当计及相对论效应时，薛定谔方程被相对论量子力学方程所取代，其中自然包含了粒子的自旋。

3. 量子力学中的有趣结果——隧道效应

在一维空间运动的粒子，它的势能在有限区域 $(0<x<a)$ 内等于常数 $U(U>0)$，而在这个区域外等于零，即

$$U(x)=U_0 \qquad (0<x<a)$$
$$U(x)=0 \qquad (x<0, x>a)$$

这种势场称为方形势垒。具有一定能量 E 的粒子由势垒左方 $(x<0)$ 向右方运动。在经典力学中，只有能量 $E>U$ 的粒子才能越过势垒运动到 $x>a$ 的区域；能量 $E<U$ 的粒子运动到势垒左方边缘 ($x=0$ 处) 时被反射回来，不能透过势垒。可是，在量子力学中，情况却不是这样的。能量 $E>U$ 的粒子有可能越过势垒，但也有可能被反射回来；而能量 $E<U$ 的粒子有可能被势垒反射回来，但也有可能贯穿势垒而运动到势垒右边 $x>a$ 的区域中去。粒子在能量 E 小于势垒高度 U 时仍能以一定的概率贯穿势垒的现象称为隧道效应。产生隧道效应的原因是电子的波动性。对于谐振子，按照经典力学，由核间距所决定的势能绝不可能超过总能量。量子力学却证明这种核间距仍有一定的概率存在，此现象也是一种隧道效应。金属电子冷发射和 α 衰变等现象都是由隧道效应产生的，隧道二极管具有隧道效应的特征。

若要使隧道效应发生，必须有一个Ⅱ型介质的薄区域，像三明治一样，夹在两个Ⅰ型介质的区域。Ⅱ型介质的波动方程必须容许实值指数函数解答(上升指数函数或下降指数函数)，而Ⅰ型介质的波动方程则必须容许行进波解答。在光学中，Ⅰ型介质可能是玻璃，而Ⅱ型介质可能是真空。在量子力学中，从粒子运动这方面来说，Ⅰ型介质区域是粒子总能量大于势能的区域，而Ⅱ型介质是粒子总能量小于势能的区域(称为势垒)。

由微观粒子波动性所确定的量子效应又称势垒贯穿。理论计算表明，对于能量为几电子伏的电子，方势垒的能量也是几电子伏。当势垒宽度为 0.1 nm 时，粒子的透射概率达零点几；而当势垒宽度为 1 nm 时，粒子透射概率减小到 10^{-10}，已微乎其微。可见隧道效应是一种微观世界的量子效应，对于宏观现象，实际上不可能发生。隧道效应是理解许多自然现象的基础。

在量子力学中，量子隧道效应(quantum tunnelling effect)是一种量子特性，是类似电子等微观粒子能够穿过它们本来无法通过的"墙壁"的现象。这是因为根据量子力学，微观粒子具有波的性质，因而有不为零的概率穿过势垒障壁。

量子隧道效应是一种衰减波耦合效应，其量子行为遵守薛定谔波动方程。假如条件恰当，任何波动方程都会显示出衰减波耦合效应。数学地等价于量子隧道效应的波耦合效应也会发生于其他状况。例如，遵守麦克斯韦方程组的光波或微波，遵守常见的非色散波动方程的绳波或声波等。

2.4.3 量子力学的意义及其引起的思想争议

1. 量子力学的意义

宏观物理世界的确定性是由微观世界的不确定性以概率的形式支持的，不确定性和模糊性是量子世界所固有的，而不仅是我们对于它不完全感知的结果。从量子波的存在状态即不确定状态中，我们可以测得无数的位置和动量的属性。只是测量的结果都不会超出普朗克常量的限定。因此，我们可以把量子波的状态理解为无数可确定状态的叠加。

尽管量子力学是为描述远离我们日常生活经验的抽象原子世界而创立的，但它对日常生活的影响却是巨大的。量子力学的出现使人类对于物质微观结构的认识日益深入，并很快地帮助科学家说明了原子结构、放射性、化学键以及原子光谱的细节(包括种种电磁效应)。这个理论经过科学家的精细加工，最终导致对于核结构与核反应、固体的电性质与热学性质、超导性、某些坍缩恒星的稳定性，以及更多的未列举事例作出了令人满意的说明。量子力学也促成了包括电子显微镜、激光器和晶体管在内的实际硬件尽可能大的发展。极端灵敏的原子实验已经以令人惊讶的精确度证实了确实存在微妙的量子效应。

没有量子力学作为工具，就不可能有化学、生物、医学和其他每一个关键学科的引人入胜的进展；没有量子力学就没有全球经济可言，因为作为量子力学的产物的电子学革命将人类带入了计算机时代。同样，光子学的革命也将人类带入了信息时代。

在许多现代技术装备中，量子物理学的效应起着重要的作用。从激光、电子显微镜、原子钟到核磁共振的医学图像显示装置，都关键地依靠了量子力学的原理和效应。对半导体的研究导致了二极管和三极管的发明，最后为现代的电子工业铺平了道路。在核武器的发明过程中，量子力学的概念也起到了关键的作用。

在上述这些发明创造中，量子力学的概念和数学描述往往很少直接起作用，而是固体物理学、化学、材料科学或者核物理学的概念和规则起了主要作用。但是，在所有这些学科中，量子力学均是其基础，这些学科的基本理论全部是建立在量子力学的基础之上的。

以上仅仅列举了一些比较显著的量子力学的应用，而且这些列出的例子肯定也不完全。实际上，在现代的技术中，量子力学无处不在。

2. 量子力学所引起的争议

量子力学的诞生和发展过程是充满着矛盾和斗争的过程。一方面，新现象的发现暴露了微观过程内部的矛盾，推动人们突破经典物理理论的限制，提出新的思想、新的理论；另一方面，不少人（其中也包括一些对突破经典物理学的限制有过重要贡献的人）的思想不能（或不完全能）随变化了的客观情况而变化，不愿意承认经典物理理论的局限，总是千方百计地试图把新发现的现象以及为说明这些新现象而提出的新思想和新理论纳入经典物理理论的框架之内。尽管这些新现象在19世纪末就陆续被发现，但是量子力学的诞生却在20世纪20年代，这中间曾经历了一个曲折的过程，说明量子力学这个理论的诞生并不是一帆风顺的。

量子力学意味着什么？对量子力学理论的解释是这门学科中存在的一个重大问题。自从量子力学诞生以来，这个问题一直是物理学界争论的中心问题之一。问题不在于目前量子力学理论是否正确，因为量子力学的正确性已为大量实验事实所证实。问题在于量子力学理论是否是完备的；或者说，波函数 Ψ 是精确地描述了单个体系的状态，还是只描述由许多相同体系组成的统计系综的状态？

直到1930年，以玻尔、海森伯为代表的哥本哈根学派认为量子力学对微观粒子状态的描述是完备的。其关键要点是通过玻尔的互补原理对物质和事件进行概率描述，调和物质波粒二象性的矛盾。波函数精确描述了单个体系的状态。波函数之所以只提供统计的数据、测不准关系之所以存在，是由于粒子与测量仪器之间的相互作用是不能决然划分开来的。由此，他们得出结论：在空间、时间中发生的微观过程和经典的因果律不相容。

哥本哈根学派的观点虽然在物理学界中为许多人所接受，但也受到一些人如爱因斯坦、德布罗意、薛定谔等的反对。爱因斯坦等认为：量子力学是不完备的。“波函数所描述的无论如何不能是单个体系的状态；它所涉及的是许多体系，从统计力学的意义来说，就是‘系综’。”因此，爱因斯坦认为波函数对体系的统计描述只是一个中间阶段，应当寻求更完备的概念。他一直就量子力学的基本原理同玻尔争论，直至1955年去世。

与爱因斯坦的这种看法相一致，已有一些人试图建立比现有理论更深入一层的理论。德布罗意、博姆(Bohm)等认为，粒子的波动性和粒子性同样是物理实在。德布罗意早在1927年就曾提出：粒子是波场中的一个奇异点，波引导着粒子运动。博姆认为，目前量子理论之所以是一个统计理论,是因为还存在着未被发现的"隐变量";个别体系的规律正是由这些隐变量来确定的;如果能找出这些隐变量,就可以准确地决定对微观现象每一次测量的结果,而不只是决定各种可能出现的结果的概率。

关于量子力学争论的焦点是:究竟是波函数包含了体系的所有信息,还是由隐含的因素(隐变量)决定了特定测量的结果。20 世纪 60 年代中期贝尔(Bell)证明,如果存在隐变量,那么实验观察到的概率应该在一个特定的界限之下,此即贝尔不等式。多数小组的实验结果与贝尔不等式相悖,他们的数据断然否定了隐变量存在的可能性。这样,大多数科学家对量子力学的正确性不再怀疑了。

然而,由于量子理论神奇的魔力,它的本质仍然吸引着人们的注意力。量子体系的古怪性质起因于所谓的纠缠态。简单说来,量子体系(如原子)不仅能处于一系列的定态,也可以处于它们的叠加态。测量处于叠加态原子的某种性质(如能量),一般来说,有时得到这一个值,有时得到那一个值。还可以构造处于纠缠态的双原子体系,使得两个原子共有相同的性质。当这两个原子分开后,一个原子的信息被另一个共享(或者说是纠缠)。这一行为只有量子力学的语言才能解释。这个效应太不可思议,以至于只有少数活跃的理论和实验机构在集中精力研究它,论题也并不限于原理的研究,还包括纠缠态的用途。现在,纠缠态已经应用于量子信息系统,也成为量子计算机的基础。

一个世纪以前,我们所理解的物理世界是经验性的。20 世纪,量子力学为我们提供了一个物质和场的理论,它改变了我们的世界。展望 21 世纪,量子力学将继续为所有的科学提供基本的观念和重要的工具。

2.5 物质结构基本单元的理论及其应用

2.5.1 物质结构的基本单元及相关理论简介

物质世界的最基本结构单元是一个亘古不变、极具魅力的话题。自从人类有了思维,人们就开始不停地求索。古希腊哲学家泰勒斯(Thales)提出:水是万物的始基;赫拉克利特(Heraclitus)认为:火是万物的本原;德谟克利特(Democritus)则宣称:世界万物都是由不可分割的颗粒(原子)和虚空所组成。近代科学意义上的原子-分子论由罗蒙诺索夫(Lomonosov)提出。现代科学上占统治地位的则是夸克理论。

1. 原子物理学

原子物理学是研究原子的结构、运动规律及其相互作用的一个物理学分支学科。它主要研究原子的电子结构、原子的能级结构和光谱规律、原子之间或原子与其他物质之间的碰撞过程和相互作用。

1897 年前后,科学家逐渐确定了电子是各种原子的共同组成部分等关于原子的各种基本特性。通常,原子是电中性的,而既然一切原子中都有带负电的电子,那么原子中就必然有带正电的物质。20 世纪初,对这一问题曾提出过两种不同的假设。

1904 年,汤姆孙提出原子中的正电荷以均匀的体密度分布在一个大小等于整个原子的球体内，而带负电的电子则一粒一粒地分布在球内的不同位置上，分别以某种频率振动着，从而发出电磁辐射，这个模型被形象地比喻为“枣糕”或“有子西瓜”模型。不过这个模型的理论与实验结果相矛盾，很快就被放弃了。

1911年，卢瑟福(Rutherford)在他所做的α粒子散射实验的基础上提出：原子的中心是一个重的带正电的核，与整个原子的大小相比，核很小；电子围绕核转动，类似大行星围绕太阳转动。这种模型称为原子的核式模型，又称行星模型。从这个模型导出的结论同实验结果符合得很好，很快就被公认了。

1913年，丹麦物理学家玻尔(Bohr)在卢瑟福核式模型的基础上，根据原子光谱的经验规律并应用普朗克1900年提出的量子假说和爱因斯坦1905年提出的光子假说，进一步提出了玻尔的氢原子理论。它主要包括“定态假说”、“频率条件”和“角动量量子化假说”。原子所具有的各定态能量形成不连续的分立能级，当原子在定态能级之间发生跃迁时，原子才会发射出一定频率的光。玻尔的假设能够说明氢原子光谱等某些原子现象，初次成功地建立了一种氢原子结构理论。建立玻尔理论是原子结构和原子光谱理论的一个重大进展，但对原子问题作进一步的研究时，却显示出这种理论的缺点，因此只能把它视为很粗略的近似理论。

1924年，德布罗意提出微观粒子具有波粒二象性的假说。后来的观察证明，微观粒子确实具有波动的性质。1926年薛定谔在此基础上建立了波动力学。同时，海森伯、玻恩、狄拉克等人从另外途径建立了等效的理论，这种理论就是现在所说的量子力学，它能很好地解释原子现象。

20世纪50年代末期，由于空间技术、空间物理和核试验的发展，不仅要求精确测定原子光谱的波长、研究原子的能级，而且对于谱线强度、跃迁概率和碰撞截面等也要求提供准确的数据，因此要求对原子物理进行新的实验和理论探索。这就开辟了原子物理学的新阶段。原子物理学的发展对激光的产生和激光技术的发展也作出了重大的贡献。激光问世之后，应用激光技术研究原子物理学问题，实验精度有了很大的提高，从而发现了很多新现象和新问题。微波波谱学新的实验方法也成为研究原子能级结构的有力工具。同期，原子碰撞研究成为原子物理学的一个主要发展方向，研究涉及光子、电子、离子、中性原子等与原子和分子碰撞的物理过程，应用和发展了电子束、离子束、粒子加速器、同步辐射加速器、激光光源和各种能谱仪等测量设备，以及电子、离子探测器、光电探测器和微弱信号检测方法，电子计算机的应用加速了理论计算和实验数据的处理。原子光谱与激光技术的结合达到了前所未有的高分辨率，利用激光高功率密度发展了非线性光学，饱和吸收、双光子吸收和多光子吸收等成为原子物理学中另一个十分活跃的研究方向。

极端物理条件(高温、低温、高压、强场)和特殊条件(高激发态、高离化态)下原子的结构和物性的研究也已成为原子物理研究中的重要课题。将低能离子长时间约束在一个很小的空间范围内运动的离子存储技术，可以使人们从实验上近似得到孤立的、静止不动的单个带电粒子。近年来，利用激光技术将中性原子降温减速并约束于空间很小范围内的原子囚禁技术取得了重要的成果。这种存储技术正被应用于多种原子物理测量工作，测量精度进一步提高，已成为量子电动力学理论最精确的检验手段之一，并可望建立新的精度更高的光频标准。

原子物理学是其他基础科学和技术科学如化学、生物学、空间物理学、天体物理学和物理力学等的基础，激光技术、核技术和空间技术的研究也都要求原子物理学提供重要数据，因此研究和发展原子物理学至今仍有十分重要的理论和实际意义，在技术上也有广泛的应用。

2. 原子核物理学

原子核物理学简称核物理，是20世纪新建的物理学分支。它研究核的结构和变化规律，射线束的获得、探测和分析技术，以及同核能技术应用有关的物理问题，是一门既有深刻理论意义，又有重大实践意义的学科。

1896年，贝克勒尔发现天然放射性，人类首次观测到核变化，通常以此作为核物理学的开端。此后的40多年，核科学家主要从事放射性衰变规律和射线性质的研究，并用射线对原子核作初步探讨；还创建了一系列探测方法和测量仪器，一些基本设备如各种计数器和电离室等沿用至今。探测、记录射线并测定其性质一直是核物理研究和核技术应用的一个中心环节。

放射性衰变的研究证明了一种元素可以通过α衰变或β衰变而变成另一种元素，推翻了元素不可改变的观点，还确立了衰变规律的统计性。统计性是微观世界物质运动的一种根本属性，与经典力学和电磁学所研究的宏观世界物质运动有原则上的区别。衰变中发射的能量很大的射线，特别是α射线，为探索原子结构提供了前所未有的武器。1911年，卢瑟福等用α射线轰击各种原子，从射线偏折的分析确立了原子的核式结构，首次提出原子核这个词，不久便初步弄清了原子的壳层结构及其电子的运动规律，建立和发展了阐明微观世界物质运动规律的量子力学。

1919年，卢瑟福等发现用α射线轰击氮核时释放出质子，首次实现人工核反应。此后用射线引起核反应的方法逐渐成为研究原子核的主要手段。初期取得的重大成果是1932年中子的发现和1934年人工放射性核素的制备。原子核是由中子和质子组成的。中子的发现不仅为核结构的研究提供了必要的前提，而且还因为它不带电荷，不受核电荷的排斥，容易进入原子核而引起中子核反应，成为研究原子核的重要手段。20世纪30年代中期，人们还从对宇宙线的观测了中发现了正电子和“介子”(后称μ子)，这些发现开辟了粒子物理学的先河。

20世纪20年代后期，核科学界开始探讨加速带电粒子的原理。30年代初，静电、直线和回旋等类型的粒子加速器已具雏形，在高压倍加器上实现初步核反应。利用加速器可以获得束流更强、能量更高和种类更多的射线束，大大扩展了核反应的研究，使加速器逐渐成为研究原子核、应用核技术的必要设备。在核物理的最初阶段已注意它的应用，特别是核射线治疗疾病如肿瘤的作用。这是它当时受社会重视的重要原因。

1939年，哈恩(Hahn)和斯特拉斯曼(Strassmann)发现核裂变。1942年。费米(Fermi)建立了第一个裂变反应堆，开创了人类掌握核能源的新世纪。核能几乎是取之不尽用之不竭的能源。为了有效利用核能源、发展核武器，需要解决一系列很复杂的科学技术问题，而核物理和核技术是其中心环节。因此，核物理飞跃发展，成为竞争十分激烈的科技领域。在探测技术方面，核电子学和计算技术的飞速发展，从根本上改善了获取和处理实验数据的能力，也大大扩展了理论计算的范围。这一切有力地促进了核物理的研究与核技术的应用。

通过对原子核的深入研究，科学家发现在核范围内除宏观物体之间的长程的电磁相互作用和引力相互作用外，还有短程的强相互作用和弱相互作用。在弱相互作用中“宇称不守恒”的发现是对传统的物理学时空观的一次重大突破。研究这四种基本相互作用的规律与可能的联系已成为粒子物理学和量子力学的重要课题，核物理学还将在这方面作出新的贡献。核物理学还为核能装置的设计提供日益精确的数据，提高了核能利用的效率和经济指标，为更大规模的核能开发准备了条件。人工制备的各种放射性核素的应用已遍及理工农医各个部门。新的核技术如核磁共振、穆斯堡尔谱学等都迅速得到了应用。核技术的广泛应用已成为科学技术现代化的标志之一。

现阶段，由于重离子加速技术的发展，已能有效地加速从氢到铀全部元素的离子，能量可以达到每个核子 10^9 eV，扩充了变革原子核的手段，使重离子核物理研究有了全面的发展。强束流的中、高能加速器不仅提供直接加速的离子流，还能提供如 π 介子、K 介子等次级粒子束，从另一方面扩充了研究原子核的手段，加速了高能核物理的发展。

在原子核物理学诞生、壮大、巩固和发展的过程中，核技术的应用使核物理学的基础研究获得了广泛的支持，后者又为前者不断开辟新的途径。这两方面的需要推进了粒子加速技术和核物理实验技术的发展；而这两门技术的新发展又有力地促进了核物理的基础和应用的研究。这种相互推动、共同发展的趋势将在核物理的新阶段中发挥日益巨大的作用。

3. 粒子物理学

研究比原子核更深层次的微观世界中物质的结构、性质，以及在很高能量下这些物质相互转化及其产生原因和规律的物理学分支称为粒子物理学。

实验上把已经发现的粒子分为两大类。一类是不参与强相互作用的粒子，统称为轻子。另一类是参与强相互作用的粒子，统称为强子。已经发现的数百种粒子中绝大部分是强子。实验发现，强子也具有内部结构。强子内部带分数电荷的东西称为夸克。

弱相互作用也有其独特的性质。它的基本规律对于左和右，正、反粒子，过去和未来都是不对称的。对称性在物理学中占有很重要的地位。可以证明，假使物理基本规律具有某种对称性，与之相应就有某种守恒定律。例如，假使物理基本规律在任何时间都一样，与之相应就有能量守恒定律；假使物理基本规律对于相变换具有不变性，与之相应就有电荷守恒定律；假使物理规律的某种对称性是定域的，那么与之相应一定存在某种基本相互作用。目前已经通过实验严格检验的广义相对论、量子电动力学和弱-电统一理论都来源于定域对称性。也就是说，万有引力相互作用、电磁相互作用和弱相互作用都来源于定域对称性。

粒子物理学的发展大致经历了三个阶段。

第一阶段(1897～1937年)可追溯到1897年发现第一个基本粒子电子。1932年查德威克在用α粒子轰击核的实验中发现了中子,随即人们认识到原子核是由质子和中子构成的,从而形成所有物质都是由基本的结构单元——质子、中子和电子构成的统一的世界图像。质子、中子、电子和爱因斯坦提出并被密立根和康普顿等用实验证实的光子、泡利假设存在的中微子(1956年最终被实验证实)以及狄拉克预言并被安德森(Anderson)1932年在宇宙线中观察到的正电子都被认为是基本粒子或亚原子粒子。

在此阶段,理论上建立了量子力学,这是微观粒子运动普遍遵从的基本规律。在相对论量子力学的基础上,通过场的量子化初步建立了量子场论,较好地解决了场的粒子性和描述粒子的产生、湮没等问题。

第二阶段(1937～1964年)先后陆续发现了众多的粒子。1937年从宇宙线中发现μ子,后来证实它不参与强作用,它和与之相伴的μ中微子电子及与之相伴的电子中微子可归入一类,统称为轻子。1947年发现$\pi^{\pm}$介子,1950年发现π^{0}介子,1947年还发现了奇异粒子。20世纪50年代粒子加速器和各种粒子探测器有了很大发展,从而开始了用加速器研究并大量发现基本粒子的新时期,各种粒子的反粒子被证实;发现了为数不少的寿命极短的共振态。大量发现的基本粒子,其中大部分是强子,人们怀疑这些基本粒子的基本性,开始尝试将强子进行分类,提出颇为成功的强子分类的“八重法”。

这一阶段理论上最重要的进展是重正化理论的建立和相互作用中对称性的研究。描述电磁场量子化的量子电动力学,通过重正化方法消除了发散困难,对于电子和μ子反常磁矩以及兰姆(Lamb)移位的理论计算,也取得了与实验结果精确符合的惊人成果。量子电动力学在经受众多实验检验后,成为描述电磁相互作用的成功的基本理论。关于相互作用中对称性的研究,已经把对称性与守恒定律联系在一起,最为重要的结果是1956年李政道、杨振宁提出的弱作用下宇称不守恒,1957年被吴健雄等的实验及其他实验所证实。这些实验同时也证实了在弱作用下电荷共轭宇称不守恒。这些研究推动了弱作用理论的进展。

第三阶段(1964年至今)以提出强子结构的夸克模型为标志。1964年盖耳曼和茨威格在强子分类八重法的基础上分别提出强子由夸克构成,夸克共有上夸克u、下夸克d和奇异夸克s三种,它们的电荷、重子数为分数。夸克模型可以说明当时已发现的各种强子。夸克模型得到后来进行的高能电子、高能中微子对质子和中子的深度非弹性散射实验的支持,实验显示出质子和中子内部存在点状结构,这些点状结构可以认为是夸克存在的证据。1974年发现J/ψ粒子,其独特性质必须引入一种新的粲夸克c。1979年发现另外一种独特的新粒子Υ,必须引入第五种夸克,称为底夸克b。另外,1975年发现重轻子τ,并有迹象表明存在与τ相伴的τ中微子,于是轻子共有六种。轻子与夸克的对称性意味着存在第六种顶夸克t。1994年4月26日,美国费米国家实验室宣布已找到顶夸克存在的证据。

这一阶段理论上最重要的进展是建立弱-电统一理论和强相互作用研究的进展。1961年格拉肖提出电磁作用和弱作用的统一模型,其基础是杨振宁和米尔斯于1954年提出的非阿贝耳规范理论。1967～1968年在对称性自发破缺的基础上,温伯格、萨拉姆发展了格拉肖的弱-电统一模型,建立了弱-电统一的完善理论,阐明了规范场粒子$W^{\pm}$、Z^{0}是可以有静质量的,理论预言它们的质量为80～100 GeV,此外还预言存在弱中性流。1973年观察到弱中性流,1983年发现$W^{\pm}$、Z^{0}粒子,其质量($m_{W}\approx 80$ GeV,$m_{Z}\approx 90$ GeV)及特性与理论预期的完全相符。关于强相互作用的研究,1973年霍夫特、格罗斯等发展了量子色动力学理论。量子色动力学与量子电动力学一样,也是一种定域规范理论。在这个理论中,夸克之间的强相互作用是由于夸克具有色荷、交换色胶子而产生的,胶子没有静质量,但带有色荷。强相互作用具有渐近自由的性质,即夸克之间的强相互作用并不是随着它们的距离增大而减弱,而是相反;当它们相距很近而处于强子内部时,相互作用很弱,可近似地看成是自由的,从而能够说明夸克、胶子的禁闭性质、轻子对强子深度非弹性散射的异常现象及喷注现象等。

在粒子物理学的深层次探索活动中,粒子加速器、探测手段、数据记录和处理及计算技术的应用不断发展,既带来粒子物理学本身的进展,也促进整个科学技术的发展。粒子物理所取得的丰硕成果还在宇宙演化的研究中起到了重要的作用。

2.5.2 重核裂变及其原子弹与核反应堆

1. *原子核的裂变*

原子核裂变又称核分裂,属于核物理变化,是指由较重的(原子序数较大的)原子,主要是铀或钚,分裂成较轻的(原子序数较小的)原子,同时释放出巨大的能量的一种核反应形式。原子弹以及裂变核电站的能量来源都是核裂变。

只有一些质量非常大的原子核如铀、钍等才能发生核裂变。重原子核经中子撞击后会分裂成两个或更多个质量较小的原子核,同时放出两个到三个中子和很大的能量,释放出的中子再去撞击其他的重核原子,使过程持续进行下去,这种过程称为链式反应。假若对链式反应过程不加以控制,它所产生的核裂变能量将会在极短的时间内以几何级数形式增长,形成剧烈的爆炸。原子核裂变时放出中子并伴随大量的热能,若聚集在一起的重核原子足够多,将会瞬间释放大量的能量,称为原子核能,俗称原子能。1 g铀-235完全发生核裂变后放出的能量相当于燃烧2.5 t煤所产生的能量。核电站用以发电的能量即来源于此。

裂变释放能量是因为原子核中质量-能量($E=mc^2$)的储存方式或者说源于原子核结合能的差异。从最重的元素一直到铁,能量储存效率基本上是连续变化的,如果较重元素的核能够分裂并形成较轻的核,就会有能量释放出来。很多这类重元素的核在恒星内部形成时,却是要求输入能量(取自超新星爆发等)的,不过,一旦形成,它们还是比较稳定的。不稳定的重核,如铀-235的核,则可以自发裂变。快速运动的中子撞击不稳定核时,也能触发裂变。由于裂变本身释放分裂的核内中子,所以如果将足够数量的放射性物质(如铀-235)堆在一起,那么一个核的自发裂变将触发近旁两个或更多核的裂变,其中每一个至少又触发另外两个核的裂变,依此类推就会发生所谓的链式反应。这就是称为原子弹(实际上是核弹)和用于发电的核反应堆(通过受控的缓慢方式)的能量释放过程。对于核弹,链式反应是失控的爆炸,因为每个核的裂变引起另外好几个核的裂变;而对于核反应堆,链式反应进行的速率却是用插入铀(或其他放射性物质)堆的可吸收部分中子的物质来控制的,平均起来每个核的裂变正好引发另外一个核的裂变。

核裂变所释放的高能量中子的速度极高(快中子),因此必须通过减速,以增加其撞击原子的机会(增大原子核俘获中子的截面),引发更多的核裂变。一般的核反应堆多使用慢化剂将高能量中子速度减慢,变成低能量的中子。核反应堆通常采用普通水、石墨或较昂贵的重水作为慢化剂。

图 2-2 原子弹爆炸的蘑菇云

核裂变是在 1938 年发现的,由于第二次世界大战的需要,核裂变被首先用于制造威力巨大的原子武器——原子弹。原子弹的巨大威力就是来自核裂变产生的巨大能量(图 2-2)。

目前,人们除将核裂变用于制造原子弹外,还努力研究、利用核裂变产生的巨大能量为人类造福。一次百万吨梯恩梯当量级的核爆炸可炸出一个直径 300 多米、深 30 多米的大坑。然后进行三次规模较小的核爆炸,开出一条运河把大坑和深海连接起来(这样的爆炸当然应尽量减少放射性物质的产生)。只要经过几个月的时间,当海潮把产生的少许放射性物质冲走后,这个海港就可安全使用了。

核爆炸还可以改造沙漠,使沙漠变成良田。很多干旱的沙漠地带其实也有一些雨水,但是这些雨水多半从地面流进地下河流、流入海中,剩下的一点则很快蒸发掉了,因此地面上没有一点水分,沙漠成了不毛之地。核爆炸可以造成巨大的积水层——地下水库。雨季时,雨水储在积水层中,然后慢慢地透过多孔的泥土湿润地表,使之适合植物的生长。

2. 原子弹

利用铀-235 或钚-239 等重原子核裂变的链式反应瞬时释放的巨大能量来产生巨大杀伤力的核武器称为原子弹,又称裂变弹。

原子弹主要由引爆控制系统、高能炸药、反射层、由核装料组成的核部件、中子源和弹壳等部件组成(图 2-3)。引爆控制系统用来起爆高能炸药;高能炸药是推动、压缩反射层和核部件的能源;反射层由铍或铀-238 构成,用来减少中子的漏失;中子源用以提供"点火"的中子以引发核装料的链式裂变反应;弹壳用来固定和组合各部件。铀-238 不仅能反射中子,而且密度较大,可以减缓核装料在释放能量过程中的膨胀,使链式反应维持较长的时间,从而能提高原子弹的爆炸威力。核装料主要是铀-235、钚-239

和铀-233 三种裂变物质。

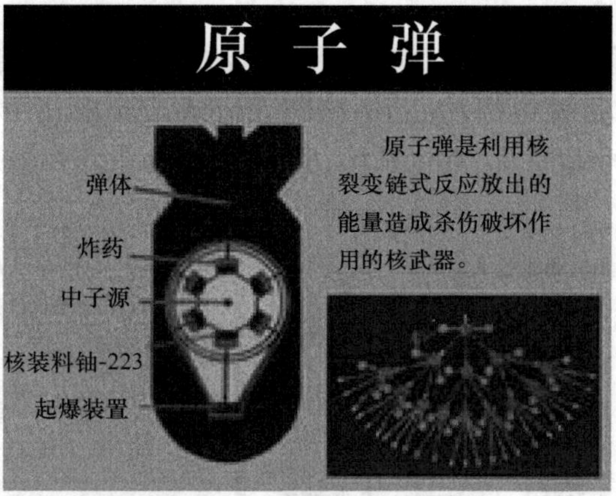

图 2-3 原子弹的结构示意图

铀-235、钚-239 这类重原子核在中子轰击下通常会分裂成两个中等质量数的核(称为裂变碎片),并放出两个到三个中子和 200 MeV 的能量(相当于 3.2×10^{11} J)。放出的中子,有的损耗在非裂变的核反应中或漏失到裂变系统之外,有的则继续引起重核裂变。如果每一个核裂变后能引起下一代核裂变的平均中子数多于 1 个,裂变系统就会形成自持的链式裂变反应,中子总数将按时间成指数规律增长。例如,当引起下一代裂变的中子数平均为 2 个时,则在不到 1 μs 的时间内,就可以使 1 kg 铀或钚内的 2.5×10^{24} 个原子核发生裂变,并释放出约 2 万 t 梯恩梯当量的核能。裂变材料的装量必须大于一定的量(称为临界质量),才能使链式裂变反应自动维持下去。原子弹中要放置相当份量的裂变材料,但不使用时,它们必须处于次临界状态。使用时,要使处于次临界状态的裂变装料瞬间达到超临界状态,并适时提供若干中子触发链式裂变反应。

原子弹中的引爆控制系统在预定时间或条件下发出引爆指令,使炸药起爆,炸药的爆轰产物推动并压缩反射层和核装料,使之达到超临界状态,核点火部件适时提供若干点火中子,使核装料内发生链式裂变反应,并猛烈释放能量。随着能量的积累,温度和压力迅速升高,核装料不断膨胀,密度不断下降,最终又成为次临界状态,链式反应趋于熄灭。从炸药起爆到核点火前是爆轰、压缩阶段,通常要几十微秒;从核点火到链式裂变反应熄灭是裂变放能阶段,只需要十分之几微秒。原子弹在如此短暂的时间内释放出几百至几万吨梯恩梯当量的能量,使整个弹体和周围介质都变成高温高压等离子气团,中心温度可达 10^7 K,压力达 10^{15} Pa。原子弹爆炸产生的高温高压以及各种核反应产生的中子、γ 射线和裂变碎片,最终形成冲击波、光辐射、早期核辐射、放射性污染和电磁脉冲等杀伤破坏因素。

原子弹的威力通常为几百至几万吨级梯恩梯当量,有巨大的杀伤力和破坏力。它可由不同的运载工具携载而成为核导弹、核航空炸弹、核地雷或核炮弹等,或用做氢弹中的初级装置(或称扳机),为点燃轻核引起热核聚变反应提供必需的条件。

3. 核反应堆

核反应堆是一个能维持和控制核裂变链式反应，从而实现核能—热能转换的装置（图 2-4）。核反应堆是核电厂的心脏，核裂变链式反应在其中进行。核反应堆由堆芯、控制与保护系统、冷却系统、慢化系统、反射层、屏蔽系统和辐射监测系统等组成。

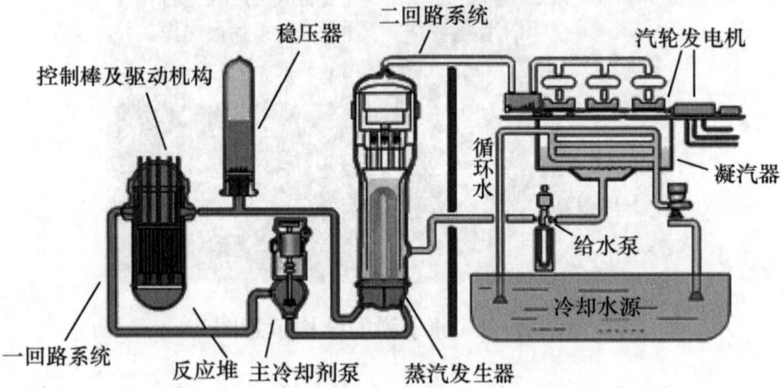

图 2-4　核反应堆装置示意图

（1）核反应堆的燃料堆芯。核燃料不是煤、石油，而是核裂变材料。自然界天然存在的易于裂变的材料只有铀-235，它在天然铀中的含量仅有 0.711%，另外两种同位素铀-238 和铀-234 各占 99.238%和 0.0058%，后两种均不易裂变。另外，还有两种利用反应堆或加速器生产出来的裂变材料铀-233 和钚-239。用这些裂变材料制成金属、金属合金、氧化物和碳化物等形式作为反应堆的燃料。为了防止裂变产物逸出，一般燃料都需用包壳包起来。包壳材料有铝、锆合金和不锈钢等。

（2）控制与保护系统中的控制棒和安全棒。为了控制链式反应的速率在一个预定的水平上，需用吸收中子的材料做成吸收棒，称为控制棒和安全棒。控制棒用来补偿燃料消耗和调节反应速率；安全棒则用来快速停止链式反应。吸收体材料一般是硼、碳化硼、镉和银铟镉等。

（3）冷却系统中的冷却剂。为了将裂变释放出的能量导出，反应堆必须有冷却剂。常用的冷却剂有轻水、重水、氦和液态金属钠等。

（4）慢化系统中的慢化剂。由于慢速中子更易引起铀-235 裂变，而中子裂变出来的却是快速中子，所以有些反应堆中要放入能使中子速度减慢的材料，即慢化剂。一般慢化剂有水、重水和石墨等。

（5）反射层。反射层设在活性区域四周，它可以是重水、轻水、铍、石墨或其他材料。它能把活性区内逃逸出来的中子反射回去，减少中子的泄漏量。

（6）屏蔽系统。反应堆周围设屏蔽层，减弱中子及核辐射剂量。

（7）辐射监测系统。该系统能监测并及早发现放射性泄漏情况。

2.5.3　轻核聚变及其氢弹与核聚变的应用展望

近年来对能源问题的谈论很多。目前广泛应用的能源，除水力外，主要是煤和石油。但是煤和石油这两种燃料的储存量会逐渐减少，新发展的能源有裂变原子能，但裂变原料铀和钍的存量估计只能用几百年，所以仍有必要另寻能源。利用太阳能的技术今天仍在发展，但还没有达到大规模应用阶段。而轻原子核的聚变作为能源却是资源非常丰富的，可以说是取之不尽、用之不竭，问题是怎样有效地控制大量核聚变能量的释放并加以利用。这仍然是当今科学研究的重要课题。

1. *原子核的聚变*

原子核中蕴藏着巨大的能量，原子核的变化（从一种原子核变为另一种原子核）往往伴随着巨大能量的释放。如果是由重的原子核变为轻的原子核，称为核裂变，如原子弹；如果是由轻的原子核变为重的原子核，则称为核聚变，如太阳发光发热的能量来源。核聚变的过程与核裂变相反，是几个原子核聚合成一个原子核的过程。只有较轻的原子核才能发生核聚变，如氢的同位素氘、氚等。核聚变也会释放出巨大的能量，而且比核裂变放出的能量更大。太阳内部连续进行着氢聚变成氦的过程，它的光和热就是由核聚变产生的。比原子弹威力更大的核武器——氢弹，就是利用核聚变发挥作用(图 2-5)。

图 2-5 氢弹爆炸

核聚变是指由质量小的原子，主要是氘或氚，在一定条件（如超高温和高压）下发生原子核互相聚合作用，生成新的质量更重的原子核，并伴随着巨大的能量释放的一种核反应形式。在这种反应中所释放的能量称为聚变能，是核能利用的又一重要途径。人工控制下的聚变称为受控核聚变，在受控核聚变的情况下释放能量的装置称为聚变反应堆或聚变堆。

研究表明，中等质量的元素，如铁附近的元素，无论裂变还是聚变，都不会释放能量，而且需要吸收能量。重的元素，如铀附近的元素，裂变时会释放能量；与此相反，轻的元素如氢的同位素氘、氚等，则在聚合为较重的元素时会释放出能量。根据爱因斯坦质能方程 $E=mc^2$，原子核发生聚变时，有一部分静质量会转化为动质量而将能量释放出来。只要微量的静质量转化为动质量就可以释放出巨大的能量。

最重要的聚变反应有

$$\mathrm{D}+\mathrm{D}\longrightarrow \mathrm{T}+\mathrm{p}+4.03\ \mathrm{MeV}$$

$$\mathrm{D}+\mathrm{D}\longrightarrow {}^{3}\mathrm{He}+\mathrm{n}+3.27\ \mathrm{MeV}$$

$$\mathrm{D}+\mathrm{T}\longrightarrow {}^{4}\mathrm{He}+\mathrm{n}+17.6\ \mathrm{MeV}$$

$$\mathrm{D}+{}^{3}\mathrm{He}\longrightarrow {}^{4}\mathrm{He}+\mathrm{p}+18.3\ \mathrm{MeV}$$

式中，D 为氘核（重氢）；T 为氚核（超重氢）；p 为质子；n 为中子；^{3}He 为氦-3 原子核；^{4}He 为氦-4 原子核。以上两组核反应总的效果是：每“烧”掉 6 个氘核共放出

43.2 MeV的能量，相当于每个核子平均放出 3.6 MeV。它比裂变反应中每个核子平均放出 200/236=0.85 MeV 高 4 倍多。因此聚变能是比裂变能更为巨大的一种核能。

2. 氢弹原理

人们认识热核聚变是从氢弹爆炸开始的。氢弹又称热核弹或聚变弹，它是利用原子弹爆炸的能量点燃氢的同位素氘、氚等轻原子核的聚变反应并瞬时释放出巨大能量的核武器(图 2-6)。氢弹具有巨大的杀伤力和破坏力，它在战略上有很重要的作用。对氢弹的研究与改进主要集中在三个方面：①提高比威力和使之小型化；②提高突防能力、生存能力和安全性能；③研制各种特殊性能的氢弹。

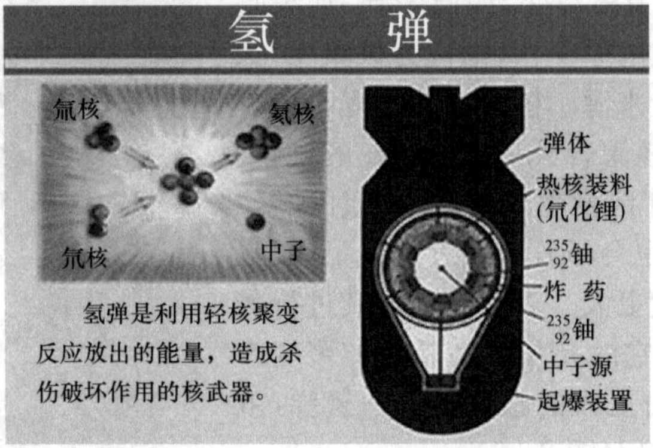

图 2-6　氢弹装置示意图

氢弹的运载工具一般是导弹或者飞机。为了使武器系统具有良好的作战性能，要求氢弹自身的体积小、质量轻、威力大。因此，比威力的大小是氢弹技术水平高低的重要标志。当基本结构相同时，氢弹的威力随其质量的增加而增加。

(1) 氢弹爆炸原理。氢弹的爆炸原理是轻原子核聚变反应。一些轻核素(如 D、T 等)的原子核，在几千万摄氏度的高温下会发生聚变反应，并放出中子和巨大的能量。由于聚变反应必须在极高温度下才能进行，故聚变反应又称热核反应，氢弹也称为热核武器。

(2) 基本构造。氢弹主要由热核装料(通常用氘化锂)、引爆装置(为一枚小当量原子弹)和弹壳(常掺有^{238}U)等组成。

(3) 起爆过程。首先引爆原子弹，氘化锂在高温、高压和中子作用下，锂即产生氚，随之氘氚迅速聚合，放出高能中子和巨大能量，引起比原子弹更为猛烈的爆炸。1 kg 氘氚混合物完全聚变，所释放的能量为 1 kg ^{235}U 或 ^{239}Pu 完全裂变所释放能量的 3～4 倍。氢弹实际上是裂变-聚变双相弹。若弹壳中含有 ^{235}U，则氘氚聚变产生的高能中子能使 ^{235}U 发生裂变，增加裂变碎片的产额，提高爆炸威力，这种氢弹称为裂变-聚变-裂变三相弹。

当热核装料的温度为几百万至几亿开尔文时，氘氚反应的速率约比氘氘反应快 100 倍。由于氘氚是气体或液体，使用起来不大方便。氢弹中常用的热核装料是固态氚化锂，其密度约为0.8 g/cm³。当锂-6吸收一个中子时，产生氚；氚与氘反应又产生中子，即进行氚-中子循环反应。氚、中子循环一代，消耗一个氘核和一个锂-6核，放出约22.4 MeV的能量。在氢弹中，烧掉1 kg氘化锂-6，释放4～5万t梯恩梯当量的能量。创造自持聚变反应所必需的高温、高密度条件需要大量能量，目前只能靠核裂变(如原子弹)爆炸来提供。

3. 核聚变及其展望

氢弹给人类带来的是灾难。科学家则希望发明一种装置，可以有效地控制“氢弹爆炸”的过程，让它的爆炸能量能够持续稳定的输出，以解决人类面临的能源短缺危机。

原子核都带正电。两个带正电的原子核聚变成一个较重的原子核时，首先要克服彼此间的静电斥力。轻原子核所带的正电少，彼此间的静电斥力小，所以质子数越少的原子核越容易聚变。轻原子核不但容易聚变，而且聚变时放出的能量多。实际上，在考虑轻原子核的聚变时，目前只考虑氢的同位素之间的聚变。氢的各种同位素的质子数最少，只有一个，所以相互间静电斥力最小，在人工的条件下最容易聚变。氢有三种同位素：氕、氘、氚。氕的原子核只有一个质子。氘的原子核有1个质子和1个中子，比氕原子核重1倍。氚原子核有1个质子和2个中子。在氢的同位素中，氘和氚之间的聚变又最容易，所以人们一般将氘和氚称为聚变核燃料。

核聚变有几个方面比核裂变具有优越性。第一，聚变产物是稳定的氦核，没有放射性污染产生，没有难于处理的核废料。第二，聚变原料氘的资源比较丰富。核聚变所利用的燃料是氘和氚，而氘在海水中大量存在(大约每600个氢原子中就有一个氘原子)，海水中氘的总量约40万亿t。每升海水中所含的氘完全聚变所释放的聚变能相当于300 L汽油燃料的能量。按目前世界消耗的能量计算，海水中氘的聚变能可用几百亿年。氚可以由锂制造。地球上锂的储量虽比氘少得多，也有两千多亿吨，用它来制造氚，足够用到人类使用氘、氚聚变的年代。因此，核聚变能是一种取之不尽、用之不竭的新能源。

要使原子核之间发生聚变，必须使它们接近费米级(10^{-15} m)。要达到这个距离，就要使核具有很大的动能，以克服电荷间极大的斥力。要使核具有足够的动能，必须把它们加热到很高的温度(几百万摄氏度以上)。因此，核聚变反应又称为热核反应。原子弹爆炸产生的高温可引起热核反应，氢弹就是这样引爆的。

核聚变能释放出巨大的能量，但目前人们只能在氢弹爆炸的一瞬间实现非受控的人工核聚变。而要利用人工核聚变产生的巨大能量为人类服务，就必须使核聚变在人们的控制下进行，这就是受控核聚变。

受控核聚变是等离子态的原子核在高温下有控制地发生大量原子核聚变的反应，同时释放出能量。氢弹爆炸释放出来的大量聚变能、原子弹爆炸释放出来的大量裂变能都是不可控制的。在第一颗原子弹爆炸后仅10多年，人们就找到控制裂变反应的办法，并建成了裂变电站。可是，氢弹爆炸以后人们希望建成聚变电站，却并不是那么简单，即使在地球条件下最容易发生的聚变反应

$$D+T \longrightarrow {}^{4}He+n+17.6\ MeV$$

也只能在极高的温度(大于 5000 ℃)和足够大的碰撞概率条件下才能大量发生。因此实际可作为能源使用的受控热核聚变反应,在产生并加热等离子体到几亿摄氏度高温的同时,还必须要有效约束这一高温等离子体。这就是近几十年内研究的难题和期望攻克的目标。

1952 年 11 月 1 日,人类已经实现了不受控制的核聚变——氢弹的爆炸。但是要想能量可以被人类有效利用,必须能够合理地控制核聚变的速度和规模,实现持续、平稳的能量输出。科学家正在努力研究如何控制核聚变,目前的途径主要是通过惯性约束或者磁约束来实现受控核聚变,但是现在看来还有很长的路要走。比较乐观的估计是美国能源部的日程表:2025 年运行示范堆,2040 年运行商用堆(图 2-7)。俄罗斯的日程表也大致与此类似。

图 2-7　聚变核电站展望

第3章 化　　学

3.1 化学的基本知识

3.1.1 化学的基本概念

化学(chemistry)是一门在原子、分子水平上研究物质的组成、结构、性质、变化、制备和应用的一门自然科学。它对我们认识和利用物质具有重要的作用。世界是由物质组成的,化学则是人类认识和改造物质世界的主要方法和手段之一。它是一门历史悠久而又富有活力的学科,是一门已广泛辐射到其他学科领域的中心学科,它与人类进步和社会发展的关系非常密切,它的成就是社会文明的重要标志。

从开始用火的原始社会,到使用各种人造物质的现代社会,人类都在享用化学成果。人类的生活不断提高和改善,化学在其中起了重要的作用。

化学是重要的基础科学之一,在与物理学、生物学、地学和天文学等学科的相互渗透中得到了迅速发展,也推动了其他学科和技术的发展。例如,核酸化学的研究成果使今天的生物学从细胞水平提高到分子水平,建立了分子生物学;对地球、月球和其他星体的化学成分的分析,得出了元素分布的规律,发现了星际空间有简单化合物的存在,为天体演化和现代宇宙学提供了实验数据。

自20世纪90年代以来,随着超分子化学等概念的提出,化学家的视野已经突破了分子层次。近年来,分子以上层次化学的概念已被越来越多的专家认可,预示着新一轮化学发展的黄金时期即将到来。

3.1.2 化学的萌芽

古代,原始人类为了生存,在与自然界的种种灾难进行抗争中发现和利用了火。原始人类从用火开始,由野蛮进入文明,同时也就开始了用化学方法认识和改造天然物质。燃烧就是一种化学现象。火的发现和利用,改善了人类生存的条件,并使人类变得聪明而强大。掌握了火以后,人类开始食用熟食;继而人类又陆续发现了一些物质的变化,如发现在翠绿色的孔雀石等铜矿石上面燃烧炭火,会有红色的铜生成。这样,人类在逐步了解和利用这些物质变化的过程中,制得了对人类具有使用价值的产品,逐步学会了制陶、冶炼,又懂得了酿造、染色等。这些由天然物质加工改造而成的制品成为古代文明的标志。在这些生产实践的基础上,萌发了古代化学知识。

古人曾根据物质的某些性质对物质进行分类,并试图追溯其本原及变化规律。公元前4世纪或更早,中国提出了阴阳五行学说,认为万物是由金、木、水、火、土五种基本物质组合而成的,而五行则是由阴阳二气相互作用而成。此说法是朴素的唯物主义自然观,用“阴阳”这个概念来解释自然界两种对立和相互消长的物质势力,认为二者的相互作用是一切自然现象变化的根源。此说为中国炼丹术的理论基础之一。

公元前4世纪,希腊也提出了与五行学说类似的火、风、土、水四元素说和古代原子论。这些朴素的元素思想即为物质结构及其变化理论的萌芽。后来在中国出现了炼丹术,到了公元前2世纪的秦汉时代,炼丹术已颇为盛行,大致在公元7世纪传到阿拉伯国家,与古希腊哲学相融合而形成阿拉伯炼金术,阿拉伯炼金术于中世纪传入欧洲,形成欧洲炼金术,后逐步演进为近代的化学。

炼丹术的指导思想是深信物质能转化,试图在炼丹炉中人工合成金银或修炼长生不老之药。他们有目的地将各类物质搭配烧炼,进行实验。为此涉及了研究物质变化用的各类器皿,如升华器、蒸馏器和研钵等;也创造了各种实验方法,如研磨、混合、溶解、洁净、灼烧、熔融、升华和密封等。

与此同时,进一步分类研究了各种物质的性质,特别是相互反应的性能,这些都为近代化学的产生奠定了基础,许多器具和方法经过改进后,仍然在今天的化学实验中沿用。炼丹家在实验过程中发明了火药,发现了若干元素,制成了某些合金,还制出和提纯了许多化合物,这些成果至今仍在使用。

3.1.3　化学的中兴

16世纪开始,欧洲工业生产蓬勃兴起,推动了医药化学和冶金化学的创立和发展,使炼金术转向生活和实际应用,继而更加注意物质化学变化本身的研究。在元素的科学概念建立后,通过对燃烧现象的精密实验研究,建立了科学的氧化理论和质量守恒定律,随后又建立了定比定律、倍比定律和化合量定律,为化学进一步科学地发展奠定了基础。

19世纪初,建立了近代原子论,突出地强调了各种元素的原子质量为其最基本的特征,其中量的概念的引入是与古代原子论的一个主要区别。近代原子论使当时的化学知识和理论得到了合理的解释,成为说明化学现象的统一理论。分子假说提出后,建立了原子-分子学说,为物质结构的研究奠定了基础。门捷列夫发现元素周期律后,不仅初步形成了无机化学的体系,并且与原子-分子学说一起形成化学理论体系。

通过对矿物的分析,发现了许多新元素,加上对原子-分子学说的实验验证,经典的化学分析方法也有了自己的体系。草酸和尿素的合成、原子价概念的产生、苯的六环结构和碳价键四面体等学说的创立,酒石酸拆分成旋光异构体,以及分子的不对称性等的发现,导致有机化学结构理论的建立,使人们对分子本质的认识更加深入,并奠定了有机化学的基础。

19世纪下半叶,热力学等物理学理论引入化学后,不仅澄清了化学平衡和反应速率的概念,而且可以定量地判断化学反应中物质转化的方向和条件。相继建立了溶液理论、电离理论、电化学和化学动力学的理论基础。物理化学的诞生,把化学从理论上提高到一个新的水平。

化学是一门建立在实验基础上的科学,实验与理论一直是化学研究中相互依赖、彼此促进的两个方面。进入20世纪以后,由于受到自然科学其他学科发展的影响,并广泛地应用了当代科学的理论、技术和方法，化学在认识物质的组成、结构、合成和测试等方面都有了长足的发展，而且在理论方面取得了许多重要成果。在无机化学、分析化学、有机化学和物理化学四大分支学科的基础上产生了新的化学分支学科。

近代物理的理论和技术、数学方法及计算机技术在化学中的应用对现代化学的发展起了很大的推动作用。19世纪末，电子、X射线和放射性的发现为化学在20世纪的重大发展创造了条件。

在结构化学方面，由于电子的发现开始并确立的现代的有核原子模型，不仅丰富和深化了对元素周期表的认识，而且发展了分子理论。应用量子力学研究分子结构，产生了量子化学。

从氢分子结构的研究开始，逐步揭示了化学键的本质，先后创立了价键理论、分子轨道理论和配位场理论。化学反应理论也随之深入到微观世界。应用X射线作为研究物质结构的新分析手段，可以洞察物质的晶体化学结构。测定化学立体结构的衍射方法有X射线衍射、电子衍射和中子衍射等。其中以X射线衍射法的应用所积累的精密分子立体结构信息最多。

研究物质结构的谱学方法也由可见光谱、紫外光谱、红外光谱扩展到核磁共振谱、电子自旋共振谱、光电子能谱、射线共振光谱、穆斯堡尔谱等，与计算机联用后，积累了大量物质结构与性能相关的资料，正由经验向理论发展。随着电子显微镜放大倍数不断提高，人们已可直接观察核酸和蛋白质等大分子的结构。

经典的元素学说由于放射性的发现而产生深刻的变革。从放射性衰变理论的创立、同位素的发现到人工核反应和核裂变的实现、氘的发现、中子和正电子及其他基本粒子的发现，不仅使人类的认识深入到亚原子层次，而且创立了相应的实验方法和理论；不仅实现了古代炼丹家转变元素的思想，而且改变了人的宇宙观。

作为20世纪的时代标志，人类开始掌握和使用核能。放射化学和核化学等分支学科相继产生，并迅速发展；同位素地质学和同位素宇宙化学等交叉学科接踵诞生。元素周期表扩充了，已有109号元素，并且正在探索超重元素以验证元素“稳定岛假说”。与现代宇宙学相依存的元素起源学说和与演化学说密切相关的核素年龄测定等工作都在不断补充和更新元素的观念。

在化学反应理论方面，由于对分子结构和化学键认识的提高，经典的、统计的反应理论已进一步深化，在过渡态理论建立后，逐渐向微观的反应理论发展。用分子轨道理论研究微观的反应机理，并逐步建立了分子轨道对称守恒定律和前线轨道理论。分子束、激光和等离子技术的应用，使得对不稳定化学物种的检测和研究成为现实，因此化学动力学已有可能从经典的、统计的宏观动力学深入到单个分子或原子水平的微观反应动力学。

计算机技术的发展，使得分子、电子结构和化学反应的量子化学计算、化学统计、化学模式识别，以及大规模技术处理和综合等方面，都得到较大的进展，有的已经逐步进入化学教育之中。关于催化作用的研究，已提出了各种模型和理论，从无机催化进入有机催化和生物催化，开始从分子微观结构和尺寸的角度和生物物理有机化学的角度研究酶类的作用和酶类的结构与其功能的关系。

分析方法和手段是化学研究的基本方法和手段。一方面，经典的成分和组成分析方法仍在不断改进，分析灵敏度从常量发展到微量、超微量、痕量；另一方面，发展了许多新的分析方法，可深入进行结构分析，构象测定，同位素测定，各种活泼中间体如自由基、离子、卡宾、氮宾、卡拜等的直接测定，以及对短寿命亚稳态分子的检测等。分离技术也不断革新，离子交换、膜技术和色谱法等已经得到广泛应用。

合成各种物质是化学研究的目的之一。在无机合成方面，首先合成的是氨。氨的合成不仅开创了无机合成工业，而且带动了催化化学，发展了化学热力学和反应动力学。后来相继合成的有红宝石、人造水晶、硼氢化合物、金刚石、半导体、超导材料和二茂铁等配位化合物。在电子技术、核工业和航天技术等现代工业技术的推动下，各种超纯物质、新型化合物和特殊需要的材料的生产技术都得到了较大发展。稀有气体化合物的合成成功又向化学家提出了新的挑战，需要对零族元素的化学性质重新加以研究。无机化学在与有机化学、生物化学和物理化学等学科相互渗透中产生了有机金属化学、生物无机化学、无机固体化学等新兴学科。

酚醛树脂的合成开辟了高分子科学领域。20 世纪 30 年代聚酰胺纤维的合成，使高分子的概念得到广泛的确认。后来，高分子的合成、结构和性能研究、应用三方面保持互相配合和促进，使高分子化学得以迅速发展。各种高分子材料的合成和应用为现代工农业、交通运输、医疗卫生、军事技术，以及人们衣食住行各方面，提供了多种性能优异而成本较低的重要材料，成为现代物质文明的重要标志。21 世纪初，以碳纳米材料、含氟材料、含硅材料和特种陶瓷材料为代表的新材料的出现和广泛应用，使得 21 世纪从开始就深深打上了材料科学的烙印。高分子工业发展为化学工业的重要支柱。

20 世纪是有机合成的黄金时代。化学的分离手段和结构分析方法已经有了很大发展，许多天然有机化合物的结构问题纷纷获得圆满解决，还发现了许多新的重要的有机反应和专一性有机试剂。在此基础上，精细有机合成，特别是在不对称合成方面取得了很大进展。一方面，合成了各种有特种结构和特种性能的有机化合物；另一方面，合成了从不稳定的自由基到有生物活性的蛋白质、核酸等生命基础物质。有机化学家还合成了有复杂结构的天然有机化合物和有特效的药物。这些成就对促进科学的发展起了巨大的作用，为合成有高度生物活性的物质，并与其他学科协同解决有生命物质的合成问题及解决前生命物质的化学问题等，提供了有利的条件。

20 世纪以来，化学发展的趋势可以归纳为：由宏观向微观、由定性向定量、由稳定态向亚稳定态发展，由经验逐渐上升到理论，再用于指导设计和开创新的研究。一方面，为生产和技术部门提供尽可能多的新物质、新材料；另一方面，在与其他自然科学相互渗透的进程中不断产生新学科，并向探索生命科学和宇宙起源的方向发展。

3.1.4 化学的作用

(1) 化学在保证人类的生存并不断提高人类的生活质量方面起着重要作用。例如，利用化学生产化肥和农药，以增加粮食产量；利用化学合成药物，以抑制细菌和病毒，保障人体健康；利用化学开发新能源、新材料，以改善人类的生存条件；利用化学综合应用自然资源和保护环境，使人类生活得更加美好。

(2) 化学是一门实用的学科，它与数学、物理等学科共同成为自然科学迅猛发展的基础。化学的核心知识已经应用于自然科学的各个区域，是人类创造自然和改造自然强大力量的重要支柱。目前，化学家已开始运用化学的观点来观察和思考社会问题，用化学的知识来分析和解决社会问题，这些问题涉及能源、粮食、环境、健康、资源与可持续发展等众多领域。

(3) 化学与其他学科的交叉与渗透产生了很多边缘学科，如生物化学、地球化学、宇宙化学、海洋化学和大气化学等，使得生物、电子、航天、激光、地质和海洋等科学技术迅猛发展。

总之，化学与人类的衣、食、住、行以及能源、信息、材料、国防、环境保护、医药卫生和资源利用等方面都有密切的联系，它是一门社会迫切需要的实用学科。

3.1.5 化学的学科分类

化学在发展过程中，依照所研究的分子类别和研究手段、目的和任务的不同，派生出不同层次的许多分支。在20世纪20年代以前，化学传统地分为无机化学、有机化学、物理化学和分析化学四个分支。20年代以后，世界经济高速发展，化学键的电子理论和量子力学的诞生、电子技术和计算机技术的兴起，使化学研究在理论上和实验技术上都获得了新的手段，导致这门学科从30年代以来飞跃发展，出现了崭新的面貌。进入21世纪后，分子以上层次的化学迅猛发展，化学生物学已经成为当代人气最旺、发展前景最好的学科领域。现在把化学内容一般分为化学生物学、有机化学、高分子化学、物理化学、无机化学、应用化学和化学工程学七大分支学科共80项。

根据当今化学学科的发展以及它与天文学、物理学、数学、生物学、医学和地学等学科相互渗透的情况，化学可作以下分类。

无机化学：包括元素化学、无机合成化学、无机固体化学、配位化学、生物无机化学和有机金属化学等。

有机化学：包括普通有机化学、有机合成化学、金属和非金属有机化学、物理有机化学、生物有机化学和有机分析化学。

物理化学：包括化学热力学、化学动力学和结构化学。

分析化学：包括化学分析、仪器和新技术分析。

高分子化学：包括天然高分子化学、高分子合成化学、高分子物理化学和高聚物应用。

核化学：包括放射性元素化学、放射分析化学、辐射化学、同位素化学和核化学。

化学生物学：包括生物化学、药物化学、分子生物学、酶化学、微生物化学、植物化学、免疫化学、发酵和生物工程、食品化学等学科领域。

其他与化学有关的边缘学科还有地球化学、海洋化学、大气化学、环境化学、宇宙化学和星际化学等。

3.2 现代化学理论

现代化学是在近代化学的基础上发展起来的。17世纪中叶波义耳给元素概念以科学定义,从而把化学确立为科学;18世纪80年代拉瓦锡创立氧化燃烧学说;19世纪初道尔顿提出原子-分子论,这是近代化学史上的三次革命,显示了近代化学取得的巨大成就。然而,原子不可分,元素不能变的观念在大多数化学家头脑中占统治地位,致使化学理论本身难以有所突破。19世纪末,伴随着物理学革命,化学的基本概念和基本理论发生了根本的变革。电子存在的证实,X射线和放射性的发现,元素嬗变理论的提出,改变了原子不可分、不可入、不可变的旧观念。相对论、量子力学的创立,原子结构理论的阐明,使人们认识到化学物质的化学变化、元素原子的化学性质主要取决于原子核的微观结构和核外电子的运动。在这种新的科学观念的形成中,化学的基本概念或是被取代,或是被赋予了新的含义,或是得到重要发展,从而形成了一个新的概念体系。在这个新的概念体系的框架下,又形成了量子化学、结构化学等新理论。此外,物理学革命中所发展起来的新的实验手段逐渐被引入化学研究中,一大批采用新兴技术而研制成的分析仪器进一步取代了经典的化学分析,从而在很大程度上改变了分析化学这门化学学科中最古老的分支的面貌。可以说伴随着物理学革命,化学也完成了一次革命。19世纪的化学以原子论为核心,化学研究主要以原子和分子两个概念为基础。而20世纪的化学,电子已成为研究的基本结构单位,化学主要是探讨电子在分子、原子中的分布及其运动规律。化学的发展由原子时代过渡到电子时代,开辟了化学发展的新时期——现代化学发展时期。

3.2.1 原子结构与元素学说的新发展

电子证实以后,科学家一方面建立了原子结构模型,另一方面继续探索原子核的结构,发现原子核是由质子和中子构成的。元素的化学性质是由原子外层电子决定的,而原子的排列序数又与原子核的结构相关。在此基础上,不仅化学元素周期表得到更加深入、科学的说明,而且预言并发现了众多的新元素。化学元素学说发展到现代水平。

1. 原子结构理论的建立和发展

汤姆孙发现电子,打开了原子的大门,突破了原子不可分的陈腐观念,说明原子有其内在的结构。1904年,汤姆孙提出第一个原子结构模型。他认为,原子是一个均匀的带正电的球体,电子对称地嵌在这个球中。因为电子在“原子球”中各自的平衡位置上振动,所以可以发出电磁辐射,其辐射频率就等于电子振动的频率。

汤姆孙的原子结构模型称为“葡萄干蛋糕”模型,整个原子像一块蛋糕,蛋糕体是带正电的“原子球”,电子好像嵌在这块蛋糕中的葡萄干。汤姆孙的模型解释了化学元素的一些简单性质,如化学元素电中性等。

汤姆孙的学生卢瑟福用高速飞行的α粒子轰击极薄的金属箔,发现大多数α粒子能顺利通过，但也有少数发生了角度比较大的散射，极个别甚至完全弹了回来。这就是历史上著名的 α 粒子散射实验。

运用汤姆孙的原子结构模型不能说明 α 粒子散射观象。卢瑟福分析实验结果后认为，α 粒子一定是碰到某种极为坚硬并与 α 粒子带有同种电荷的东西，这种东西的体积一定很小，不然就不会使绝大部分 α 粒子顺利通过。因此他推测，原子内一定有一个带正电、体积小而密度大的核。原子核居于原子的中心，它带正电且集中了原子的绝大部分质量。电子在原子核四周绕着原子核运动，电子绕着原子核运动就像行星绕着太阳运动一样，所以，原子的体系就类似一个小的太阳系。故卢瑟福的原子模型又称为"行星模型"，它解释了一些化学现象。

卢瑟福建立的原子结构模型也不完善，其最大的弊端是，描述核外电子的运动是以经典力学为基础的。这样，原子在自动辐射时，能量不断减少，最后会使电子坠落在原子核上，原子失去了稳定性。这就陷入了矛盾之中。为了克服这一矛盾，玻尔于1913年提出了新的原子模型。玻尔原子模型有三个突出的思想。第一，原子有带正电并集中了原子绝大部分质量的原子核，电子在原子核周围沿圆形轨道作圆周运动，在一定轨道上运动的电子称为定态（具有一定的能量），在定态下运动的电子并不辐射能量。原子核外的电子在许多不同轨道上运动，其中能量最低的定态称为基态。第二，原子中的电子从一定态跃迁到另一定态时才会放出或吸收能量，电子跃迁时辐射的频率 ν 由两定态的能量差（ΔE）决定，即 $h\nu=\Delta E=E_2-E_1$。第三，原子可能存在的各种定态是不连续的，即量子化的，电子运动的角动量 p 必须等于 $h/2\pi$ 的整数倍，即 $p=nh/2\pi$（$n=1,2,3,\cdots$），式中，n 为主量子数。

玻尔的原子结构模型解释了以前的一些经验公式，也成功地解释了氢的光谱和比氢复杂的元素的原子光谱，但是对氢光谱的精细结构则失去了功效。为了解决这个问题，1915年索末菲引入一个轨道量子数 $L=0,1,2,3,\cdots,(n-1)$。根据光谱在磁场中分裂的事实，1916年索末菲进而提出磁量子数 $m=0,\pm1,\pm2,\cdots$。1925年，他在研究碱金属结构时，根据其光谱的精细结构又引入了自旋量子数 $S=\pm1/2$。同年，奥地利科学家泡利还提出了"不相容原理"，即在同一原子中，不可能存在状态完全相同的电子。至此，原子中电子运动的4个量子数和不相容原理就建立起来了。量子力学建立以后，对原子核外电子的运动又给予波函数的解释，扬弃了旧的轨道概念，代之以电子云概念，从而使原子结构理论更加完善和符合实际，为化学的发展奠定了坚实的基础。

2. 周期律的本质和周期表的发展

1913年莫斯莱发现，各种元素所产生的特征X射线的波长，其顺序恰好与元素在周期表上的次序一致，他把这个次序命名为元素的原子序数 Z。原子序数的发现，赋予元素周期律以新的含义：元素性质是原子序数的周期函数。这就是说，决定元素基本化学性质的是原子序数而不是相对原子质量。

1920年查德威克证实，元素的原子序数在数值上恰好等于它的核电荷数。原子核电荷数的研究科学解释了元素在周期表中的排列顺序，而核外电子的分布和运动规律的研究则进一步阐明元素的性质为什么是原子序数的周期函数，即阐明周期律的本质。

门捷列夫在制定化学元素周期表时，对这个问题思考得很少，后经深入研究发现，化学元素周期性的规律是原子结构周期性规律的表现，从而把化学元素的性质、元素在周期表中的位置、原子结构三者联系起来了，形成了三角形的研究方式，每知道这三个方面之一，就可以推出其他两个方面。这三个方面，原子的结构是本体和基础，性质是表现，位置则是在周期律理论体系中的逻辑形式。

现代原子结构的理论深刻地揭示了化学元素周期律的本质。主量子数 $n=1,2,3,4,\cdots$（现在通常用 K,L,M,N,…表示）表示核外运动电子的主要层次，这与周期表中的周期相对应。轨道量子数 $L=0,1,2,3,\cdots,(n-1)$（通常用 s,p,d,f,g,…表示）规定核外运动电子的各个分层，与泡利不相容原理相结合，又规定了各分层的电子数目。电子在核外排布时，还遵循能量最低原则，从低轨道到高轨道逐一排列。经研究又发现，原子最外层的电子数目不能超过 8 个，外层满 8 个电子时结构最稳定，化学元素发生变化主要取决于外层电子（价电子）的情况。

现代原子结构理论揭示了化学元素的本质，准确地说明了各种化学元素在周期表中的位置，同时还能按元素的电子层结构把元素分为 s 组、p 组、d 组、f 组等类别，把周期、族、镧系、锕系以及原子价等概念都与原子结构的概念联系起来。现代原子结构理论也改变了对“周期”、“族”等概念的认识。在门捷列夫的时代，元素的周期是元素性质重复相似的过程，族的概念是和元素的原子价联结在一起的；而在新的理论中，周期则是原子的外层电子建层的过程，族的概念则以核外电子排布的共同特征为根据。此外，由于对原子属性认识的深化，元素周期所包含的内容也更丰富了。它不仅包含了门捷列夫所考虑的原子价，还包含了元素的原子半径、离子半径、电离能和电负性等的周期性变化。

由于新的实验事实和化学理论研究的深入，门捷列夫制定的元素周期表也得到了多方面的增补和修订。首先，由于拉姆塞等的工作，发现了氦、氖、氩等零族元素。零族元素的发现，使门捷列夫化学元素周期表面临着考验，当年门捷列夫建立周期表时，虽然留下了许多空位，但并没有给稀有气体元素留出空位。在他的周期表中，典型的非金属和典型的金属元素之间是一种自然的过渡，并没有一个中间环节。稀有气体元素族在周期表中如何排列呢？在解决这个问题时，有远见的拉姆赛做了出色的工作。他认为，化学元素周期律是自然界中的一个伟大规律，这是确定无疑的，稀有气体元素应当作为一族，完整地插入周期表中典型非金属元素和典型金属元素之间。这样，稀有气体元素在周期表中的位置问题就解决了。

其次，元素周期表中存在三个“倒置”问题，即氩(39.9)与钾(39.1)、钴(58.9)与镍(58.7)、碲(127.6)与碘(126.9)三处，不是按相对原子质量大小排列。门捷列夫一直坚持认为这是由于相对原子质量测错了，但事实证明相对原子质量测定并没有错，这就出现了周期表的原则和实际排列之间的矛盾。这一矛盾由于莫斯莱定律和原子序数意义的揭示而得到了解决。

再次，按普劳特假说，所有元素原子都是氢原子构成的，那么由氢或其他元素为基准测得各种元素的相对原子质量就应当是整数，而不是小数。但事实上各种元素的相对原子质量都是小数。有的化学家推测，小数可能是由实验误差造成的，但这种说法并没有充分的依据，因而不能被多数人接受。

相对原子质量的小数问题因同位素的发现而得到了解决。通常测得的化学元素的相对原子质量是该元素各种同位素不同比例并存的平均值，每一种化学元素都有比例各不相同的两种以上的同位素。因此，尽管每一种单纯同位素的相对原子质量是整数，但把它们按不同比例加以平均时，相对原子质量就出现了小数。同位素的发现顺理成章地解释了化学元素相对原子质量的小数问题。

最后，确立镧系元素和锕系元素在周期表中的位置。1869 年，门捷列夫在排列他的第一张元素周期表时，不了解也不可能了解镧系元素的实质，因此在表中把铈、铒等元素的位置都排布错了。幸而那时镧系元素发现得不多，超铀元素还根本没有发现，所以他的错误并没有影响周期表的大格局。1905 年，维尔纳提出了一个拉长的周期表。在维尔纳的长表中，把当时已经发现的 12 种镧系元素排列在一起，让它们在周期表的下面单排一行，表示在周期表中共占一个位置。同时他还在这 12 种镧系元素后面留下了 3 个空位，表示镧系元素包括镧在内共有 15 种元素。至此，镧系元素的位置就初步确定了。

镧系元素发现以后，又通过人工的方法合成了许多锕系元素。在锕系中，前 6 种元素是天然元素，后 9 种元素是人造元素。1946 年，美国物理学家西伯格根据几种已知的超铀元素的性质，提出了一个锕系理论。他认为过去把钍列在ⅣB 族，把铀列在ⅥB 族是不正确的。钍、镤、铀和超铀元素应当和 89 号元素锕一起，组成一个锕系元素，这是继镧系以后的第二个过渡系。镧系元素依次充填 4f 轨道，锕系元素依次充填 5f 轨道。对铀元素的研究证明，西伯格的锕系理论是正确的。特别是通过对合成的 104～109 号元素的深入研究证明，104 号以后它们分属ⅤB、ⅥB、ⅦB 和Ⅷ族元素，这就更有力地说明，西伯格锕系元素的排布是完全正确的。至此，镧系与锕系的位置就完全确定了，化学元素周期表也得到了完善和发展。

3. 现代对化学元素的新探索

在化学发展史上，化学元素周期表的建立和发展有着十分重要的地位和作用。然而，化学元素向何处去？周期表有没有终点？这些问题经常引起人们的深入思考。

自从 1940 年发现超铀元素，到 1982 年人工合成的元素已经到了 109 号。对 104 号以后的各种元素的研究表明，超铀元素的稳定性随着原子序数的增加而急剧地降低，半衰期的时间越来越短（表 3 - 1）。

表 3 - 1　部分元素的半衰期

元素	104	105	106	107	108	109
半衰期	70 s	40 s	0.9 s	2 μs	1 μs	0.5 μs

自 107 号以后，元素的合成是靠高能加速器，用加速的粒子轰击靶核，由于反应截

面非常小，所以生成新元素的数目微乎其微。这里，人们之所以把新生成的核称为元素，完全是照顾到周期表的顺延和传统的概念。实际上对这些元素，由于只有少数原子存在，根本没有办法测试它们的化学性质。1981 年，美国著名化学家霍夫曼指出，设想继续合成新元素是困难的，因为到周期表末端，合成新元素的转移反应和融合反应都难以进行，只能生成“大量不清楚的东西”。实际上这些“大量不清楚的东西”是元素原子核崩散的产物，除一些相对轻的核以外，主要还有氢元素的核（质子）和其他基粒子，如中子等。

近年来，对各种放射性同位素以及其他元素稳定原子核的研究积累了大量的资料，再加上对原子核的深入研究，建立了现代的核模型。一些专家根据经验和理论推算，通过对核的精细结构的分析，提出了“幻数理论”，即原子核中的质子和中子具有某些特定数值时，核就稳定。例如，质子数为 2、8、14、28、50、82、114、164 的核就是稳定的。

另外一些学者认为，放射性元素的最终产物是铅（82 号元素）。碳、硅、锗、锡、铅又都是稳定元素，所以“类铅”元素也是稳定的。如果把元素周期表的第七周期延长，114 号元素应当属于铅这一族。从 119 号起补齐第八周期的话，经过具有 33 个元素的“超锕系”，再往后顺延，164 号元素也应该属于“类铅”元素，因此，114 号和 164 号元素应是稳定的。世界上不少科学工作者先后根据这一预言，寻求或设法合成稳定岛元素，但至今没有取得成功。

人工合成化学元素的一系列艰苦探索使人们认识到，化学元素确实是一个由简单到复杂周期性的发展系列，但是这个系列不能无限地沿着已有的方向进行下去，发展到一定阶段，它们就很难再复杂下去了，而是由复杂转化为简单，复杂核崩散之后又会回到周期表的开端。

3.2.2　现代化学键理论与量子化学

根据化学特有的运动规律，用量子力学方法研究和近似地处理原子、分子中原子核与原子核、原子核与电子、电子与电子之间复杂的多体相互作用，寻求化学变化的机制，这就是量子化学。1927 年德国化学家海特勒和伦敦合作，用量子力学的薛定谔方程研究最简单的氢分子并取得成功，标志着量子化学的建立。量子化学建立起全新的化学键理论。这一理论指出，当电子的密度集中在两核之间，也就是电子云最大限度重叠时，就靠静电引力把两个核拉在一起，使体系的能量最低，也就形成了化学键。反之，就不能形成化学键。化学键理论从更深的层次上揭示了化合、分解等化学反应的本质。

1. 价键理论

价键理论是以自旋相反的电子对为成键基础，以电子云要最大限度重叠、能量要处于最低状态才能成键为前提的化学键理论，它最初由海特勒和伦敦提出，后经鲍林和斯莱特等发展和充实。

价键理论认为，非稀有气体的原子，在未化合前有未成对的电子，这些未成对的电子自旋在反平行的情况下就可以互相配对，形成所谓电子对，这样一来原子轨道就可以重叠交盖形成一个共价键。原子轨道重叠越多，共价键越稳定。一个电子与另一个电子配对以后，就不能再与第三个电子配对了。这个理论基本上解决了某些基态分子成键的饱和性和方向性。由于这一理论与经典的价键概念一致，所以容易被人们所接受，并得到发展。

然而，在处理 O_2、CO、NO 及苯等常见的分子时遇到了困难。例如，甲烷中碳原子的基态电子结构只有两个未成对的电子，按价键理论，它只能形成两个价键。事实上碳原子在甲烷中呈四价。为了解决这个悖论，1931 年鲍林、斯莱特提出"杂化轨道理论"。他们从电子波动性出发，认为波可以叠加，在碳原子成键时，电子所用的轨道不完全是原来纯粹的单一轨道，而是两个轨道经过叠加而成的"杂化轨道"。在甲烷分子中，碳原子最外层是由四个杂化轨道所组成。这四个杂化轨道形状相同，方向不同，其角度分布的极大值恰好指向四面体的四个顶点。鲍林等的杂化轨道理论很好地解释了甲烷的四面体结构，也解答了乙烯分子及其他许多分子的构型。

按照价键理论，无法说明臭氧和苯的结构。为了解决这一难题，鲍林等提出了"共振"概念。他们发现，如果不能用任何合理而形象化的价键结构来表示分子的实际正常态，那么可以用这些结构的组合来表示，各个结构在整个组合所占的份量取决于它们的性质和稳定性。因此，这个分子就被描述为"在几个价键结构之间共振"。这种价键结构的组合称为共振杂化体，是不能形象化的。

共振论形象地反映了某些分子的状态，受到了化学界的重视。英国化学家鲁宾孙等于 1932 年和 1933 年发表论著，阐述有机分子中电子结构偏离正常位置的现象，即共振现象，能引起分子反应本领的变化，从而对有机化学反应机理作出了重要贡献。同时也发展了共振理论，使它在有机化学研究中得到进一步推广。

共振论用化学共振的概念能够使某些分子的化学反应或物理性质得到说明，但能否用化学共振作为分子结构的理论基础，当时的科学界就有所争议，这种学术上的争议本来是一种正常观象，然而在 20 世纪 50 年代苏联把共振论作为资产阶级反动的唯心论来批判，显然是混淆了学术问题和政治问题的界限，在国际上造成了恶劣的影响，并且波及我国。科学史已证明，共振论作为一种假说，出现在从经典结构理论向现代结构理论的过渡时期是有科学价值的。目前，国内大多数有机化学教材仍使用共振论辅助解释有机化学问题。

氢键的研究是这个时期的另一重要发展。氢键是一种较弱的但又很重要的化学键，它形成于两个电负性强的原子之间。早在 1912 年，在探索氢氧化三甲基胺的弱碱性时就曾推测过氢键的存在。但直到 1920 年美国化学家拉梯麦尔等应用氢键解释一些液体，如水、氟化氢、氢氧化铵和乙酸的分子之间的连接时，才认识到氢键的真正作用。此后英国化学家西奇维克在光谱研究和晶体结构分析中也揭示了氢键存在的许多事实。西奇维克曾设想氢键的形成可能是氢同时和两个原子形成共价键的结果，但鲍林根据价键理论认为氢只有一个稳定的原子轨道，不能形成两个共价键。以后的大量工作使鲍林进一步提出了电负性的概念，他指出在氢键的形成中，静电作用是主要的，电负性大的原子与氢形成的化学键的偶极矩较大，可以通过静电力把另一强负电性的原子吸引到很近的距离，所以氢键只能在两个强电负性原子之间形成，配位数只能为2。在有机分子中，苯酚比直链乙醇更易于形成氢键。20世纪40年代末到50年代初，鲍林在研究蛋白质分子结构时认为，在大分子内有O—H…OO—H…NN—H…O和N—H…N等氢键的存在，从而提出蛋白质螺旋结构模型。1953年阐明DNA双螺旋结构时，这类氢键的存在也起着重要作用。目前，在分子以上层次化学研究中，氢键以及其他次级化学作用越来越受到重视。

2. 分子轨道理论

分子轨道理论与价键理论有所不同，价键理论描述的是电子的集体行为，即统计平均。分子轨道理论认为原子合成为分子后就失去了原子的个性，而将分子看做一个整体，着重研究分子中某个电子运动的规律，即用单电子波函数来描述化学键的本质。这一理论认为，能量相近的原子轨道可以组合成分子轨道，由原子轨道组合成分子轨道，虽然轨道数目不变，但必须伴随轨道能量的变化。能量高于原子轨道的分子轨道不可能成键，所以称为反键轨道；能量等于原子轨道的分子轨道一般也不会成键，所以称为非键轨道；能量低于原子轨道的分子轨道才能成键，所以称为成键轨道。分子中的电子都在一定的轨道上运动。在不违背每一个分子轨道只能容纳两个自旋相反电子的原则下，分子中的电子将优先占据能量最低的分子轨道，并按照洪德规则尽可能分占不同的轨道且自旋平行。在成键时，原子轨道重叠越多，生成的共价键就越稳定。

在分子轨道理论的基础上，1954年福井谦一等在研究芳香烃的亲电取代和亲核取代反应中，提出了最高占据轨道(HOMO)和最低空轨道(LUMO)的概念，并称这两种特殊分子轨道为前线轨道。在丁二烯、苯和萘等分子中，各原子的净电荷密度都相同，不能根据电荷密度的大小来判断亲电试剂或亲核试剂的进攻位置，从分子图往往看不出反应活性的位置。福井谦一等认为，前线轨道可类比于原子中的价电子，从化学反应中价电子起关键作用可以联想到，分子中所有填电子的分子轨道中，能量最高的占据轨道上的电子最活泼，最易失去；所有空分子轨道中，能量最低的空轨道最易接受电子。因此，有理由认为，分子在反应中，其前线轨道处于反应的前沿，最容易与试剂发生作用，在反应中起主导作用，所以，分子的活性位置是由前线轨道的系数的平方(早期认为是系数的绝对值)来决定的，而不取决于原子的总电荷密度。对于芳香烃的亲电取代和亲核取代反应，亲电试剂的进攻位置应该是反应物的最高占据轨道中电子密度最大的位置，亲核试剂则应是进攻反应物的最低空轨道的空穴密度最大的位置，由后者来接纳亲核试剂的一对电子。后来，福井谦一等进一步把HOMO-LUMO相互作用原理应用于各种环加成反应中，更详尽地说明了立体选择定则和化学反应途径，指出对于奇电子数的游离基、激发态分子，半占轨道(SOMO)起着特别重要的作用。

这样，前线轨道HOMO、LUMO与SOMO及其相互作用，对于饱和化合物和不饱和化合物、芳香族和脂肪族、各种有机和无机化合物，以及分子内和分子间的各种化学作用，都有重要意义。至此，前线轨道及其相互作用的研究就系统化了，形成了“前线轨道理论”。目前，这一理论已经可以解释大量的化学事实，主要有化学反应活性、简单分子的反应位置、分子的几何形状和稳定性、某些过渡金属络合物的催化作用及固体金属催化等。

现在前线轨道概念已被大多数化学家所接受，成为他们解释和探讨化学观象的有力工具。当然，前线轨道理论也有其不足之处。在一个化学反应中，所有的分子轨道都要在不同程度上发生变化。即使从价电子的概念出发，也需要讨论全部价电子的所有分子轨道。只考虑前线轨道，虽然抓住了主要方面，从而解释和预言了许多化学现象，但毕竟是不全面的。今天，这个理论还在发展中。

分子轨道理论的另一重大进展是由当代有机化学大师伍德沃德和量子化学家霍夫曼共同提出的分子轨道对称守恒原理。这一原理突出了把化学反应过程视为分子轨道改组过程的概念，强调了分子轨道及其对称性质对于反应进行难易程度的决定作用。这个原理不但解释了在它提出之前的有关经验规律，而且预言和解释了其后的许多化学反应。它不但对于有机合成和有机反应的研究具有很大的指导作用，而且也能用于研究许多无机反应及过渡金属络合物的催化过程中的协同反应。现在，它已经成为考察化学反应机理的主要理论方法之一。

分子轨道对称守恒原理的提出是量子化学的重大进展，被誉为近几十年来化学理论的最大成就之一。它标志着现代化学开始从研究分子的静态跨入了研究分子的动态，进入揭示化学变化规律的新阶段。

3. 配位场理论

现代化学键理论的发展也促进了配合物化学键理论的发展。这些理论说明了配合物中心离子或原子与配位体间结合力的本质。

20世纪，原子价的电子理论提出后，人们发现无论是离子键理论或共价键理论，都不能圆满地解释配合物的结构。为此，英国化学家西奇维克于1923年根据电子理论引入配键的概念，认为有些化合物中的共享电子是由同一原子贡献的，形成了既不同于离子键又不同于共价键的配键。这类分子往往产生极性，给予电子的原子呈弱阳性，接受电子的原子呈弱阴性，西奇维克用符号“→”表示这种键联。20世纪30年代鲍林又进一步指出，存在两种配键：共价配键和电价配键，并提出配键的价键理论。这个理论较好地解释了配合物的磁性等性质，但对配合物的一些构型及稳定性等问题未能给出合理的解释。为此，50年代以来，配位场理论发展起来。1952年欧格耳把晶体场理论与分子轨道理论结合起来，把d轨道能级分裂的原因看成是静电作用和生成共价键分子轨道的共同结果，这就是配位场理论的基本观点。它对许多元素配合物的结构和性能的关系给出了比较好的解释，是迄今发展较为完善的配合物化学键理论。

随着量子化学的发展，化学正从宏观向微观深入，从定性向定量发展，从只是被动地解释一些实验观象，向预测化学现象和研究分子设计发展。目前量子化学及有关的化学分支学科还在不断地向前发展。

3.2.3 现代化学动力学理论

20 世纪以前,化学家对化学反应的研究还主要停留在对反应物和产物的描述阶段,对于反应的动力、原因和机理则研究得很少。事实上,只研究反应物和产物,这还仅仅是对化学现象静态的考察,而研究反应过程才是研究化学反应的"活的变化"。进入 20 世纪以后,化学家逐步深入地研究了化学反应过程,如对反应速率、活化能进行定量的描述,对于单分子反应、三分子反应、链反应、溶液反应、催化过程、电极反应和光化学反应等都有了深入的研究,提出了碰撞理论、气相反应的活化络合物理论等反应动力学的理论。现代实验技术的发展和理论化学的进步使人们逐渐深入地认识到化学反应的实质。

1. *碰撞理论和过渡态理论*

现代化学反应动力学的研究集中在各种类型的反应中,从微观化学原子、分子或自由基的相互作用和相互转变来解释化学反应体系的宏观行为。主要有两种理论,一种是双分子反应的碰撞理论;另一种是建立在量子力学和统计力学基础上的过渡态理论。

首先明确提出双分子反应碰撞理论的是路易斯。该理论认为,化学物质要发生反应,必须通过反应物的分子互相碰撞来实现,但并不是所有的碰撞都会发生化学反应,只有那些足够激烈的碰撞才能发生反应,这种碰撞称为有效碰撞。他还推导出了碰撞反应的公式,计算结果与实验结果非常一致。

化学碰撞理论的研究表明,化学反应中表现出来的宏观方向是由大量的粒子偶然碰撞决定的。化学中的科学事实表明,必然性要通过偶然性来表现。化学行为总是许多粒子集合体的集体行为。但是,化学的早期研究还只是从多分子的集体行为到多分子的集体行为,而碰撞理论则正确地处理了个体与群体的矛盾,从单个分子(或原子、原子团)的碰撞去反映多分子的集体行为。

化学反应的过渡态理论认为,反应物的分子进行有效碰撞以后,并不是立即就形成产物,而是要经过一些中间环节或步骤,即首先形成一个过渡态(也称活化络合物或活化体),这种过渡态再进一步分解,然后形成产物。活化体的分解是控制反应速率的决定性的一步。

1927 年,海特勒和伦敦用量子力学方法处理了氢分子,以此为先导,1930 年艾林用量子力学方法得到了 $H+H_2$ 反应体系的势能图。1935 年,又得到了这一反应体系的斜角势能图。艾林认为,一旦知道了反应体系的作用能,化学反应就可以视为参加反应的原子核在这个作用能场中连续的经典的运动,因而可以用统计力学方法计算反应的速度。1935 年,艾林又改进了计算方法。他提出,活化的粒子在反应坐标方向上越过势垒的运动可以简单地视为一维平动,它们的速度与逆反应是否存在无关,故可用平衡值来计算,从而得出了一个关于过渡态的普遍的理论公式。

过渡态理论的发展在化学思想史中有重要的地位。过渡态理论说明,物质变化时,并不是简单地直线地完成,而是经历了复杂的过程。用哲学语言说,就是要经过一个中介，中介是联系量变与质变的桥梁。

过渡态理论还从微观的角度揭示了量变与质变的复杂过程。对这一过程的深入研究又产生了链式反应的学说。链式反应的发现及其机理的研究标志着现代化学动力学研究的重大进展。能斯特以氢和氯反应为例提出了直链反应的模式。

1927年以前，链反应机理的研究还不够普遍，并且主要停留在直链反应阶段。1927～1928年，苏联的谢门诺夫和英国的欣谢伍德对H_2和PH_3在氧气中的燃烧反应进行了研究，他们二人都得出燃烧反应是链反应的结论，并提出了支链反应的概念。1934年谢门诺夫在他的专著《链反应和化学动力学》中系统地探讨了链反应的机理，并解决了燃烧和爆炸的关系。他认为，由于链反应的传递物都是价键不饱和的，所以这类反应都是非常活泼的自由原子或自由基与分子之间的反应。它当然比分子间直接反应要快。自由原子或自由基在反应过程中，自由价并不消失，如$Cl\cdot + H_2 \longrightarrow HCl + H\cdot$，所以链反应比分子间直接反应更利于进行。

谢门诺夫与欣谢伍德提出的支链反应理论是对链反应理论的一个发展。他们认为，氢、一氧化碳等物质的燃烧反应与氢和氯生成氯化氢的直链反应根本不同。前者在反应过程中会出现支链，如$H\cdot + O_2 \longrightarrow OH\cdot + \cdot O\cdot$。这些$OH\cdot$与$\cdot O\cdot$是增加了自由价的中间产物，不仅特别活泼，而且它们使反应发生树杈般的分枝，因而可以使反应雪崩式地往下进行。此时，链的数目随着反应的进行呈指数函数增长。所以，链的中断如果小于链的支化，就会产生爆炸反应；链的中断如果大于链的支化，反应就会停止；二者相等，反应就平稳地正常进行。由此，他们得出结论：燃烧是缓慢的爆炸，爆炸是剧烈的燃烧，从而把二者统一起来了。随着对链反应机理的深入研究，链反应又被推广到研究有机化学聚合反应的机理，逐步得到了更大的发展。

2. 催化理论与表面化学

人类对催化现象和催化剂发现得比较早，但对催化机理的认识却经历了一个十分困难的过程，对某些催化反应至今还没有探索清楚。

19世纪末，奥斯特瓦尔德对均相催化进行了比较系统的研究。他认为，不参加到化学反应中去而能改变化学反应速率的物质称为催化剂，并根据实验事实和热力学第二定律提出，对于可逆反应，催化剂可能加速达到化学平衡的过程，而不能改变平衡常数。1905年，哈伯等发现了氨的催化氧化法。这种方法到1912年使合成氨的生产实现了工业化，而合成氨工业的发展又反过来推动了催化理论的研究。

1930年，欣谢伍德实现了碘蒸气催化乙醛(CH_3CHO)分解的实验。他从中发现，均相催化反应的速率与催化剂的浓度成正比，而在催化过程中，催化剂的浓度又保持不变。以此为根据，他证实和发展了催化机理的“中间产物说”。他认为在$A+B+C$的反应中，催化剂K先与A或B生成中间产物AK或EK，然后这一中间产物再与另一反应物(B或A)相互作用，生成产物C，并使催化剂K再生。

随着催化现象的不断发现和对它的研究的深入，人们发现催化反应不仅限于在均相中进行，更多的是在多相中进行，在界面上进行，这可能与吸附作用相关。1916～

1922 年，朗缪尔发表了一系列关于固体表面吸附的研究成果，推动了催化吸附理论的发展。朗缪尔对表面化学的研究，对催化作用有一个重要的新观点：催化反应是在与催化剂表面直接相连的单分子层中发生的。

1925 年美国化学家泰勒发展了朗缪尔的观点，提出了“活性中心理论”。他认为催化剂表面是不均匀的，位于催化剂表面微晶的棱和顶角处的原子具有不饱和的键，从而形成活性中心，仅在活性中心才能进行催化反应。这一理论可以很好地说明催化剂制备方法对活性的影响和中毒现象，但它没有解决催化剂的选择性问题。该理论的提出可以看出，泰勒在研究思想上从前人的研究成果中吸取了丰富的养分。他一方面继承了朗缪尔表面化学的观点，另一方面又把有关化学反应理论中阿伦尼乌斯提出的活化分子的假说移植了过来，特别重要的是他还应用了化学键的最新知识，所以他的活性中心理论很快被大家所接受，并且成为催化理论发展的重要基础和方向。

1929 年，苏联化学家巴兰金提出了关于催化剂活性中心的结构理论，即多维催化理论，他认为活性中心的结构应与反应物催化过程中发生变化的那部分结构处于几何对应，即结构上应是相似而又对称的，这样才能起到催化作用。这便解释了催化剂的选择作用。

1939 年苏联化学家柯巴捷夫提出了活性集团理论，认为活性中心是催化剂表面非晶相中几个催化剂原子组成的集团，这种集团在起催化作用时就是一个活性中心。此外，苏联化学家在 1948 年还提出了多相催化的半导体理论，1954 年又提出多相催化的链反应理论。总之，在固体物理、量子化学、络合物化学、化学动力学及现代测试技术的促进下，催化基础理论的研究开始由宏观水平深入到分子结构水平，新的发现、新的观点和新的理论不断涌现。

20 世纪 50 年代以后，催化剂理论进入了电子论阶段，道顿等把金属的电子能级和电子行为联系了起来。后来，又有人利用量子化学理论，对多相催化的高分散度的金属催化剂活性基团进行了研究，初步提出了催化现象的量子化学解释。

催化理论在化学与生物学的边缘遇到了很大的困难，现在还无法满意地解释酶催化的机理。但是也应当看到，这也是催化理论研究容易取得新成果的地方。

表面化学是近 70 年才逐步发展起来的新学科。它比较系统地研究在多相物系中，存在于异相界面间的物理化学现象，如固-气、固-液、液-气等界面间的吸附、脱附、接触作用及电动现象等。表面化学和表面物理是密不可分的。一般把异相界面之间分子间力的相互作用归结为物理作用，把类似化学键的相互作用及表面之间引起质变的行为归于表面化学。表面化学的理论和成果广泛地用于防毒、脱臭、脱色、染色和催化等多种领域。

3. 化学振荡与耗散结构

人类对化学结构的认识经历了从宏观到微观的深入过程。同时，还有相反的过程：微观上了解清楚以后，又能很好地解释和研究宏观行为。例如，化学振荡和耗散现象就是如此。

早在19世纪,人们就发现了化学上的振荡现象。1837年德国化学家李普曼曾利用化学方法制得了一个“汞心脏”,这个有规律振荡的“汞心脏”因为是由化学方法与化学反应来实现的,因而又称为“化学心脏”。他把一滴汞放在烧杯的中央,将硫酸和重铬酸钾的混合溶液小心地注入杯内,再把一只细小的铁钉放入溶液中,使铁钉的一端靠在汞柱上。此时,汞珠就像心脏一样跳动起来了,一会儿收缩,一会儿膨胀,体积周期性地变化。这就是一个非均匀相的化学振荡。在李普曼之后,又有研究人员发现了过氧化氢与汞反应时形成的振荡现象。进一步的研究发现,在固态物质与液态物质的两相反应中,普遍地会出现振荡现象。例如,锌和盐酸反应生成氢气的速率是不均匀的,时快时慢,时多时少,也就是说在振荡之中。此外,铝和碳酸钾水溶液反应,钠汞齐和水反应等,都观察到振荡现象。另外,汞和其他液体物质反应时,虽然二者都是液态,但二者之间有明显的互不相溶的界面,从而形成液-液双相反应,也会有振荡现象。以上的化学振荡反应都是在非均匀相体系中发现的,这在20世纪50年代以前曾给人们带来一种误解,即认为化学振荡现象只有在非均匀相体系中才能出现。

对于非均匀相化学振荡,起初人们用表面化学的机理加以解释,认为是由于在反应界面上有氧化膜的周期性生成与瓦解造成的。但后来证明这种解释是粗浅的。在新的均相反应的振荡现象发现以后,人们逐步从微观角度去寻求宏观化学振荡现象的机理。

1959年,谢苗诺夫认为,化学振荡现象是由于分枝链式反应造成的。化学家为了解开化学振荡现象之谜,还努力设法建立这类反应的数学模型。最早是勒特卡和沃特拉,后来经过深入研究,人们又提出一个非线性微分方程的数学模型。20世纪70年代以后,比利时著名科学家普利高津和协同学创始人哈肯对这类反应进行了较系统的研究。普利高津还提出了一个描述这类反应的新的数学模型。他通过计算指出,化学反应体系能与外界进行物质流、能量流和信息流的交换。这样,一些不可逆的化学反应,只要是在远离平衡态的情况下进行,由于内部非线性的相互作用和涨落或起伏的关系,就有可能出现时间和空间上的有序行为,描述这类反应的数学方程就存在振荡解。

普利高津的耗散结构理论比较恰当地解释了化学振荡现象。这一理论在化学上有着重大意义,同时也带有很大的普遍性,受到了各方面的关注。普利高津因为提出这一理论而荣获1977年诺贝尔化学奖。值得思考的是,作为诺贝尔化学奖获奖项目的耗散结构理论,在物理学家、生物学家、医学家、生理学家甚至社会学家那里,都唤起了极大的热情,甚至有人用耗散结构理论去处理考古、经济管理、城市管理和其他有关问题。

耗散结构理论打破了传统的化学观念,创立了有启发性的化学思想。首先,这一理论揭示了化学中平衡与非平衡的矛盾及其辩证转化。传统的化学以研究化学平衡为宗旨,如溶解平衡、电离平衡、水解平衡、化学反应平衡和配位平衡等。1919年,奥斯特瓦尔德因创立化学平衡理论和其他贡献而获得诺贝尔化学奖。勒夏特列因创立化学平衡原理而闻名于化学界。这些成果曾给化学界带来一个错觉,好像平衡比非平衡在化学上更有用,所以总习惯于把非平衡问题化为平衡问题来解决。耗散结构理论打破了这种见解。普利高津提出的“非平衡是有序之源”的见解在化学上也很有启发性。在他的工作的带动下,一门新的化学学科——非平衡化学正在孕育和形成之中。

3.3 现代实验和分析化学方法

分析化学是化学中研究物质的组成和结构的分析、测定方法及有关理论的一个分支学科。20世纪以来，特别是第二次世界大战以后，生产和科学技术的飞速发展，给分析化学提出了一系列新任务和新要求。例如，现代生产和科学研究对所用材料的纯度要求很高，即要求杂质含量很低，有的要求在百分之一以下，有的甚至要求在十亿分之一以下，要分析这样低的杂质含量，原有的常量化学分析远远不能满足需要，需要采用新的手段进行微量、痕量甚至超痕量的分析。又如，随着X射线、电子和放射性现象的发现，化学也开始从宏观向微观过渡，开始研究物质在分子、原子水平上的微观结构与性能之间的关系，为此，在实验方面就需要采取和一般化学分析不同的结构分析方法。同时，现代生产和科学技术的发展也为分析化学完成这一系列新任务提供了物质技术手段和新的理论依据。现代分析化学由于广泛吸收了20世纪的物理学、电子学和数学等科学成就，分析手段和学科面貌焕然一新。

3.3.1 光学分析法

光学分析法是利用被测物质的光学性质进行分析测试的一类方法。它主要包括光谱分析法和吸收分光光度法。光谱分析法的主要依据是每一种元素都有自己的特征光谱，即任何一种元素的发射光谱中谱线的数目和位置都不同于其他元素，而特征谱线的强弱则与该元素在试样中的含量有关。光谱分析的过程是将欲分析的试样引入光源中，给以外界的能量，首先使之蒸发成气态原子，并使气态原子的外层电子激发至高能态。处于激发态的原子不稳定，要跃迁至基态或低能态，同时以电磁辐射的形式放出能量。由于欲分析试样中含有不同的原子，所以会产生不同波长的电磁辐射。对所产生的电磁辐射经过摄谱仪进行分光，按波长顺序记录在分光板上，就可以呈现出有规则的线条，即光谱图。从光谱图中辨认各特征谱线的存在情况就可以对分析试样作出定性分析，进一步测量各特征谱线的强度就可以作出定量分析。光谱分析法所用试样量少、操作简单、分析速度快、选择性好、灵敏度高，显示出很大的优越性，因而在原子能工业、电子工业、机械工业、冶金工业、地质勘查和环境监测中得到了广泛的应用。光谱分析的主要缺点是进行定量分析时对实验条件要求比较严格，需要用一套标准样品作对照，而标准样品的配制比较麻烦。另外，光谱分析所用仪器目前还比较昂贵，因而在使用上也有一定的局限性。

吸收分光光度法是基于不同物质对电磁辐射显示选择性吸收的特性而建立起来的分析方法，比色分析是其中最主要的一种。比色分析是依靠比较溶液颜色的深浅来进行分析测定。因为有色溶液其颜色的深浅与它的浓度之间存在一定的数学关系，所以只要将待测溶液的颜色的深浅与已知浓度的标准溶液的颜色进行比较，就可以达到测定其含量的目的。不同的溶液之所以呈现不同的颜色，是由于溶液中的质点(分子或离子)选择性地吸收了某种颜色的光。所以比色分析实质上是比较有色溶液对某一波长光的吸收情况。

20世纪初,许多新的显色剂、特别是有机显色剂的采用,使比色分析法逐步得到推广。到50年代,由于新的特效显色剂和掩蔽剂的不断发现,更扩大了比色分析的范围,大多数无机离子和有机化合物均可以直接或间接用比色分析法测定。早期的比色分析主要是靠目测。1911年贝尔格在前人研究光电效应和硒光电池的基础上设计出一种光电比色计,用它代替人的眼睛进行测量。由于这种仪器操作简单,准确度高,而且价格比较便宜,所以很快就被广泛应用。在此基础上,30年代人们又陆续设计出各种分光光度计。由于分光光度计采用了适当的光源和接收器,所以测定范围不仅仅局限于可见光部分,还能将紫外部分、红外部分等波段的光应用到光度分析中,因此使用范围又进一步扩大。现在吸收分光光度法已成为测定物质含量和研究物质结构的重要方法,在生产和科研中得到广泛应用。

3.3.2 电化学分析法

电化学分析法是利用被测物质的电化学性质进行分析测定的一类方法,通常是将待分析的试样溶液作为化学电池的一个组成部分来进行量的测定。电化学分析法的种类很多,包括电解分析法、电容量分析法和极谱分析法等。

电解分析法是最早被采用的电化学分析法。它的分析过程是将试样中某一特定组分通过电极反应转化为固相,然后测量所得出的固相物质的质量。可见这种方法实质上也是一种重量分析法(只是不需要用化学沉淀剂),所以有时也称为电重量分析法。

电容量分析法是继电解分析法之后发展起来的,它包括电位滴定、电导滴定和电流滴定。电位滴定是根据滴定将到终点时电极电势的突变现象判断滴定终点,这种方法在19世纪末出现,经过100多年的不断改进,由于操作简单、快速,至今仍在使用。电导滴定是根据电导率的变化来判断滴定终点。这种方法特别适用于滴定浓度很低的溶液,但仪器复杂昂贵,故应用有限。电流滴定是根据扩散电流的突变确定滴定终点,目前已很少使用。

极谱分析法是电化学分析法中应用最多的方法。它虽然在1925年才问世,但发展很快。极谱分析实质上是一种在特殊条件下进行的电解分析。它以滴汞电极作为指示电极,测量电解过程中电流、电压的变化情况,得出极化曲线。这一曲线与在该电极上进行电极反应的离子有关,因此通过极化曲线的分析和测量即可求出试液中相应离子的浓度。极谱分析法的特点是灵敏度高,准确度好,所需分析样品少,分析速度快,应用范围广。目前极谱分析已能用于解决矿物、三废、金属、化工、医药及其他工业中的分析任务,已经成为分析微量物质的常用方法之一,而且它还是研究电化学理论的一种重要手段。

3.3.3 色层分析法

色层分析法又称为色谱法或层析法,是20世纪30年代以后才获得较快发展的一种物理及物理化学分离分析方法。色层分析法按分离过程所依据的原理的不同可分为许多分支,其中较重要的有吸附层析法、离子交换层析法、分配层析法、气相色谱法和高效液相色谱法(液相色谱法)等。

吸附层析法是用吸附剂作固定相,利用它对不同物质物理吸附的差别达到分离的目的。其操作过程是,将待分析溶液从盛有粉状或粒状吸附剂的柱体滤过,由于吸附剂对溶液中各组分有不同的吸附能力,所以各组分被分层吸附在柱体上,再用适当的洗脱剂把被吸附的物质分别淋洗而使之分离,最后测定各组分的含量。这种方法是俄国植物学家茨维特于1906年研究植物色素时首先采用的,但当时没有引起重视。1931年奥地利化学家库恩应用此法将过去一直被认为是单一结晶状物质的胡萝卜素Ⅰ分离成α、β两个同分异构体后,这种方法才迅速得到推广和应用。这种方法能把许多过去认为是单一成分的物质分离为几种化合物,还能将混杂在一起的维生素分离。这种方法也可以用来富集微量离子。

离子交换层析法是利用离子交换剂活性基团中的离子与待分析溶液中的被交换离子发生交换反应来进行分离的方法。一般地说,这种方法用来分离具有不同电荷的离子是最方便可行的,但也可以用于相同电荷或性质相近的离子之间的分离,并广泛地应用于微量组分的富集和高纯物质的制备。这种方法大约始于19世纪中叶。早期使用的交换剂是天然硅酸盐和沸石,但由于这类无机离子交换剂的交换能力低,应用受到很大限制。到20世纪30年代,人造离子交换树脂出现以后,这种分离技术得到迅速发展。40年代末应用这种方法分离稀土元素获得成功,为无机化学的发展作出了重大贡献。同时由于它在金属分离中的显著效能,促进了离子交换机理和交换平衡的理论研究。现在这种方法还常用于工业上硬水软化和糖液净化以及抗生素提纯。这种方法的缺点是操作较繁琐,分离时间较长。

分配层析法是利用不同组分在给定的两相中有不同的分配系数而使之分离。两相中有一项是流动的,另一项是固定的。被分离组分在流动相中沿着固定相移动,由于不同物质在不同的两相中具有不同的分配系数,当溶液渗透在固定相上向上渗展时,这些物质在两相中的分配作用反复进行,这样就使那些分配系数只有微小差别的物质也能获得很好的分离效果。分配层析法自20世纪40年代初产生以来,发展极为迅速,先后出现了柱层析、纸层析和薄层层析等多种具体形式,分离速度越来越快,分离效果也越来越好。分配层析法主要应用于有机物质的分离和提纯,对推动生命科学的发展具有十分重要的意义,目前是生物化学中最重要的分析手段。在无机分析中,分配层析法多用于相近离子的分离,特别适用于微量试样的分析。

气相色谱法是色层分析法中兴起最晚,但目前应用最广、发展最快的一种。它是利用气体作为流动相的一种色层分析法,所依据的原理与分配层析法是一样的。不过由于它以气体作为流动相,物质在气相中传递速度快,这就使得被分离试样中的各组分与固定相的相互作用次数大大增多。所以,气相色谱法具有高选择性、高分离效能和快速的特点,而且应用范围很广,不仅可以分析气体,也可以分析液体、固体。目前它已广泛地用于石油化学、高分子化学、医药卫生、环境保护和冶金地质等方面的生产和科学研究。气相色谱法的缺点是,用它进行定量分析时,往往需要纯样或已知浓度的标准样品进行校正,而标准样品的获得有时比较困难。

高效液相色谱法是在经典色谱法的基础上引用了气相色谱的理论。在技术上，流动相改为高压输送，色谱柱是以特殊的方法用小粒径的填料填充而成，从而使柱效大大高于经典液相色谱，同时柱后连有高灵敏度的检测器，可对流出物进行连续检测。根据分离机制的不同，高效液相色谱法可分为液-液分配色谱法、液-固色谱法、离子交换色谱法、离子对色谱法、离子色谱法和尺寸排阻色谱法，其特点是高压、高速、高效、高灵敏度、适应范围宽，高沸点、热稳定性差、相对分子质量大的有机物（占有机物总数的75％～80％）原则上都可应用高效液相色谱法进行分离、分析。据统计，在已知化合物中，能用气相色谱分析的约占20％，而能用液相色谱分析的占70％～80％。

现代分析化学随着生产、科学和技术的进步，分析、分离和监测手段已经多样化，新的分析仪器不断出现，令人应接不暇。例如，核磁共振仪、质谱分析仪、X射线衍射仪、四圆衍射仪、电子能谱及电子显微镜等都从广度和深度上提高了分析化学的水平。

更为先进的是近十几年来发展起来的复合分析仪器。这是在单用仪器的基础上，为了集几种仪器之长，进行联合测定，借以解决一些比较复杂问题的高级仪器。这是科技、生产和社会发展到当代水平，对分析化学提出了更高要求的结果。每种分析仪器都不是万能的，目前还没有一种仪器能为化学物质的组分或结构分析提供必要充分的完整数据。不少科技人员试图解决这个问题，终于想到了仪器的联用。这样可以迅速得出所需要的比较全面的数据。色谱-质谱联用仪可以同时发挥色谱仪分离效率高和质谱仪鉴别能力强等优点，适用于复杂有机化合物的超微量分析和结构分析。电子探针的出现也是两种性能不同的设备组合的结果。它是X射线光谱学与电子光学技术相结合产生的，是X射线光谱分析仪和电子显微镜这两种仪器结合的产物，从而提高了它的使用价值。这类复合仪器、综合仪器的出现，特别是附加了计算机数据处理系统、带有数据库的现代分析仪器的出现，成为今后仪器分析发展的重要方向。

3.3.4　现代结构化学与X射线衍射法

结构化学是探讨化学物质的结构及结构和性能之间相互关系的学科。现代结构化学中的结构概念，是指原子结合成分子或晶体以及进一步凝聚成功能材料和功能体系（如催化剂）这些层次上的结构，包括分子和晶体中的各种化学键、原子及原子基团的空间排布、分子的转动、原子的振动和电子的运动等各种内部运动以及这些运动状态给出的能级的分布。化学键理论和结晶化学原理等是现代结构化学理论的基本内容。目前人们已经可以直接应用新的实验手段测定物质的微观结构，进而探讨微观结构与宏观性能之间的相互关系。

结构化学研究是离不开量子化学的理论解释和论证的，而且现代结构化学中使用的新的实验方法大多以量子化学的基本理论为依据。要能充分认识它们所提供信息的意义，需要运用量子化学的原理和计算结果加以分析；反之，它们所提供的信息往往又用以验证量子化学原理及量子化学计算结果的可靠性。因此，这两门学科的发展密切联系并相互促进，推动着整个化学科学从主要从事归纳经验材料的定性科学，发展成为现在的定量的理论科学。

1. X射线衍射

自X射线被发现以后，人们进行了一系列实验，探明了它的很多性质。但它的本质是电磁波还是微粒流，在最初十几年内物理学家们争论不休。根据一些实验，物理学家索末菲指出，如果X射线真是一种电磁波，它的波长应在0.1 nm左右。1911年劳厄详细研究了光波通过光栅的衍射理论后产生了一个念头：波长在0.1 nm左右的X射线通过晶体时将产生怎样的效应呢？他推测，如果X射线确实是一种电磁波，如果晶体确实具有空间点阵结构，那么，正如可见光通过光栅时要发生衍射现象一样，X射线通过晶体时也将发生衍射现象，晶体可作为X射线的天然的立体衍射光栅。于是，弗里德里希和克尼平在1912年以五水硫酸铜晶体为光栅进行了劳厄推测的衍射实验。经过多次失败，他们终于得到了第一张X射线衍射图，初步证实了劳厄的预见。然后劳厄等又以硫化锌、铜、氯化钠、黄铁矿、萤石和氧化亚铜等立方晶体进行实验，都得到了衍射图。于是，晶体X射线衍射效应被发现了。

X射线通过晶体为什么会产生衍射现象呢？这是由于晶体中各原子的电子要随着入射X射线的电场起伏、振动，电子振动所产生的球面波式的次生X射线同入射线波长、周期都相同。这样，各个电子所散射的次生X射线将相互产生波的干涉观象，从而产生衍射观象，在某些方向各次生射线相互叠加、加强（这些方向就是衍射方向），而在其他方向互相削弱。衍射方向和各个方向的衍射强度都可以从实验中得到的衍射图上读出来。

晶体X射线衍射效应这一重大发现一举解决了三个大问题，开辟了两个重要的研究领域。第一，它不仅解决了X射线的本质是什么的问题，证实了X射线是一种波长很短的电磁波，可以利用晶体来研究X射线的性质，从而建立了X射线光谱学，并且对于原子结构和光的二重性等学说的建立也起到了有力的促进作用；第二，它雄辩地证实了经典几何晶体学提出的空间点阵假说，晶体内部的原子、离子和分子确实是作规则的周期性排列，使这一假说发展为科学理论；第三，它使人们可以利用X射线晶体衍射效应来研究晶体的结构，根据衍射方向可确定晶胞的大小和形式，根据衍射强度可确定晶胞的内容，即原子、分子的分布位置，这就导致了一种在原子-分子水平上研究化学物质结构的重要实验方法——X射线结构分析（X射线晶体学）的诞生。这门新学科后来对化学的各分支以及材料科学、生物学等学科都产生了深远的影响。爱因斯坦把劳厄等的这一发现称为物理学上的“最佳发现”。劳厄于1914年被授予诺贝尔物理学奖。近百年来，在X射线光谱学和X射线晶体学两方面作出卓越贡献从而获得诺贝尔物理学奖、化学奖、生理学或医学奖的达10人次以上！

早在1918年，德拜和谢勒就提出利用X射线衍射数据测定电子轨道的可能性。由于当时在实验和理论两方面都发展不够，这种可能未能实现。近几十年来，四圆衍射仪和高速度大容量计算机的应用，使实验数据的精度和处理能力大为提高，物理学和量子化学的进展使理论方法有很大发展，这二者使精细地研究电荷密度分布和测定“电子轨道”得以实现,精密X射线晶体学于20世纪70年代开始出现。

直接法于20世纪40年代末至50年代初出现,至今已得到广泛的应用,常规的X射线单晶结构分析已达到相当高的精度,人们得到的结构模型与晶体的真实结构状态已非常接近。但是,在上述结构分析方法中采用了若干近似的甚至不太合理的假设。就以最基本的结构因子的计算公式为例,它基于以下两个基本假设:一是假定原子的电子密度分布是球对称的;二是假定分子是处于基态的一些球形原子的简单集合。然而,在球形原子的简单集合与由化学键将各原子联系在一起的真实的分子之间存在着差别。这个差别正是原子在组成分子前后在电子密度分布上的变化。这对于了解化学键的组成、结构及它们与性能的关系等方面都是十分重要的。可见,作前述两点假设是不够合理的。

后来,有的学者进一步抛弃了原子密度分布是球对称的基本假设,把量子力学中计算原子轨道波函数的变化直接作为原子的参变量,用最小二乘法在实验和理论的密度之间进行弥合,取得了较好的结果,从而在X射线晶体学实验和量子化学理论之间建立了更紧密的联系。

精密X射线晶体学使我们通过测定原子在三维空间的位置,可以得到原子间的距离、分子的形状和大小以及分子相互间的关系等关于化学键和原子、分子在空间分布的重要结构的信息。而且通过测定价电子的密度分布,并与量子化学的理论计算及核磁共振、电子能谱等实验手段配合,人们可以更精细地从“电子”的水平来研究物质的结构。这是晶体学和结晶化学的最新进展。

2. X射线晶体结构分析

在现代结构化学中,为了研究化学物质的结构和性能,不仅在理论方面要应用量子化学方法,而且在实验方面也要采取和一般化学分析方法不同的现代结构分析方法。现代结构分析主要是通过对各种波长的电磁波和被研究物质的相互作用而引起某些物理性质的变化或对外加电磁波性质的变化的分析而实现的。首先发展起来的是衍射方法(X射线衍射、电子衍射、中子衍射)和光谱方法(红外光谱等),从20世纪50年代开始,核磁共振、顺磁共振等波谱仪广泛用于测定化学结构。从60年代开始,各种形式的光电子能谱相继问世,为测定化合物中各种原子所处的价态以及化学键的特性提供了新的有力的武器。此外,还有穆斯堡尔谱、荧光光谱等。这些方法不仅是测定物质微观结构和检验结构模型、假说的行之有效的方法,也是研究物质性能和化学过程的重要测试手段,因而广泛地用于各个科学技术领域。

X射线晶体结构分析始于对无机物的分析。20世纪20年代初到30年代初,欧洲和美国的晶体学家和化学家已在无机化合物方面应用X射线结构分析测定了数以百计的无机盐、金属配合物和一系列硅酸盐的晶体结构。人们开始以所得晶体结构数据为基础,加以归纳总结,探求结构规律。

鲍林在回顾他当时收集原子平均半径数据,开始研究原子间距问题时指出:这些经验性资料使我们明白原子间距数据中可能存在着某种系统性,晶体结构的其他方面也可能如此。我想我们可能已经处于这样一个时期——在没有X射线衍射图的情况下能预言晶体的结构。1923 年鲍林在很多含氧酸盐特别是硅酸盐的结构资料的基础上总结出几个关于离子化合物的规则(鲍林规则)。其中,第一规则是关于正负离子形成配位多面体的规则。第二规则是关于离子静电键强度的电价规则——在稳定的离子结构中,每个负离子的电价数等于或近似等于这个负离子与其邻近正离子之间各静电强度的总和。静电键强度即正离子电价数与其配位数之比。第三、四规则是关于配位多面体共用顶点、棱边和平面的规则。以上这些总结工作丰富和发展了无机物的结构化学,而且为无机物的结构分析工作开辟了更为方便的途径。

从 1923 年前后开始,有机化合物的晶体结构分析也逐渐开展,由于各国科学家的努力,完成了六次甲基四胺、若干简单的聚苯环系、正链烃、尿素、一些甾族化合物及镍钛菁等有机化合物的结构分析工作。

X 射线结构分析的方法和工具在 1940 年前后发展得很快,使复杂的、具有多参数的化合物的结构也能测定了。从那时起有机物晶体结构分析工作便更加蓬勃地发展起来。1950 年前后,一些困难的结构分析工作已可在化学结构尚无所知的情况下进行。最突出的例子是 1949 年劳弗特等成功地测定了青霉素的晶体结构。1957 年他们又测定了非常复杂的维生素 B_{12} 的结构。这一成就是有机结构分析工作中的一个里程碑。

关于金属有机化合物,1951 年斯诺等测定了二甲基铍的晶体结构,铍和碳连成长链,在链中四个甲基按四面体分布在铍的周围。有重要意义的是 1952 年对二环戊二烯基铁(二茂铁)结构的确定。据近些年的统计,对于金属有机化合物、原子簇化合物等,如果只用化学和谱学方法分析其结构,结果约有 1/3 是不正确的,必须用晶体结构分析方法来推引和核定。

此外,利用 X 射线衍射技术研究晶态生物高分子的结构,有利于探讨蛋白质、核酸等重要化合物的结构以及结构和功能间的联系,有助于对生物过程机理的认识。这个方向的研究和成就为分子生物学的诞生奠定了基础。

X 射线晶体学和结晶化学的发展对化学及其他有关科学技术的发展起了十分重要的作用。首先,结晶化学是现代结构化学基本的十分重要的组成部分。晶态是测定化学物质结构的最切实易行的状态,因此分子结构实际知识(如键长、键角数据)的主要来源是晶体结构,而且很多化合物和材料只存在于晶态中,并在晶态中被应用。其次,晶体学和结晶化学是固体科学和材料科学的基石,固体科学要在晶体学所阐明的理想晶体结构的基础上,着重研究偏离理想晶态的种种缺陷。固体科学中的各种结构敏感性能(如导电、扩散、生长、强度及反应性能等)也就是结晶化学中的各种“缺陷敏感性能”。材料之所以日新月异,并快速发展形成材料科学,相当程度上得力于晶体在原子水平上的结构理论所提供的观点和知识。再次,它们是分子生物学的支柱。分子生物学的建立主要依靠下列两个系列的结构研究:一是从肽的螺旋到 DNA 的双螺旋结构;二是从肌红蛋白、血红蛋白到溶菌酶和羧肽酶等的三维结构。它们都是应用测定晶体结构的 X 射线衍射方法所得的结果。最后,结晶化学是研究和解决许多化学问题的指南,这是因为物质的化学性质并非直接由组成决定,而是组成通过结构决定性质。

3.4　现代化学的发展特点和趋势

20 世纪以来，继物理学革命之后，化学也发生了深刻的革命。人们运用量子力学理论研究物质的化学运动，形成了量子化学。由此对化学键合和分离进行研究、对各种物质结构进行认识和分析、对化学反应动力学进行探讨，以及对各种化学研究和分析方法进行变革，使化学学科达到了一个更高的水平，表现出一系列特点。在此基础上，化学的发展将展示新的方向。

3.4.1　现代化学的发展特点

现代化学的发展有着鲜明的特点。

第一，化学不仅研究宏观方面的问题，同时深入微观领域开展了广泛的研究。20 世纪初物理学的新发现激励着化学家，他们利用物理学的理论和方法研究原子间的键合作用，形成了价键理论、分子轨道理论和配位场理论，建立了以现代化学键理论为基础的微观结构理论。20 世纪 60 年代以来，为了更好地处理量子化学中的多体问题，形成了许多新的方法，从而大大地促进了量子化学的应用和发展，也促进了分子结构、化学动力学、药物分子和生物大分子的结构和功能研究的迅速发展。

为了深入研究原子、分子和晶体的结构和性能之间的关系，结构化学在电子计算机和四圆衍射仪等现代仪器的推动下，可以提供丰富可靠的定量结构数据。对复杂的生物大分子结构也有了解决办法，已对众多蛋白质的晶体结构进行了较深入的测定。20 世纪 70 年代又诞生了精密结晶学，可以精密地测定分子中电子云分布和化学的成键状况。

20 世纪 60 年代，随着分子轨道对称守恒原理的提出，分子轨道理论从分子静态的研究发展到化学反应体系的动态研究，进而可预言和解释化学反应的机理。借助于激光技术和分子束技术，微观反应动力学的研究已深入态-态反应的层次，化学动力学的发展进入了一个新阶段。

上述分析说明，化学正在微观领域展开深入细致、多方面的研究，取得了一系列重大成就，并正向纵深发展。

20 世纪 80 年代后期化学家提出了分子以上层次化学的概念，随后又形成了一门称为化学生物学的崭新学科。近年来，组合化学、纳米科学和基因工程等新的研究领域迅猛发展。化学已经在电子—原子—分子—分子聚集体等不同层次蓬勃展开。

第二，现代化学的发展速度比 19 世纪快。20 世纪以来，化学日新月异。新的成果无论在数量方面，还是在水平方面，都不断给人以新鲜的感觉。以美国《化学文摘》的发展速度为例可见一斑。《化学文摘》从 1907 年创刊，至今已有 100 余年的历史，已经发展成国际权威性检索刊物，以资料的多、快而著称。1907 年创刊时只有一名兼职编辑，到 1980 年包括编辑人员在内的工作人员达到 1100 多人，比创建时期增长了 1100 多倍。经费方面也有很大增长，1955 年以前经费由美国化学会津贴，至 1980 年达到年预算经费 3500 万美元。刊物内容大大增加，除化学、化工外，还包括了与化学、化工关系密切的物理、生物、天体、宇宙、轻工、冶金和医学等方面的内容。年收集论文数从1907年的11 800余篇增加到1977年的436 800余篇，70年间增长36倍。

现代化学发展快，并不单纯是速度的增长，而是包括量和质两个方面的增长。这反映了在加快发展速度、增加数量的同时，现代化学的水平也大大超过了19世纪的化学。

化学发展如此之快有多方面的原因。其一，20世纪以来，化学从研究宏观领域进入微观领域的研究。这个新开辟的领域有着广阔的前景，需要研究的问题很多。其二，各种学科与化学相互渗透，新学科大量增加，需要研究的课题数量猛增。其三，现代社会生活和生产的要求有力地推动着化学的发展。其四，新兴技术科学的需要也是促使化学迅速发展的又一重要原因。

第三，数学在化学中有了广泛的应用。19世纪后期的化学只用到一次方程。20世纪以来，数学在化学中的应用逐渐增多，从一次方程发展到二次方程、复变函数、微分方程、线性代数、群论、矩阵、概率论和拓扑学等多种数学分支的广泛应用。电子计算机在化学中的应用极大地促进了化学的发展，化学研究的各个领域、各种仪器都已经以计算机为辅助设备，网络系统和大型数据库更是使化学研究更高效、更快速、更可靠。由于远离平衡态理论的出现，数学中的新分支——分歧理论在化学中也得到应用。

第四，实验水平的空前提高。这主要表现为精密化程度、实验效率和自动化程度的提高。现代化学的各种实验手段成为探索化学奥秘的锐利武器。特别突出的是大量多种功能的、高精密度的新式实验仪器进入实验室，如光谱仪、各种类型的分光光度计、X射线衍射仪、各种类型的电子显微镜、电子探针、中子衍射仪、核磁共振仪以及多种联用仪等。这些新的实验仪器为20世纪、21世纪化学的发展提供了强大的动力。

3.4.2 现代化学的发展趋势

在过去的年代里，化学已经取得了重大的成就，其成果对社会生产和人类生活起了很大的作用。在此基础上，现代化学将以更快的步伐向前迈进，呈现出明显的发展趋势。

第一，化学研究将在更广阔的领域里开拓前进。量子化学的建立是人们在微观领域开展化学研究的初步胜利。由于自然界化合物的极端复杂性，在不同的化合物中，电子与电子、电子与原子、原子核与核外电子、原子与分子有着极其复杂的作用关系。例如，同样是氢原子，在无机物、有机物、生物机体中有着不同的存在状态和方式，即使同在无机物中，由于化合物成分的不同或化合方式不同，其存在状况也不尽相同。因此，要认识各种化合物的微观结构和机理，还要走相当长的路。在这一研究方向上，既要注重理论的探讨，将现有的量子化学理论向新的领域推进，扩大其应用范围，又要重视实验研究，收集、整理新的实验事实，尤其是那些"反例"，以便通过深入研究，揭示新的规律，建立新的理论。认识世界的目的在于改造世界。化学在微观领域里的深入研究，不仅可以说明物质的成分、结构和结合机理，说明物质微观机理与宏观性能的关系，而且可以从电子、原子、分子水平上预言、设计具有新特性的物质。

化学生物学是自20世纪90年代中期以来的新兴研究领域。从源头来讲，目前归并到生物科学领域的生物化学、分子生物学和生物学化学都属于化学的范畴,都是研究分子的科学。但通常生物化学指蛋白质结构和活性的研究,分子生物学指基因表达和控制的研究,生物学化学指分子水平上的生物现象的研究。基于现代分子以上层次的化学概念,狭义地说,化学生物学是一门使用小分子作为工具解决生物学问题或通过干扰或调节正常过程了解蛋白质功能的科学。使用小分子调节目标蛋白质(约450种)与制药公司发展新药类似,但人类基因组计划为我们带来了至少几万个目标蛋白质,这需要更系统和整体的方法而并非传统方法。系统的化学生物学诞生于20世纪90年代中期,部分原因是基础条件到那时才刚刚完备。代表性的技术进步包括机器人工程、高通量及高灵敏度的生物筛选、信息生物学、数据采集工具、组合化学和芯片技术(如DNA芯片)。化学生物学更普遍地被称为化学遗传学,而且它正在扩展到化学基因组学。可以预料,化学生物学这门在生命领域研究分子间相互作用规律的化学前沿学科必将使化学的发展更加辉煌。

第二,化学实验分析仪器的联网化与自动化发展。化学是一门实验性很强的基础科学,20世纪以前,化学依靠实验获得独立和发展。20世纪以来,化学的变革和发展同样离不开实验,尽管今天的化学实验与以往的化学实验在分析技术、仪器设备和水平上有很大的提高。可以毫不夸张地说,离开了化学分析和实验,化学就失去了发展的活力与生机。随着其他学科的进步和社会生产的发展,化学分析和实验已经获得了越来越精密的仪器和设备。但是化学分析的要求越来越高,它不仅需要了解物质的化学成分,而且要将性质极其相近的痕量元素分开并提取出来;不仅要弄清个别电子之间的相互作用,而且要获得多电子系统的作用信息。如此高精度的要求,通常的仪器设备和分析技术是无法满足的。于是化学分析和实验要在以下四个方面作出努力:①探讨新的实验、分析原理,这与化学基础理论的研究紧密相连;②设计制造能满足某些特殊要求的分析实验仪器,化学研究过分依赖其他学科提供实验仪器的状况将成为历史;③考虑到单一仪器的局限性,要逐步将各种相关仪器组合起来,联网使用;④以电子计算机控制化学实验分析仪联网系统,协调各种仪器的工作,使化学实验分析工作自动进行。化学实验分析仪器的联网化与自动化,将使化学实验分析技术出现质的飞跃,必将推动化学深入、快速地向前发展。

第三,化学与其他学科的相互影响和渗透将形成更多的边缘学科,化学这一基础科学对整个自然科学的发展将发挥更大的作用。自然界的具体物质形式虽然多种多样,但在本质上是统一的,因而,作为一般运动形式的化学运动,在各种物质运动和转化过程中起着重要的作用。这也决定了化学可以与研究物质其他运动形式的学科发生影响和渗透。事实上现代化学早已突破了化学已有的传统和研究范围,已经或正在与其他学科发生交互作用,形成许多边缘学科。例如,化学与数学结合产生了计算化学,化学与物理学结合产生了化学物理,化学与生物学结合产生了生物化学。还有量子生物化学、神经生物化学、细胞化学、化学胚胎学和化学仿生学等边缘学科。这些边缘学科很多成为化学发展的前沿,引导化学研究和解决更加复杂的问题。另外,这些边缘学科的形成和发展也加速了化学向其他学科领域的渗透,推动相关学科的发展。例如,化学与宇宙学结合产生了宇宙化学，正在成功地探索着化学元素的起源和恒星演化机制，化学在宇宙学中发挥着积极作用。

化学的发展趋势，不仅表现在化学学科自身的发展，化学实验分析技术的变革，化学对其他学科的促进作用等方面，而且表现在化学与化工和社会生产的关系方面。随着化学的发展，化工工艺和技术、化学对社会生产和人类生活等方面将产生越来越大的影响，促进社会生产力的发展和人们生活的改善。作为一门中心科学，化学对于解决人类社会共同面临的食物问题、能源问题和环境问题将有积极的意义。也正因为如此，社会将对化学的发展提出更高的要求，从而形成化学发展的良好社会环境。

第4章 生命科学

4.1 生命科学概述

4.1.1 生命科学的基本概念

生命科学(life science)是研究生物体及其活动规律的科学。

自从有了人类的文明史,就有了人们对生命现象的探索。生命(life)是什么?或者说生命与非生命的本质区别是什么?这是生命科学最基本的问题,至今还没有一个为大多数科学家所接受的关于生命的定义,但我们可以从错综复杂的生命现象中提出生命的一些基本属性和特征。

生命具有化学成分的同一性,除含有多种无机化合物外,还含有蛋白质、核酸、脂质、糖和维生素等多种有机分子,这些有机分子都是生命过程的产物。

细胞(cell)是生物结构与功能的基本单位,除病毒外,所有的生物体都是由细胞组成的。在细胞这一层次之上还有组织、器官、系统、个体、种群和生态系统等层次,生物界是一个多层次的严整有序的结构。

新陈代谢(metabolism)是由一系列酶促反应所组成的反应网络,生物体内时时刻刻在进行着物质的合成与分解,同时伴随着能量的储藏与释放,这就是新陈代谢,生物通过新陈代谢而生长发育,进行各种生命活动。

生命通过繁殖而延续,在自然界,唯独生物具有繁衍后代的能力。生物通过繁殖产生与自身相似的后代的现象称为遗传(heredity);子代与亲代之间及子代不同个体之间还会产生一定程度的差异,称为变异(variation)。遗传、变异和自然选择的长期作用导致生物界的逐渐演变,这就是生物进化(evolution)。

广义的生命科学还包括生物技术、医学、农学、生物与环境、生物学与其他学科交叉的领域。

4.1.2 生命科学发展简史

生命科学是在人类生产实践中产生的,并且随着社会生产力和整个科学技术的发展而发展,大体可分为以下几个发展阶段。

1. 生命科学建立前期

从远古时代直至公元16世纪属于前生物学时期,以我国和古希腊最具代表性。与生命科学有关的成就主要反映在医学和农学上,具有经验性和适用性的特点。

早在四五千年前,我国就建立了农业,开始了作物的种植和牲畜的养殖。3000年前我国已有了室内养蚕,牛痘的应用比西方早800多年。大量古籍记载有动、植物的知识，如春秋战国时期的《诗经》中有数百种动植物的名称，并有生物形态、习性、种植和养殖等方面的描述；西汉的《尔雅》载有 1000 多种动、植物并进行了初步分类；北魏的《齐民要术》是我国古代的一部农业百科全书，它系统全面地总结了公元 6 世纪前我国农业技术上的成就；宋元时期的《梦溪笔谈》涉及各种生物学知识，包含许多解剖学、生理学及医药方面的资料；秦汉时期的《黄帝内经》较系统地论述了人体的结构和生理，介绍了有关疾病的知识；汉代的《神农本草经》记载了 365 种药物；明代李时珍的《本草纲目》是一部不朽的科学巨著，共载药 1892 种，对动、植物作了详尽的分类介绍和药性探讨，并包含进化的思想。

西方古希腊生物学的发展建立在观察描述与哲学思辨的基础上。亚里士多德大量观察和解剖动物，对动物的构造、分类、繁殖、遗传和进化等方面都进行了探讨，并对生物学的原理作了系统的论述。Hippocrates 已认识到疾病是同环境由生活条件引起的，而不是灵魂所致。柳克里修斯(Lucretius)明确提出生物并非神造，而是自然的产物。

从 5 世纪开始，欧洲进入长达千年的封建社会，宗教神学禁锢了科学研究，生命科学的发展非常缓慢。

2. 生命科学的建立与成长期

16 世纪以后，随着欧洲文艺复兴和工业革命的发展，以培根的实验科学方法论和数学方法论为标志，自然科学被推进到一个崭新的阶段。生物学家不再囿于以观察、描述的方式研究生物体和生命现象，而是通过一系列的实验设计与操作，深入探测生命的奥秘，使生命科学取得了一系列令人瞩目的成就。生命科学的一些重要的分支学科如解剖学、生理学、分类学和胚胎学等先后建立和发展起来，提出了一些初步阐明生命规律的理论和学说，生命科学从感性认识向理性研究过渡。

16 世纪比利时解剖学家 Vesalius 用科学方法解剖人体，奠定了解剖学的基础；17 世纪英国医生哈维(Harvey)发现了血液循环，奠定了生理学的基础；英国人胡克(Hooke)用其自制的显微镜观察并首次描述了细胞，打开了生物微观世界的大门；1735 年瑞典植物学家林尼厄斯(Linnaeus)建立了第一个科学的生物分类系统，创立了生物命名的双名法，从而确立了生物界的秩序，为分类学成为一门独立的学科奠定了基础；沃尔夫(Wolff)研究鸡胚的发育，提出了胚胎发育的渐成论，建立了科学的胚胎学。法国博物学家 Lamarck 明确地提出了物种进化的思想，推翻了物种不变论，但他用“用进废退”和“获得性遗传”来解释进化，缺乏科学的实验证据。

1838 年德国植物学家 Schleiden 指出细胞是所有植物的基本构成单位；1839 年德国动物学家 Schwann 进一步阐明动物和植物的基本结构单元都是细胞，由此逐渐形成了细胞学说，在细胞水平上说明了生物基本结构的一致性，被恩格斯誉为 19 世纪三大发明之一。

19 世纪的另一重大发现是达尔文的进化论。达尔文在环球考察中观察和搜集大量生物资料，逐渐形成系统的进化思想。1859 年达尔文的划时代巨著《物种起源》问世，科学地论证了物种的变化和生物进化的机制，从根本上动摇了上帝创世和物种不变的唯心主义史观，开创了生命科学发展的新纪元。

19世纪下半叶孟德尔(Mendel)将数量统计方法运用于豌豆的杂交实验，他所提出的遗传理论揭示了生物遗传的基本规律，奠定了现代遗传学的基础。

人们通常将细胞学说、进化论和遗传学的建立作为现代生命科学的三大基石。

3. 现代生命科学的发展期

20世纪，特别是50年代以后现代物理学、化学、数学、计算机新理论和方法向生命科学的深入渗透，带来了生命科学的巨大变革和发展，生命科学从静态的、定性描述性学科向动态的、精确定量性学科转化，实验生物学走向了全面发展的新阶段。

1900年孟德尔遗传学原理的重新发现和证实是现代遗传学发展的先声。从20世纪初开始，美国遗传学家摩尔根(Morgan)通过大量果蝇实验，发现了遗传的连锁互换定律和遗传的基本单位——基因，基因论的提出标志着现代遗传学的正式建立，推动生物学研究从细胞水平向分子水平过渡。1941年比德尔(Beadle)和塔特姆(Tatum)提出“一个基因一个酶”的学说，把基因与蛋白质的功能结合起来。1944年，美国化学家埃弗里(Avery)等用细菌为材料所进行的实验，以及1952年赫尔希(Hershey)等进行的噬菌体感染实验，证明了DNA是遗传信息的载体。

1953年沃森(Watson)和克里克(Crick)建立DNA双螺旋分子结构模型，奠定了分子生物学的基础，由此开创了从分子水平上阐明生命活动本质的新纪元。此后，遗传信息传递的中心法则的提出，生命界统一的遗传密码的破译等，从分子水平上揭示了遗传、代谢、发育和进化内在的联系，证实了生命界统一的发展规律，它标志着生命科学进入分子生物学的新时代。从此，以基因组成、基因表达和遗传控制为核心的分子生物学的思想和研究方法深入生命科学的各个领域，派生出一系列新兴学科，如分子细胞生物学、分子神经生物学、分子分类学、分子发育生物学和分子生态学等，多学科综合地从本质上去探讨生命活动的规律。

另外，DNA结构模型的建立也为遗传工程新技术的兴起提供了理论依据。1973年美国科恩(Cohen)领导的小组体外重组DNA并成功转化大肠杆菌，开创了基因工程的新纪元。20世纪80年代以后，以基因工程为主体的生物技术作为高技术产业在世界范围内兴起，其中基因工程药物的研制、转基因植物和转基因动物的研究是多国争相投入的热点，生物技术转化为强大生产力已展示出广阔的应用前景。

在宏观生物学方面，联合国于20世纪60年代、70年代、80年代先后三次组织世界各国科学家开展了大规模的“国际生物学规划”、“人与生物圈”和“国际地圈与生物圈规划”，大大推动了各国对生态环境的研究与保护。现代生态学已发展成以人类为研究主体、多层次的综合性学科，在解决影响人类发展的全球性问题上正发挥着越来越重要的作用。

1990年美国启动了人类基因组计划(human genome project，HGP)，这标志着人类真正开始解码生命的奥秘。该计划用15年时间耗资30亿美元，测定人类基因组约30亿个碱基对的序列，进而破译其中全部基因的遗传信息。后来该计划演变成由美、英、日、法、德、中六国组成的协作研究。人类基因组计划于2000年完成了人类基因组序列的“工作框架图”，2002年又公布了“精细图”，但要搞清基因组全部结构及其工作机制，认识基因结构与功能的关系，科学家仍有很长的路要走。

1997年英国罗斯林研究所的威尔穆特(Wilmut)宣布成功克隆出一只名为“多莉(Dolly)”的绵羊，这一重大突破震撼了世界。几年间克隆牛、克隆鼠、克隆猴等纷纷问世，标志着人类无性繁殖哺乳动物的技术已日臻成熟，这意味着按照人类的意愿有计划地改造生物甚至创造生命已成为可能。现代生命科学已日益显示出成为一门领先科学的趋势，向着从未有过的深度和广度前进。

4.1.3 生命科学的学科分类

今天的生命科学已形成了一个有广泛内容和复杂结构的庞大的学科体系，概括起来可归结为以下几方面。

1. 按生物类群或研究对象划分的学科

生物界具有极大的多样性，地球上已知的生物种类多达200万种以上，而历史上已经灭绝的生物估计至少也有1500万种。以各种生物类群为研究对象的生物学科主要有植物生物学、动物生物学、微生物学、人类学和古生物学等，这些学科又可再划分为更细的学科，如藻类学、昆虫学、鱼类学和鸟类学等，各自在所限定的生物类群范围中对生物的性质和生命活动的特点进行专门的探讨。

2. 按结构、功能及生命过程的不同而划分的学科

生物界是一个整体，具有高度的统一性。在生物体的结构与功能、稳态、发育、遗传、适应与进化、生物与环境的关系等方面都存在对生物界普遍适用的规律，由生命科学的各分支学科，如形态学、解剖学、生理学、遗传学、胚胎学和生态学等对之进行研究。

3. 从生命的不同层次研究生命的学科

生命科学的发展逐渐揭示了生命现象的多层次性，也就同时形成了生命科学从微观到宏观的多层次分支学科，如分子生物学、细胞生物学、个体生物学、群体生物学和生态系统生物学等。

4. 从交叉学科的角度划分的学科

在现代生命科学的发展中，生命科学与物理学、化学、数学和工程学等各学科间相互渗透、相互促进，大大提高了对生命物质分析的精确度和对复杂生命系统的综合能力，形成多学科协同工作的局面。用物理学、化学、数学和工程学的手段研究生命的分支学科有生物物理学、生物化学、生物统计学和仿生学等。

4.2 生命科学的研究方法

4.2.1 科学观察

观察是从客观世界获得第一手资料的最基本的方法。早期人们只能依靠感官进行观察,显微镜的发明使人们的观察力得到很大的提升,从而认识了细胞,开拓了微观世界。电子显微镜出现以后,人们的观察力深入超显微领域。

科学观察的基本要求是客观地反映可观察的事物,为此,必须掌握必要的科学知识,这样才能进行训练有素的观察和描述。例如,人们赏花时关注的是花的形态与芬芳。而科学地观察一朵花,则应对花的结构(图 4-1)从整体到局部、从外向内进行详细剖析:花是两性的还是单性的;是辐射对称的还是两侧对称的;花萼和花冠由几片组成,萼片和花瓣是愈合的还是分离的;雄蕊有几个,分为几轮,生长的部位如何;雌蕊的子房的位置,心皮的数目及是否联合,胚珠的数目与生长部位等细节,都应该进行细致的分析与描述。观察的结果必须经得起重复检验,才可以认为是可靠的结果。例如,以上对花的解剖观察,其结果可写出花程式和花图式,对观察对象进行准确定位。

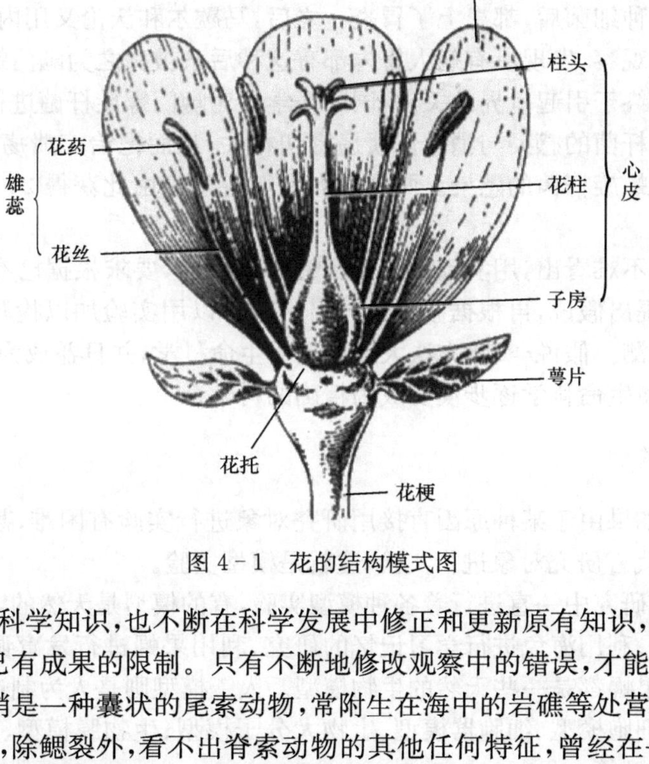

图 4-1 花的结构模式图

观察需要有科学知识,也不断在科学发展中修正和更新原有知识,既要尊重已有的成果,又不能受已有成果的限制。只有不断地修改观察中的错误,才能使认识更接近于事实。例如,海鞘是一种囊状的尾索动物,常附生在海中的岩礁等处营固着生活。从成年海鞘的身体上,除鳃裂外,看不出脊索动物的其他任何特征,曾经在一段相当长的时间内它被认为是一种软体动物。海鞘的脊索只局限在尾部,而它只在幼体时有尾,经过变态发育为成体后,尾即消失。因此,从海鞘成体看不出它们和脊索动物的关系。1866

年柯瓦列夫斯基对海鞘胚胎发育全过程进行了详细的研究，才把它的位置从软体动物移到脊索动物，纠正了多年来分类学中的这一错误。

4.2.2 假说和实验

实验(experiment)是将所研究的对象在人为的干预、控制条件下进行的观察，它不仅意味着某种精确的操作，而且是一种思考方式。生物学实验可以帮助我们更深刻地理解生命科学的概念和原理，提高动手能力、分析问题和解决问题的能力。

要进行实验，首先必须提出某种设想或假说(hypothesis)，即对研究对象表现出来的现象提出某种可能的解释，然后设计实验来验证这个设想或假说。科学实验的一个重要原则是假说必须是可以验证的。例如，胃溃疡和十二指肠溃疡是常见的慢性消化系统疾病，近一个世纪以来医学界一直认为它是由分泌过多的胃液引起的胃黏膜损伤。1982年澳大利亚医生马歇尔和病理学家沃伦偶然从慢性胃炎患者的胃黏膜切片中发现了一种螺旋形细菌新种，他们认为这种细菌与慢性胃炎可能有关。但是当时一般认为胃内的酸性环境不适合细菌生长，医学界人士大多不接受马歇尔和沃伦提出的细菌产生溃疡的观点。为此，两位科学家坚持不断地对胃黏膜活体样本进行相关实验，而且为了获得这种细菌致病的直接证据，马歇尔和另一位医生还自愿进行了人体实验，他们在服食培养的该种细菌后，都患上了胃炎。之后，马歇尔和沃伦又用内窥镜对100例肠胃病病人进行了观察，发现所有病人胃内都有这种后来被称之为幽门螺旋杆菌的细菌。二人卓越的工作终于引起世界的关注，国际医学界对幽门螺旋杆菌进行了大量的研究，明确了幽门螺旋杆菌的感染与消化性溃疡密切相关，从而把治疗溃疡病的战略由制酸转变为根除幽门螺旋杆菌的感染。两位澳大利亚科学家由此获得2005年诺贝尔生理学或医学奖。

从以上例证不难看出，用实验的方法研究客观事物，要求根据已有的事实(来自观察或来自实验)提出假说，再根据假说推导出一个可以用实验加以检验的预测，然后实施实验来验证预测。假说-实验方法大量运用于生命科学，并日益成为生命科学的基本研究方法之一，使生命科学逐步演变成为精确的科学。

4.2.3 模型实验

一般来说，如果由于某种原因直接用研究对象进行实验有困难，甚至不可能时，可用模型(model)代替研究对象进行实验，这就是模型实验。

在生命科学研究中一直进行着各种模型实验，有的模型是天然的，如利用线虫进行细胞凋亡的研究、利用海兔进行学习记忆的研究、利用果蝇进行发育调控的研究等，这里线虫、海兔和果蝇都是一些天然的生物模型。人工模型则是人为制造的科学模型，如血液循环模型、细胞模型、细胞器模型、生物大分子模型、生物膜模型、动(植)物有丝分裂和减数分裂模型等。

模型必须和原型有某种相似性，以便其研究结果外推到原型。在研究人体的生理功能时，常用与人类相近似的一些哺乳动物如鼠、兔、猫等作为动物模型进行操作，以获取相关数据。例如，诱发豚鼠血脂增高，成为高血脂病人的模型，利用这个模型来筛选降血脂的药物，以及研究这种药物的作用机制等。

模型可以是物质形式的，也可以是思维形式的。现代自然科学常用符号、数学方程、图表等手段来表示一个实体的内部功能。这种符号、数学方程和图表等也称为模型，是思维形式的模型。

人们经过创造性思维，对原型高度抽象化，只突出显示原型的主要特征和联系，以便于进行研究。图像模型作为科学抽象的结果，渗透在生物学科中，如酶降低化学反应活化能的图解，自由扩散、协助扩散和主动运输示意图，光合作用、有氧呼吸过程图解，精子和卵细胞的形成图解，复制、转录和翻译的示意图，噬菌体侵染大肠杆菌的实验图解等。

数学模型是能够表现和描述真实世界某些现象、特征和状况的数学系统，它能定量地描述生命物质运动的过程，一个复杂的生物学问题借助数学模型能转变成一个数学问题，通过数学模型的逻辑推理、求解和运算，达到对生命现象进行研究的目的。例如，描述生物种群增长的逻辑斯谛方程就能够简单明了地表示种群增长的规律；描述种间竞争模型的 Lotka-Volterra 方程简明扼要地从理论上说明了两个物种竞争理论上可能出现的三种结局。数学模型通常以数学关系式的形式表示，并配以曲线图和表格等形式。

抽象模型是针对某个问题，用一些相互联系的变数组成模型，借助计算机进行各种运算，通过对数据、资料进行系统分析、综合，形成一种假说-演绎体系。这种抽象模型的计算机模拟在生物学的一些学科，如生态学和种群遗传学中已经成为重要的研究方法之一。

4.3　现代生命科学理论与应用

4.3.1　细胞与细胞克隆

1. 生命的基本单位——细胞

细胞由原生质组成，它是生物体结构和功能的基本单位，除病毒、类病毒等非细胞生命体外，绝大多数生命有机体都是由细胞构成的。

细胞的发现得益于光学显微镜的研制和发展。直到 1838～1839 年，德国植物学家 Schleiden 和动物学家 Schwann 的研究报告使得细胞及其功能有了一个较为明确的定义，创立了细胞学说的基本原则，以后逐步发展完善。细胞学说的主要内容是：①所有生物都是由细胞和细胞的产物组成；②新的细胞必须经过已存在细胞的分裂而产生；③每一个细胞可以是独立的生命单位，许多细胞又可以共同形成生物体或组织。早期的细胞学说是生物学的基石，由此发展起来的现代细胞学概念是生命科学最基本的内容。

从生命的层次看，细胞是具有完整生命的最简单的物质集合形式。单细胞生物，一个细胞就是一个个体，如细菌、单细胞藻类和单细胞原生动物等；而多细胞生物则由许多细胞构成一个个体，如高等动物和植物。在多细胞生物体中，由形态、结构相似的细胞形成组织，再由多种组织构成器官，最终由各种器官构成生物体。

细胞是独立有序、能够进行代谢自我调控的结构与功能体系，每一个细胞都具有一整套完备的装置以满足自身生命代谢的需要。即使在多细胞生物体中，各种组织也都是以细胞为基本单位来执行特定的功能。细胞作为一个开放系统，不断地与环境交换着物质、能量和信息。而不同组织细胞之间存在着广泛的联系和通信联络，表现出分工合作的相互关系。

细胞是生物体生长发育的基础，多细胞生物体来自一个受精卵，其生长发育主要是通过细胞分裂增加细胞的数量，并伴随细胞的分化和细胞体积的增大来实现的。

细胞还是生物繁殖和遗传的基础。无性繁殖依赖于细胞的直接分裂，而有性繁殖需形成配子和合子，涉及细胞分裂和细胞融合的过程。每个细胞都包含全套的遗传信息，从复杂生物体中分离出来的单个独立细胞具有遗传的全能性。

此外，生命的起源以细胞的形成为完整生命出现的标志，细胞的形成又是生物进化的起点。

细胞有原核细胞和真核细胞之分，原核细胞体积小，结构简单，没有成型的体积核，没有其他细胞器。真核细胞体积大，有细胞核和多种细胞器（图 4－2）。

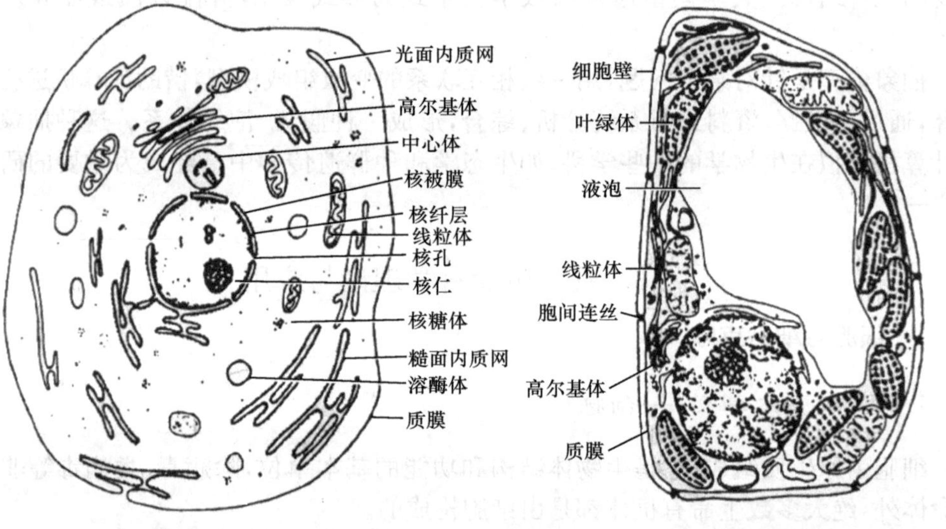

(a) 动物细胞　　(b) 植物细胞

图 4－2　细胞结构模式图

以动物细胞为例，细胞的结构可分为细胞膜（plasma membrane）、细胞核（cell nucleus）、细胞质（cytoplasm）等几部分。细胞膜是细胞表面的被膜，由脂质双分子层和蛋白质构成，可有选择地让物质通过，起识别和接收信息作用。一切真核细胞都有完整的细胞核，细胞核由核被膜、核质、染色质和核仁等部分组成。细胞核是细胞的控制中心，遗传信息储藏在核内，它是 DNA 复制和 RNA 合成的场所。细胞质是除细胞核外细胞内的其余部分，由细胞溶胶和各种细胞器组成。细胞溶胶含有多种蛋白质和酶的溶液，是各种生理反应的场所;主要的细胞器有内质网、高尔基体、溶酶体、线粒体、细胞骨架和核糖体等。其中,内质网是蛋白质合成、修饰和分泌以及脂类合成的场所,也承担运输功能。高尔基体完成细胞分泌物的最后加工和包装。溶酶体负责消化分解食物或废物。线粒体是生物氧化、产生能量的场所。细胞骨架是蛋白纤维网架体系,与细胞形状、迁移和信息传导等有关。核糖体是由 RNA 和蛋白质形成的大颗粒,它是蛋白质合成的场所。

植物细胞在细胞膜之外还有主要由纤维素组成的细胞壁,主要对细胞起支持和保护的作用,并保持细胞的正常形态。叶绿体是植物细胞进行光合作用同化 CO_2 产生有机分子的细胞器。液泡是充满水溶液的泡,是植物细胞代谢废物囤积的场所,与动物细胞的溶酶体有类似的功能。

2. 干细胞

干细胞(stem cell)是在生命的发育和成长中起"主干"作用的原始细胞,它具有自我更新、高度增殖和多向分化的潜能,如同一棵树的树干上长出新枝叶一样。这里所说的"自我更新"是指由它分裂形成的两个子细胞中,其中至少有一个细胞仍完全保持干细胞特性,另一个细胞则可获得有限分裂能力,并分化为组织或器官的特异性细胞。多向分化潜能是指能分化成多种细胞类型。

1) 人类干细胞系的建立

1981 年,英国科学家埃文斯(Evans)等在世界上首次建立了小鼠的胚胎干细胞系,即在培养条件下能够无限制传代下去的细胞。在此后的 20 多年中,科学家又相继建立了多种哺乳动物的胚胎干细胞系。1998 年,美国人汤姆森(Thomson)等从做试管婴儿剩余的胚胎中分离得到胚泡内细胞团细胞,并在体外培养成功,建立了胚胎干细胞系。几乎与此同时,美国人吉尔哈特(Gearhart)等从早期流产胚胎的生殖组织中分离出原始生殖细胞,在体外培养成功,建立了胚胎生殖干细胞系。他们的工作是继人类基因组计划开展之后,生命科学领域又一里程碑式的科学研究成果。《科学》杂志将"干细胞研究的新发现"评为 1999 年世界十大科技成果之首。美国《时代》周刊将其列为 20 世纪末世界科技成就之首,并认为胚胎干细胞研究和人类基因组计划研究将同时成为 21 世纪生命科学领域最具发展和应用前景的领域。

2) 干细胞的分类

干细胞研究正在继续发展中,具有不同的分类方法。

根据发生学来源,干细胞可分为胚胎干细胞(embryonic stem cell)和成体干细胞(somatic stem cell)两大类。胚胎干细胞是指来自胚胎的细胞,具有发育全能性。胚胎干细胞可从早期胚胎、早期流产胎儿、克隆胚胎中获得。现在人们还把受精卵看成最早的胚胎,最原始的胚胎干细胞。成体干细胞是指存在于某种已分化组织中的未分化的细胞,它们仍然具有自我更新和分化形成该组织多种类型细胞的能力。例如,造血干细胞、神经干细胞、皮肤表皮干细胞、肝干细胞和肌肉干细胞等。

根据分化潜能不同,干细胞可分为全能干细胞(totipotent stem cell)、多能干细胞

(multipotent stem cell)和单能干细胞(unipotent stem cell)。全能干细胞是具有自我更新能力并具有分化产生生物体任何细胞类型，甚至形成完整个体的潜能的干细胞，如受精卵。多能干细胞是分化潜能受到一定限制，已失去全能性，但具有分化出多种组织或细胞潜能的干细胞，如胚胎干细胞和胚胎生殖干细胞。单能干细胞是存在于组织器官中，具有稳定自我更新能力，只具有向单一细胞类型分化的干细胞，如造血干细胞、神经干细胞、肝干细胞和肠上皮干细胞等。

3) 干细胞的应用

(1) 成体干细胞移植。细胞或组织的移植是干细胞研究的重要应用方向，将引起医疗方面的变革。在造血干细胞移植方面，白血病患者由于体内造血干细胞异常，产生的白细胞不能正常分化，因此常用移植与患者配型吻合的造血干细胞进行治疗。此外，造血干细胞移植还可用于治疗重症再生障碍性贫血，重建患者的血液系统和免疫系统。在神经干细胞移植方面，经研究证实，只要有相关生长因子存在，神经干细胞就可以得到有效的增殖。来自患者脑中的神经干细胞，经体外增殖后，再植入患者脑内相应部位，在治疗帕金森综合征和脊髓受损患者的实验中都取得了令人鼓舞的成果。

(2) 定向分化干细胞移植。这是干细胞最广泛、意义最深远的潜在用途，是将胚胎干细胞定向分化为特定的细胞或组织后，再移植给患者，以达到治疗的目的。目前，在实验室条件下已由胚胎干细胞定向分化出多种类型的细胞，如肝细胞、心肌细胞和胰岛细胞等。利用干细胞培育出人体器官“配件”也已开始取得进展：2006 年，澳大利亚科学家用单个干细胞使实验鼠长出新乳腺；英国科学家用脐带血干细胞培育出微型人造肝。

(3) 基因治疗。干细胞能不断进行自我更新，在患者体内持久地发挥作用，因此不少研究者认为用干细胞作为基因治疗的载体细胞非常理想。

(4) 药物筛选和毒性检测。利用干细胞可以分化成各种细胞系的特点，有选择地在某一细胞系进行新药物的筛选、药物检测或新的治疗方法实验。在细胞系上试验安全、有效后，再于动物、人体做进一步的实验，可大大加快研究的速度。

(5) 促进人体发育机制研究。研究干细胞分化过程中基因表达的时空关系，有助于认识人类发育中的复杂事件以及基因调控。此外，对干细胞分化机制的了解也有助于人类解开细胞癌变、先天性生理缺陷成因之谜。

3. 动物克隆技术

克隆(clone)源于希腊语，原意是砍下嫩枝。自古以来，人们发现即使不用种子种植，老树的嫩枝经插条也可长成树苗。克隆当做名词用时，指无性繁殖系，意为来源于单个细胞无性繁殖的细胞群体；当做动词用时，指形成无性繁殖系的过程或方法。

对于植物来说，分化成熟的植物体细胞仍保持全能性，仍有可能发育成完整植株。对于动物来说，随着分化的演进，细胞逐渐丧失其分化潜能，由全能性向多能性、单能性乃至分化成熟的体细胞演化。分化成熟的动物细胞已失去全能性，不可能发育成为完整的动物个体。

为了能够更有效地利用动物、高等动物的克隆,即离体无性繁殖,科学家一直展开探索,20 世纪中期以来,陆续出现了一些动物克隆实验。

1952 年布里格斯(Briggs)将豹纹蛙囊胚期细胞的细胞核取出,送入去核的同种蛙卵中,结果有部分卵发育成个体,而从发育后期的胚胎细胞中取出的细胞核进行类似实验都以失败告终。由此说明只有胚胎早期(囊胚期)细胞是一些尚未分化的细胞,其核具有发育成完整个体的遗传全能性。

1963 年,我国童第周教授领导的科研组首先以金鱼等为材料,研究鱼类胚胎细胞核移植技术并获得成功。1981 年 Illmensee 和霍庇(Hoppe)进行哺乳动物胚胎细胞核移植研究,用鼠胚胎细胞培育出 3 只发育正常的小鼠,其中一雌一雄进行交配后产下了与供体表型相同的后代,证明克隆后代有正常的繁殖能力。

1997 年英国人威尔穆特宣布用乳腺细胞的细胞核克隆出绵羊多莉,证明了体细胞的全能性,实现了从利用早期胚胎细胞到利用成年体细胞进行哺乳动物克隆的飞跃。2003 年美国科学家用保存了 20 年的白臀野牛组织成功地克隆出已灭绝的白臀野牛,用克隆技术使已灭绝的动物又出现在地球上。

克隆动物技术日臻成熟,用途广泛,将对 21 世纪生命科学、医学及农学等诸多领域产生重大的影响。动物克隆的理论意义和实践意义表现在诸多方面:①遗传性质完全一致的克隆动物将更有利于对动物或人的生长、发育、衰老和健康等机理的研究,如动物模型对于研究疾病机理、试验新药等方面的实验不可缺少;②克隆技术用于动物育种可以极大地加快育种的速度,有利于大量培养品质优良的家畜;③经转基因的哺乳动物克隆将源源不断地为人类提供廉价的药品、保健品及较易被人体接受的移植器官,如人体器官的代用品来自猪,克隆技术使纯种猪培育时间大为缩短;④科学家将很快地从目前的同种克隆技术推进到异种克隆,即借腹怀胎的新领域,如将大象胚胎移入小鼠体内已获成功。这无疑将大大促进对濒临灭绝的哺乳动物的保护工作,中国科学院动物研究所陈大元等从 1998 年开始对大熊猫克隆进行了研究,并证明了大熊猫核供体细胞在兔卵胞质中可去分化而支持早期重构胚发育。另外,全世界一直关注着克隆人的问题。人类社会的基本共识是禁止克隆人实验,人类对克隆自身应持十分谨慎的态度。

4.3.2 基因与基因工程

1. 基因的概念

遗传因子(hereditary factor)的概念最初由孟德尔提出,他的两大遗传规律奠定了遗传学的基础。1909 年,丹麦生物学家约翰森(Johannsen)根据希腊文"给予生命"之义,创造了基因(gene)一词,并用这个术语代替孟德尔的"遗传因子"。不过那时所指的基因只是遗传性状的符号,还没有涉及基因的物质概念。

遗传因子即基因的概念一经提出,便推动人们去寻找,去探索基因在哪里。美国遗传学家摩尔根以果蝇作实验材料,第一次将代表某一特定性状的基因与某一特定的染色体联系起来,创立了遗传的染色体理论。后经大量实验证明,基因主要是存在于染色体上,而且是呈直线排列。

现代的基因理论认为基因是DNA(有时是RNA)分子上具有遗传学效应的核苷酸顺序,是遗传信息传递、表达和性状分化发育的依据。

2. 基因工程的理论和技术基础

基因工程是20世纪70年代发展起来的一门边缘学科,它综合了分子生物学、分子遗传学、细胞学、物理学和化学的许多最新成果。对基因工程的诞生起决定性作用的是现代分子生物学领域理论上的三大发现及技术上的三大发明。

1) 理论上的三大发现

第一,20世纪40年代确定了遗传信息的携带者是DNA而不是蛋白质,从而明确了遗传物质基础问题。科学家在对细菌和病毒这些极其简单的生命形式的研究中发现了遗传物质的蛛丝马迹。肺炎链球菌能引起人的肺炎和小鼠败血症。1928年英国细菌学家格里菲思(Griffith)使用肺炎链球菌的光滑型即S型菌(菌表面有糖蛋白荚膜,毒性强)和粗糙型即R型菌(无荚膜,不引起疾病)做实验,将它们注射入小鼠体内,结果发现:S型菌使小鼠死亡,R型菌不会使小鼠得病;S型菌经加热杀死后也不会使小鼠得病;但是将R型菌与加热杀死的S型菌混合后注射入小鼠体内,小鼠死亡,并在小鼠体内检出活的S型菌。这是为什么?1944年美国细菌学家埃弗里把S型菌DNA、蛋白质和荚膜多糖提取出来,分别与R型菌共同培养,发现只有与DNA共同培养的R型菌才会变为S型菌。外来的DNA进入细菌,引起细菌遗传性状改变称为转化。格里菲思-埃弗里细菌转化实验直接证明了决定遗传性状的物质是DNA。1952年美国科学家赫尔希和蔡斯(Chase)做了噬菌体(细菌病毒)侵染细菌的实验,实验证明在噬菌体生活史中,只有DNA是连接亲代和子代的连续的遗传物质。著名的肺炎链球菌实验和更有说服力的噬菌体实验,其理论意义十分重大,这使人们有可能通过改造DNA,实现对遗传性状的定向改造。

第二,20世纪50年代DNA双螺旋结构和DNA半保留复制机制的发现,解决了基因的自我复制和传递问题。1953年,沃森和克里克根据碱基互补配对规律以及对DNA分子的X射线衍射研究结果,提出了DNA的双螺旋结构模型,即两条通过碱基配对连接的多核苷酸长链以反向平行的方式围绕同一个中心轴相互缠绕,组成双螺旋。该模型对于阐明DNA分子空间结构、DNA的自我复制、DNA结构的稳定性和可变性及DNA分子储存和传递遗传信息都给予了很好的解释,从而奠定了分子遗传学的基础。DNA双螺旋结构的确定被认为是20世纪自然科学最重大的突破。Messelson和Stall证实DNA的复制涉及双螺旋分子两条互补链的分离,然后以每条单链为模板,在DNA聚合酶和游离核苷酸的参与下,按照碱基配对原理,形成新的互补链。由此产生的两个子代DNA分子与亲代分子的碱基顺序完全一样,并且在每个子代分子的双链中都保留着一条亲代的DNA链。这种复制方式称为半保留复制(图4-3)。

第三,20世纪50年代末期和60年代遗传密码的破译与中心法则的确立,解决了遗传信息的流向和表达问题。1961年,尼伦伯格(Nirenberg)等应用合成的mRNA分子破译出了第一批遗传密码,明确了遗传信息是以密码方式传递的,每三个核苷酸组成

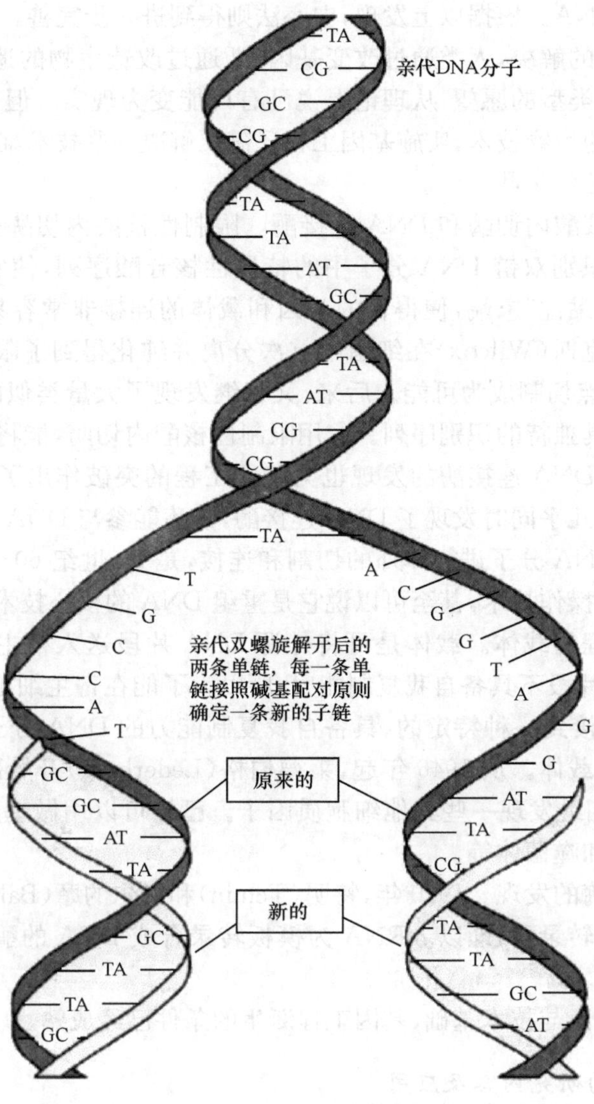

图 4-3　DNA 半保留复制

一个密码子，代表一个氨基酸。1966 年，64 个遗传密码子全部被破译。这是基因研究中一项重大的进展。遗传密码在生物界是通用的，这是基因工程赖以发展的最重要的理论基础之一。而中心法则是遗传信息在细胞内生物大分子之间转移或传递的基本法则。1958 年，克里克在综合分析了有关遗传信息流向的各种资料的基础上，提出描绘 DNA、RNA 和蛋白质三者关系的中心法则。他认为遗传信息的自我复制是从 DNA 到 DNA，遗传信息的传递是从 DNA 到 RNA，DNA 分子携带的遗传信息通过 RNA 最终决定蛋白质分子的结构和功能。后来，人们发现，有些病毒的 RNA 能自我复制。还发现有些 RNA 病毒侵染细胞后能产生反转录酶，反转录酶以 RNA 为模板合成双链 DNA 分子，并整合到寄主细胞的 DNA 中，可随寄主细胞 DNA 的复制而复制，同时转录出更多的病毒 RNA。根据以上发现,中心法则得到进一步完善。

由于以上问题的解决,人类通过改变基因,即通过改造生物的遗传特性,创造具有优良性状的生物新类型的愿望,从理论上说已有可能变为现实。但基因工程是一项内容广泛、综合性强的生物技术,实施基因工程还需要解决一些技术难题。

2) 技术上的三大发明

第一,限制性核酸内切酶和 DNA 连接酶。限制性核酸内切酶是生物工程中最重要的工具酶,它能识别双链 DNA 分子中的特异性核苷酸序列,使它在特定的位点水解,有的还可切出"黏性"末端,使得目的基因和载体的连接非常容易。1970 年史密斯(Smith)和威尔科克斯(Wilcox)在细菌中首次分离并纯化得到了限制性核酸内切酶,使 DNA 分子的定点切割成为可能。后来,又相继发现了大量类似的限制性核酸内切酶,而每种酶又各具独特的识别序列。应用限制性核酸内切酶,能将 DNA 分子切割成一系列所需片段。DNA 连接酶的发现也为基因工程的突破作出了贡献。1967 年,世界上有 5 个实验室几乎同时发现了 DNA 连接酶,该酶能参与 DNA 缺口的修复。利用这两类工具酶对 DNA 分子进行体外的切割和连接,是 20 世纪 60~70 年代发展起来的一项重要的基因操作技术,甚至可以说它是重组 DNA 的核心技术。

第二,基因工程的载体。载体是可将外源 DNA 片段送入宿主细胞的运载工具。因为大多数 DNA 片段不具备自我复制能力,所以为了能在寄主细胞中进行繁殖,就必须将 DNA 片段连接到一种特定的、具备自我复制能力的 DNA 分子上,这种 DNA 分子就是基因工程的载体。从 1946 年起,莱德伯格(Lederberg)开始研究细菌的性因子(F 因子),此外还相继发现一些其他细胞质因子。已知可以用做基因工程运载工具的载体有质粒、病毒和噬菌体等。

第三,反转录酶的发现。1970 年,特明(Temin)和巴尔的摩(Baltimore)在 RNA 肿瘤病毒中发现了反转录酶,即以 mRNA 为模板转录合成 DNA 的酶,使真核基因制备成为可能。

基于以上的理论与技术基础,基因工程诞生的条件已经成熟。

3. 基因工程的研究内容及应用

基因工程是指将不同生物的外源 DNA(基因)插入病毒、质粒或其他载体分子上,形成重组 DNA 分子,导入受体细胞中扩增和表达的一系列操作过程。该过程类似一个连续的、复杂的工程,故称为基因工程。基因工程的发展标志着人类已经进入设计和创造新基因、新蛋白质和生物新性状的时代。

基因工程的操作过程(图 4-4)如下:

(1) DNA 的制备,从生物体中分离或人工合成所需要的 DNA 片段。

(2) 在体外对 DNA 进行切割,再将不同来源的 DNA 分子重新连接起来,构建重组 DNA 分子。

(3) 将重组 DNA 分子通过一定的方法转移到适当的受体细胞,进行扩增和表达。

(4) 从受体细胞克隆群中将所需要的目的 DNA 克隆挑选出来。

(5) 对筛选出来的重组体进行鉴定。

(6) 使目的基因表达,产生人类所需要的物质。

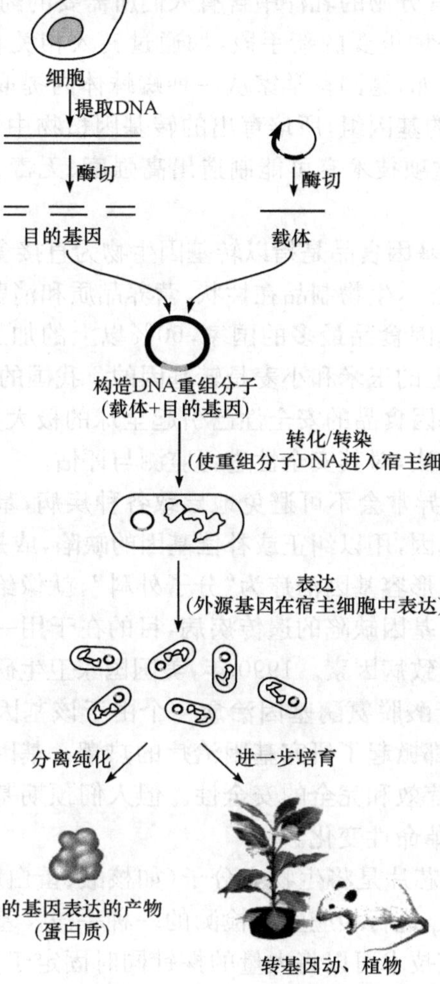

图 4-4 基因工程的操作过程

基因工程技术除在分子生物学的研究中起着核心作用外,在医学、工业、农业和环境保护等各个领域都得到了广泛的应用。

(1) 基因工程制药。基因工程制药是指利用微生物、动物、植物作为“生物工厂”,生产一些蛋白质和多肽类药物及疫苗。目前,利用微生物作为“生物工厂”生产药物蛋白是基因工程最成功的应用。可以利用微生物的快速繁殖,生产很难从自然界中得到的药物蛋白。例如,2000 L 细菌培养液就能提取出 100 g 胰岛素,这种产量相当于从 1 t猪胰脏中提取的产量,而前者比后者便宜 50%。

(2) 转基因生物。受体细胞接受外源 DNA,并获得新的遗传特性,由此培育成的生物称为转基因生物。动物基因工程的应用一方面是从育种角度出发,用于改造畜、禽的品质；另一方面是作为动物的生物“反应器”，用于生产人们所需要的活性物质，如动物生长激素和抗体等。例如，将转基因动物技术用于牛、羊等大型哺乳动物，将它们的乳腺作为生物反应器，使其分泌的乳汁中含有人们所需要的药物，如干扰素等。基因工程也为植物育种提供了一种重要的新手段，如通过转入相关基因使植物具有抗虫、抗病、抗盐、抗旱等特性。又如，德国科学家从一种蜘蛛体内提取出控制产生丝蛋白的基因，并将它植入各种植物的基因组，所培育出的转基因植物中，其植株内产生的蛋白质丝蛋白含量超过了2%，这项技术有可能制造出高强度、无毒、可生物降解的新型生物纺织品。

(3) 转基因食品。转基因食品是指以转基因生物为直接食品或为原料加工生产的食品。通过遗传性质的改造，生物制品在性状、营养品质和消费品质等方面向人类需要的目标转变。美国是转基因食品最多的国家，60%以上的加工食品含有转基因成分，90%以上的大豆、50%以上的玉米和小麦是转基因的。我国的转基因食品比较少，有西红柿和甜椒等几种。转基因食品的安全性已引起全球的极大关注，世界上许多国家都制定了相关管理法规和办法，对其安全性进行监测与评估。

(4) 基因治疗。基因异常会不可避免地导致各种疾病，基因治疗是指向受体细胞中引入具有正常功能的基因，用以纠正或补偿基因的缺陷，或是引入基因以杀死体内的病原体或恶性细胞。有人形容基因治疗为“分子外科”，就像给基因做一个手术。基因治疗的提出最初是针对单基因缺陷的遗传疾病，目的在于用一个正常的基因代替缺陷基因或者补救缺陷基因的致病因素。1990年，美国国家卫生研究院的布拉泽(Blase)和安德森(Anderson)用腺苷酸脱氨酶基因治愈一个由于该基因缺陷导致严重免疫缺损的4岁女孩，使世界各国都掀起了研究基因治疗的热潮。基因治疗目前仍处于初期临床试验阶段，尚无稳定的疗效和完全的安全性。但人们预期基因治疗这一新技术的出现将推动21世纪医学的革命性变化。

(5) 基因芯片。生物芯片是将生物大分子(如核酸、蛋白质等)或细胞等探针以阵列方式固定在小片载体上，进行相应生物检测的一种手段。基因芯片是目前生物芯片中最重要的一类。由于该技术可以将大量的探针同时固定于支持物上，所以一次可以对大量的生物分子进行检测分析。它用于分析基因组及发现新基因具有很大的优势，在医学、化学、司法鉴定、农业技术和食品技术领域也有广泛的应用。基因芯片技术被评为1998年度世界十大科技进展之一。

(6) 基因工程在环境保护中的应用。利用基因工程可培育同时能分解多种有毒物质的遗传工程菌。例如，美国GE公司构造成功具有巨大烃类分解能力的工程菌，用于清除石油污染。这类新型遗传工程菌在防治污染、保护环境方面有很大潜力。利用基因工程生产生物农药以代替毒性大、对环境污染严重的化学农药是未来农药发展的方向。我国研制的兼具苏云金杆菌和昆虫杆状病毒优点的新型基因工程病毒杀虫剂，以及重组有蝎毒基因的棉铃虫病毒杀虫剂，都具有高效、无公害等特点，是生物农药领域中的创新成果。

总之，基因工程是一门开创性的学科，有着惊人的发展潜力和应用前景，它的发展给人类带来了巨大的社会效益和经济效益，同时也给人类社会带来许多意想不到的冲击和始料未及的后果，它正开始渗入人类生活的多个方面。

4. 人类基因组计划

基因组是生物体内遗传信息的集合，是某个特定物种细胞内部全部 DNA 分子的总和，并因此形成了一门新的学科分支——基因组学。从总体的角度解析生物体整个基因组的全部遗传信息，可以帮助我们从一个全新的角度探讨生物的结构与功能等方面的重要问题。

人类基因组主要是指核基因组，它包括 24 条染色体（22＋X＋Y）上的全部基因。从整体上看，人类个体的基因是相同的，人类只有一个基因组。但由于不同的人可能拥有不同的等位基因，因此决定了人与人之间个体上的差异。

1988 年，美国国家卫生研究院和能源部发起和实施了一项迄今为止在生命科学领域最宏大的研究计划——人类基因组计划（HGP），这是一项了解人类自身奥秘的计划，旨在发现所有人类基因并阐明其在染色体上的位置，从而在整体破译人类遗传信息。该计划的主要内容是完成人体 23 对染色体的全部基因的遗传谱图和物理谱图，完成 24 条染色体上 30 亿个碱基的序列测定。美国政府曾预计用 15 年时间，投入 30 亿美元完成 HGP。后来 HGP 成为一项以美国为主，包括英国、法国、日本、德国和中国参与的国际合作计划。HGP 于 2000 年 6 月完成了人类基因组序列的"工作框架图"，2002 年 2 月又公布了"精细图"，人类基因组测序范围从 90％提高到 99％，以碱基对为基础的误差率从 1/1000 降到了 1/10000。人类基因的数目为 3.4 万～3.5 万个，远少于原先估计的 10 万个基因的数目。目前最新的研究成果又显示，人类基因数目不多于 2.5 万个。

人类基因组计划的重要作用首先体现在医学领域，它将显著提高人类的生存能力和生命及生活质量。人类基因组序列图的完成为人类了解自身提供了一个非常重要的平台，它将帮助我们从分子水平了解人体系统各层次的基因表达模式，并解释其生理属性，深入阐明人体细胞生长、发育、分化、衰老和疾病发生的机制。人类基因组计划所破译的大量基因信息将成为医学、医药等方面技术创新的源泉，其研究成果产业化带来的商业利润是无法估量的。人类基因组计划的完成还为其他重要生物包括农作物基因组研究提供了借鉴，将促进农业生物技术、海洋生物技术、能源和环境生物技术等领域的发展。

人类基因组测序的完成并不能代表人类基因组计划大功告成，围绕已有的海量基因组序列信息，全面破解基因在生命活动中的内在作用和运动规律，在基因组水平上阐明 DNA 序列的功能，系统地认识各基因及蛋白质的功能和相互关联等是后基因组时代研究的主要内容，科学家仍然面临着艰巨的任务和严峻的挑战。

5. 生物技术的安全性和社会伦理问题

生命科学与人类社会的联系比其他任何自然科学都更加紧密。生物技术的发展为人类带来了巨大的利益，同时也带来了某些潜在的威胁和社会伦理问题。

转基因技术的安全性问题：DNA 是生命的蓝图，基因一旦被改动，一方面可能引起生物体内一系列未知的结构与功能的变化；另一方面，它会通过遗传的传递，产生无数拷贝并代代相传。人们普遍关心外源基因引入生物体特别是引入人体后，是否会影响其他重要的调节基因，甚至会激活原癌基因？转基因技术的广泛应用是否会导致难以消灭的新病原物的出现？是否会造成生态灾难？人类食用大量转基因食品是否会影响人类及其后代的健康？这些问题目前还难以用确切的实验证据来作出明确的回答，某些影响和作用还需要经受时间的检验才能得出最终的结论。

克隆技术的社会伦理问题：克隆技术一旦用于人类自身，人类新成员就可以被人为地创造，成为实验室高科技产物。他们不是来自合乎法律与道德标准的家庭，人伦关系乱了套，人们很难想象和接受这种对人类社会基本组织——家庭的巨大冲击。因此，在克隆羊诞生不到两个月的时间内，美国、英国和中国等许多国家政府都明确宣布不支持任何将克隆技术应用于人类的研究。尽管如此，人类是否应该克隆自己的争论并未停息。另外，也有科学家提出，应支持器官克隆和干细胞培养和分化器官，用于医学和临床治疗。在 2005 年联合国大会上，中国政府代表明确表示，应该支持用于医学和维护人类健康的克隆研究实验。

个人基因信息的隐私权问题：人类基因组计划的完成，一方面使我们能够鉴定或预测越来越多的与疾病相关的基因并设法治疗这些遗传疾病；但另一方面，个人的基因信息资料由谁来负责保管、保护和保密，有基因缺陷或差异的人在社会活动中是否能得到真正平等和公正的对待等问题受到人们的广泛关注。提出这些问题是因为个人基因信息的泄露可能会得到不正确的解释和利用，进而影响一个人的升学、就业、婚姻、人寿保险费用与医疗保险费用及其他待遇等一系列的问题。

基因治疗的应用范围问题：从社会伦理和人类自身安全考虑，基因治疗仍然需要限制或规范在一定的应用范围中。到目前为止，所实施的所有基因治疗病例都是以病人的体细胞为转基因的受体或靶细胞，这种体细胞基因治疗只影响一个个体。同时，这种基因操作得到了患者的同意或批准。如果把基因治疗引入胚细胞或生殖细胞，将会影响到后代基因结构的改变，在“未来人”不知情也没有同意的情况下实施基因治疗涉及伦理道德问题。基因治疗面临的另一个问题是它还可用于增强人的体能。例如，人的体能特征的基因若被确定和被克隆以后，可以通过基因治疗的操作来增加运动员的身高或短跑速度。虽然目前人们还不能接受将基因治疗技术扩展到用于增加人的体能方面，但不同的意见和观点仍在继续交锋。

生物技术引发的其他问题：随着生物科技的发展，有关人体实验、安乐死、器官移植、辅助生殖、借腹生子、生育控制、性别选择和遗传优生等道德或伦理难题不断出现在人们面前。尊重生命是生命伦理学的根本宗旨，生命伦理学家还提出了自主、有利、不伤害和公正四原则来应对这类伦理难题。但在处理许多由生物技术引发的实际问题时，以上的主旨和原则有时仍然显得无能为力。

4.3.3 人类遗传与优生

人类遗传学(human genetics)是探讨人类遗传和变异规律的学科。它所研究的问题包括:①人类的遗传和变异遵循什么规律;②人类常见遗传病的症状和致病机理如何;③怎样控制和治疗各种人类遗传病。

1. 人类遗传的基本规律

19世纪,孟德尔进行豌豆杂交试验,提出了等位基因分离定律和非等位基因自由组合定律,这两条定律和摩尔根通过果蝇杂交试验提出的连锁与互换定律一起,成为经典的遗传学三大定律,奠定了遗传学的基础。人类遗传特征遵循孟德尔的遗传方式。

孟德尔定律的要素可归纳为以下几点:

(1) 生物体的遗传特征(性状)是由基因决定的,每一对相对性状都分别由一对等位基因控制。

(2) 每个配子只含有每对等位基因中的一个基因。每对等位基因中,一个来自父本的配子(精子),一个来自母本的配子(卵子)。在形成受精卵时,精卵的结合是随机的。

(3) 成对的基因在杂合状态互不混淆,保持其独立性。在形成配子时,成对的基因相互分离,不同对基因则自由组合。

(4) 成对的基因有显性和隐性之分,显性基因对隐性基因具有功能掩盖效应,所以隐性基因在杂合体中不能表现,而只能在纯合体状态才能表现出来。

人体细胞含有23对染色体,其中22对是常染色体,男女都一样;1对性染色体,男女不相同。人类的性别属于XY性染色体系统。具有XY性染色体的是男性,具有XX性染色体的是女性。卵子的性染色体都是X,而精子中有一半的性染色体是Y,另一半的性染色体是X。当卵子与带X染色体的精子结合为受精卵时,发育出卵巢,为女性;当卵子与带Y染色体的精子结合为受精卵时,发育出睾丸,为男性(图4-5)。由性染色体上的基因决定的性状在遗传时与性别相联系,称为伴性遗传。

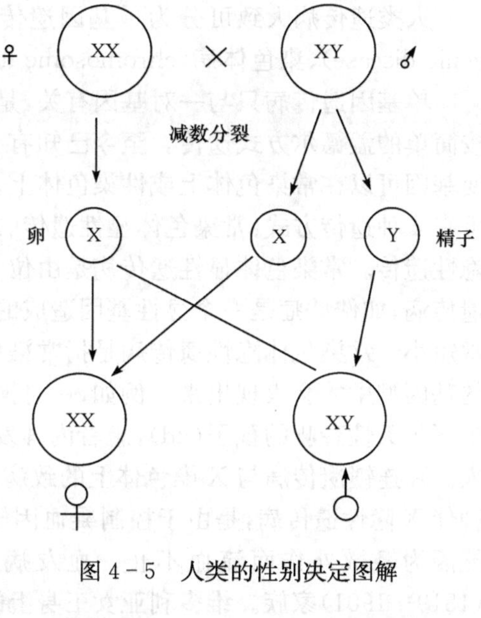

图4-5 人类的性别决定图解

2. 人类遗传病的特征和类型

遗传病(genetic disease)是由于遗传物质发生改变而引起的疾病。大多数遗传病是先天性疾病,即由于胎儿染色体结构或数目异常或基因突变,导致婴儿出生时就表现出的症状，如血友病、白化病等。但先天性疾病不一定都是遗传病，如先天性心脏病中的一部分是由于母亲妊娠时感染病毒引起的，患儿将来并不把这种病传给后代。不少遗传病在出生时没有症状，要到一定年龄才发病，如痛风发生于30～50岁；遗传性小脑运动性失调一般在35岁左右才发病。遗传病还常表现为家族性疾病，在亲代和子代中都有患者，或是正常父母所生子女中出现一个或一个以上的同类疾病的患者，这是由于从共同祖先继承了相同的致病基因。但家族性疾病不一定是遗传病，如维生素A缺乏引起的夜盲症常有家族性，但这是家族共同的饮食习惯导致的，不属于遗传病。

遗传病对人类健康的威胁已日益凸显，1996年全世界统计公布的人类遗传病种类已多达7746种。许多严重危害人类健康的常见疾病现已被证实与遗传因素密切相关。例如，糖尿病、冠心病、高血压、精神分裂症、癌症等往往被确诊与其家族遗传直接有关。现代医学还发现一些传染性疾病在某些群体中所表现出的易感性是受其遗传背景影响的，这些易感家族中存在家族性遗传的免疫系统缺陷，故容易受到某种病原菌特异侵染而发病。人类遗传学研究表明，每个人或多或少携带有有害基因，而且会将之传递给后代，这种现象称为人类的遗传负荷。此外，环境污染会增加基因突变率，还将引起人群中遗传负荷的增加。如何改善遗传素质，减小群体中有害基因的频率，提高人口质量，是全人类共同关心的课题。

人类遗传病大致可分为单基因遗传病(monogenic disease)、多基因遗传病(polygenic disease)、染色体病(chromosome disease)三大类。

单基因遗传病只与一对基因有关，是由一对基因的突变或缺陷引起的遗传病，它们按简单的孟德尔方式遗传。至今已知有6000多种遗传病是由单基因突变引起的。突变基因可以在常染色体上或性染色体上。依据致病基因所在的染色体和显、隐性关系，可有4种遗传方式：常染色体显性遗传、常染色体隐性遗传、X连锁显性遗传和X连锁隐性遗传。常染色体显性遗传病是由位于常染色体上控制该性状的显性基因所决定的遗传病，如侏儒症是一个显性基因造成的严重遗传病，患者软骨成骨不全，胳膊和腿异常短小。常染色体隐性遗传病是指常染色体上的隐性基因所决定的性状，只有在纯合的基因型中才会表现出来。例如，一对携带有聋哑基因(d)而表型正常的夫妻(Dd)，可生下先天性聋哑的孩子(dd)，患者内耳发育不全，听不到声音，不能学说话而成为聋哑人。X连锁遗传病与X染色体上的致病基因(显性或隐性)相关联。例如，血友病是一种伴X隐性遗传病，是由于控制凝血因子的基因突变破坏人体的凝血功能，使患者可能因为轻微外伤而流血不止。血友病家族一个著名的例子是英国维多利亚女王(1819—1901)家族。维多利亚女王身上的血友病缺陷基因通过皇族通婚，传递到普鲁士皇室、西班牙王室和俄罗斯王室。

多基因遗传病是指由许多对基因共同控制的遗传病。在多基因遗传病中，致病的若干对基因各有一份微小的累加效应，这种微效基因越多，性状表现的强度就越大。这些微效基因对环境的影响敏感，也就是说这类遗传病发病与否，不但取决于遗传，也在很大程度上受环境影响。相当一部分常见病或多发病，如糖尿病、高血压、精神分裂症和支气管哮喘等，都属多基因遗传病。多基因遗传病是人类中最常见的遗传病。因为有环境因素的影响,包括饮食、妊娠、创伤和情绪等,致使遗传的影响程度不一,被称为“遗传易感性”。多基因遗传的致病基因在家系中的传递特征中虽不及单基因遗传那么明显,但也有其家族特点,即具有家族聚集的倾向。

染色体病是由于染色体畸变,包括染色体数目或结构异常而导致的遗传性疾病。迄今已知的染色体病有300余种。睾丸发育不全综合征(47,XXY)、性腺发育不全(45,XO)是最常见的性染色体数目异常遗传病。先天愚型(21,三体)是最常见的常染色体数目异常的遗传病。还有染色体结构异常的遗传病如猫叫综合征等。猫叫综合征是第5号染色体短臂缺失导致的染色体病,患儿智力发育迟缓,头小,哭声像小猫咪咪叫,往往早夭。

3. 人类的优生

优生学是一门研究如何改善人类遗传素质的学科。“优生”是英国科学家高尔顿(Galton)于1883年首先提出的,其原意是“健康的遗传”,是指出生的孩子从父母那里获得了健康的遗传素质,从而在体力和智力等方面是优良的。

从根本上讲,人口素质关系到国家和民族的盛衰。人口素质可概括为两方面:一是先天素质,二是后天素质。前者是生的问题,是基础;后者是养和教的问题,是条件。因此从某种意义上讲,人口的出生质量对人口素质起决定性作用。早期的优生运动主要是采取一些社会性措施,如禁止患有某些严重遗传性疾病的人结婚,或强制性绝育、流产等。20世纪90年代形成了以“遗传咨询、产前诊断和选择性流产”相结合的优生措施。

优生的措施主要有以下几条:

(1) 开展婚前检查。婚前的保健检查,包括对男女当事人身体重要脏器、生殖器官及神经系统的功能等情况进行检查。对患有某些疾病不宜结婚或禁止生育的被检者,应当在婚前检查时告诉他们,以利优生。

(2) 避免近亲结婚。婚前调查了解男女双方是否属于近亲。

(3) 提倡适龄生育。25～34岁是妇女最适合的生育年龄,20岁以下或40岁以上母亲生育的孩子先天性畸形发生率明显增高。

(4) 妊娠早期避免接触致畸剂,以预防先天畸形患儿的产生。

(5) 进行遗传咨询和产前诊断。遗传咨询是遗传病患者或其家属向医生提出有关遗传病的病因、遗传方式、诊断、治疗、预后及预防等问题,医生对此进行说明、解答,并对婚姻和生育计划提出建议和指导。婚前调查了解男女当事人、父母、包括三代直系亲属的病史及发病情况。对严重的遗传病患者应该进行绝育;对隐性遗传病携带者应指导其婚姻和生育计划;对有生殖器官畸形者应给予及时的治疗。根据遗传病的严重程度和发病率的高低,对孕妇进行必要的产前检查,诊断胎儿是否患有某种遗传病,以决定是否继续妊娠,这是降低遗传病发病率的有效手段。

展望人类的未来,随着生命科学的发展,人类将会在自然史上实现有意识地控制自身的发展,使我们的子孙后代更加聪明健康。

4.3.4 致病微生物与人体免疫

1. 致病微生物

致病微生物等病原体对人体的感染是最主要和最常见的致病因素。感染性病原体的种类很多，最主要的病原体有细菌、病毒、真菌、支原体和原生生物等(表 4-1)。

表 4-1 感染性病原体的种类

病原体	疾病
细菌	肺炎、结核、痢疾、鼠疫、炭疽、梅毒、破伤风、霍乱、百日咳、龋齿等
病毒	艾滋病、流感、狂犬病、麻疹、天花、肝炎、脊髓灰质炎、腮腺炎等
真菌	皮肤、指甲感染等
原生生物	疟疾、嗜睡病、变形虫、阿米巴痢疾等

1) 细菌

细菌(bacterium)是一类个体微小(仅为若干微米)、结构简单的原核单细胞生物(图 4-6)。依据其外形分为球菌、杆菌和螺旋菌三大类。细菌细胞的基本结构包括细胞壁、细胞膜、细胞质和拟核等几部分。有些细菌还有荚膜、鞭毛、菌毛和芽孢等特殊结构。

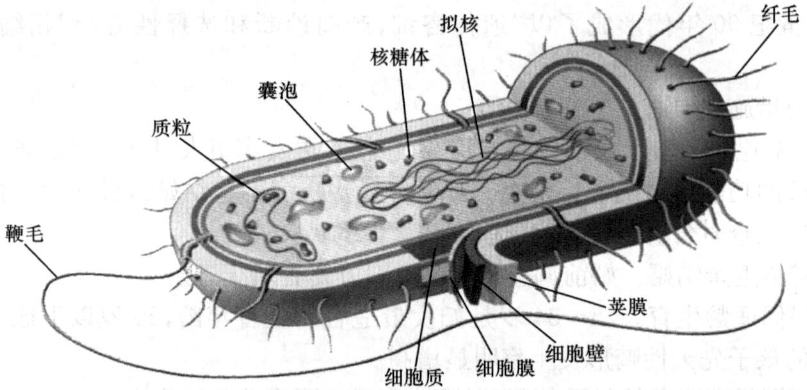

图 4-6 细菌结构模式图

为了维持生长和繁殖，细菌必须不断从环境中摄取碳、氮、矿物质元素和水等物质并获得能量。绝大多数细菌是化能异养型，它们通过消耗有机物来获取能量和碳源。除此之外，还有可以利用光能以 CO_2 为碳源合成有机质并获得能量的光能自养型细菌；主要以 CO_2 为碳源，从氧化 H_2S、NH_3、Fe^{2+}、H_2 等简单无机物中获得能量的化能自养型细菌；吸收光能并以有机物为碳源的光能异养型细菌。

细菌以典型的二分裂法繁殖，一个单细胞先经 DNA 复制，然后分裂成两个完全相同的子细胞。繁殖迅速是细菌的重要特点。

细菌在自然界分布广泛。在正常情况下，人体体表和内腔存在一些无害甚至有益的菌群。通过感染引起机体生理功能失常的细菌称为致病菌，其致病作用主要取决于它们的侵袭力和细菌毒素的毒性。

2）病毒

病毒是一类个体十分微小、结构简单、仅由蛋白质包裹单一核酸的“寄生性化学颗粒”。它们没有细胞结构，不能独立繁殖后代，但能在宿主细胞内以复制的方式增殖。不同病毒的大小和外形差别很大，大小可从 17 nm 至 1000 nm 不等。其基本形态为杆状（多为植物病毒）、球状（多为动物病毒）和蝌蚪状（微生物病毒，称为噬菌体）等。病毒颗粒的基本结构都是由蛋白质衣壳包裹着核酸组成核衣壳。已知的病毒都只含一种核酸，DNA 或 RNA。有些结构复杂的病毒有脂质的包膜，包膜大多来自宿主细胞膜的脂双层。

病毒在细胞外，是无生命的大分子颗粒，不能生长和分裂，一旦进入特定的活细胞，便借助宿主细胞的生物合成体系，复制病毒的核酸和蛋白质，最后装配成结构完整、具有侵染力的、成熟的病毒粒子（图 4－7）。

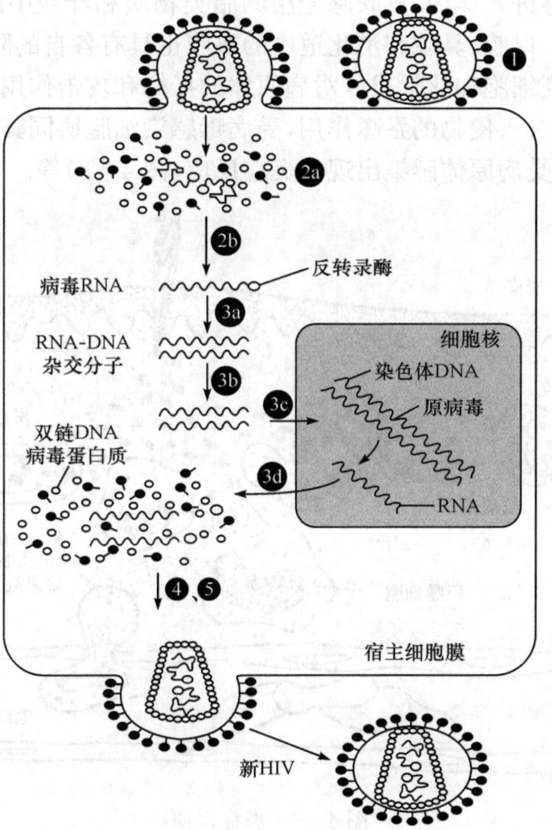

图 4－7　艾滋病毒侵染宿主细胞

病毒的种类很多，通常病毒对宿主有高度专一性，各种生物都可被不同的病毒侵染。针对病毒性感染，目前尚缺少有效的药物和疫苗，因而难以防治且常具毁灭性。

2. 人体免疫

1）免疫与淋巴系统

在长期的进化过程中，哺乳动物特别是人体对病原性微生物的侵害形成了特殊的防御机制，这种抵制疾病的机制称为免疫(immunity)。

淋巴系统(lymphatic system)是人体对抗各种致病因素引起机体损伤的防御系统。淋巴系统由淋巴管、淋巴结和其他淋巴器官、淋巴液组成。淋巴液中有大量的淋巴细胞，整个淋巴系统是各种免疫细胞协同作用的网状系统。人体的非特异性免疫和特异性免疫功能都来自淋巴系统，淋巴系统可以启动双重防线。

2）非特异性免疫

这种免疫对多种病原体都有一定程度的防御作用，不具有选择性，称为非特异性免疫。

皮肤、黏膜及其分泌物等的防御功能构成了人体的第一道防线。人体的皮肤能阻止大多数细菌和病毒进入体内，皮肤腺分泌的脂类物质和汗液中的酸性物质也能抑制多种微生物的生长。口腔、鼻腔和消化道中的黏膜也具有各自的防御机制。

人体内一些免疫细胞和化学成分对病原体的抵御和攻击作用构成人体的第二道防线。例如，巨噬细胞对入侵物的吞噬作用，受病毒感染细胞协同其他细胞产生干扰素一类抗病毒蛋白，机体受病原体感染出现的炎症反应(图 4－8)等。

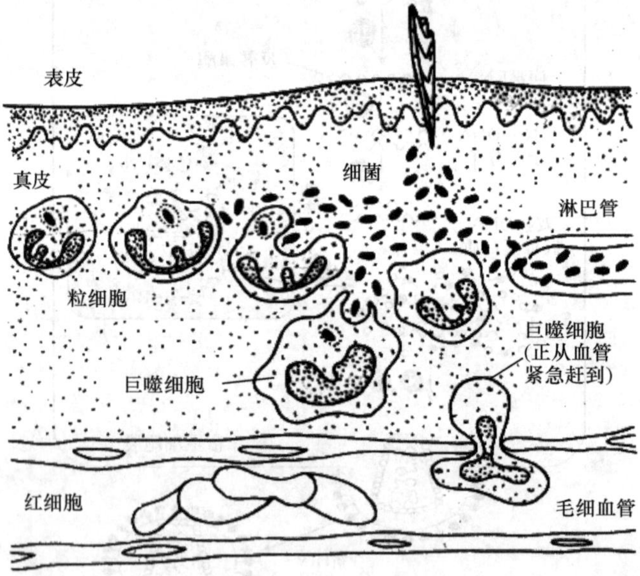

图 4－8　炎症反应

3）特异性免疫

参与免疫的淋巴细胞对病原体的反应具有明显的专一性，称为特异性免疫，是人体的第三道防线。抗原(antigen)是能引起人或动物体内特异性免疫反应的特殊外来物质,抗原大多数是相对分子质量在 10 000 以上的蛋白质分子,也包括一些复杂的多糖分子。人体免疫系统对抗原性病原体的识别是启动免疫反应最重要的步骤。主要组织相容性复合体(major histocompatibility complex, MHC)是存在于脊椎动物细胞表面的自我识别标志。MHC 分子的一个重要功能就是选择性结合抗原分子,并把它呈递给 T 细胞,立即启动一系列的免疫应答反应。

特异性免疫反应分为两大类。一类是由 T 细胞介导的免疫,称为细胞免疫(cellular immunity),即 T 细胞受抗原刺激后活化、分化、增殖并转化为各种致敏 T 淋巴细胞,消灭被病原体感染的靶细胞。另一类是由 B 细胞分泌的抗体参与的免疫,称为体液免疫(humoral immunity),即细胞在异种抗原刺激下活化、增殖,并分化为浆细胞,产生和分泌抗体,抗体存在于血液、淋巴液等体液中,与抗原起反应。

4) 免疫学的实际应用

第一,免疫接种和免疫治疗。给人体接种经过减毒或灭活的抗原(疫苗),人体内会产生针对抗原的抗体。免疫接种用于预防传染病,称为主动免疫。另外,有很多疾病可用注射抗体的方法来治疗,称为被动免疫,如被狗咬伤应及时注射抗狂犬病毒抗血清。

第二,单克隆抗体技术。其基本原理是将能产生某种抗体的 B 淋巴细胞和能无限繁殖的骨髓瘤细胞融合,获得的杂交瘤细胞既能繁殖,也能分泌特殊的抗体。

第三,器官移植和免疫排斥。免疫排斥指受体免疫系统进攻"外来的"移植器官,如何避免免疫排斥是器官移植取得成功的重要环节。

第四,免疫诊断和免疫分析技术。抗原和抗体间的结合具有很强的特异性,这种特异性常用于疾病论断。抗原-抗体特异性结合也广泛用于分子生物学研究,构成生物大分子分离纯化技术的重要内容。

4.3.5 生物多样性与保护

20 世纪 80 年代以来,随着全球性生物多样性丧失速度的加快和遭受威胁的程度日益严重,生物多样性保护和持续利用成为国际社会普遍关注的问题及全球环境保护的热点。

1. 什么是生物多样性

生物多样性(biodiversity)是指生命有机体的种类和变异性及其与环境形成的生态复合体以及与此相关的各种生态过程的总和,包括动物、植物、微生物和它们所拥有的基因以及它们与其生存环境形成的复杂的生态系统和自然景观。生活在地球上的生命形式可以从三个不同层次加以研究,即遗传变异、物种数量和生态系统类型。因此,生物多样性通常认为有三个层次,即遗传多样性(genetic diversity)、物种多样性(species diversity)和生态系统多样性(ecosystem diversity)。遗传多样性是指生物种内不同群体之间或同一群体内不同个体之间的遗传变异的总和。物种多样性是生物多样性研究的核心内容,指地球上动物、植物和微生物等生物种类的丰富程度。生态系统多样性主要是指生态系统类型的多样性和各种生态过程的多样性。生物多样性的三个层次相互依存，密不可分。其中，遗传多样性是物种多样性的基础，物种多样性形成不同类型的生态系统，生态系统多样性则是物种多样性和遗传多样性的保障。

2. 生物多样性的价值

生物多样性是人类赖以生存的自然资源，是社会持续发展的前提。随着人类对生物多样性认识的发展，生物多样性的价值逐渐引起人们的关注。

生物多样性的直接价值包括为人类提供基本的食物、药物、工业原料和新型能源等。目前人类所需的粮食来自各种农作物，所需的蛋白质由各种家禽、家畜、鱼类和各种海产品提供，各种蔬菜、水果和菌类也是人类日常生活所必需的。无论是作物还是饲养动物等品种的改良，都需要与抗性强的野生种或野生亲缘种杂交筛选。药物大部分来自植物、动物、微生物或它们的代谢产物，至今科学家还在不断地从生物中筛选药物的有效成分，仍有庞大数量的物种的潜在医疗价值尚属未知。生物多样性还为人类提供各种工业原料，如木材、纤维、橡胶、造纸原料、天然淀粉和油脂等。随着世界能源危机的加剧，人们对生物能源的研究和开发利用日益重视。生物能源包括能源植物、动物油以及利用微生物开发的能源(如沼气发酵、乙醇发酵)等。

生物多样性的间接价值与生态系统的功能有关，也可看做环境资源的价值。间接价值包括非消费性使用价值、选择价值、存在价值和科学价值四种。

(1) 非消费性使用价值。非消费性使用价值是由生态系统的功能与生态效益所决定的，可归纳为以下几点：一是能量固定。一切生物包括人类赖以生存的能量来自植物光合作用固定的太阳能。二是调节气候，稳定水文，保护土壤。植被对气候调节作用包括影响温度、水分和气流等，同时可减少雨水对土壤的直接冲刷，保护土壤，减少侵蚀。三是促进元素循环，维持进化过程。生态系统的所有生物体内都储存着各种营养元素，通过生命活动促使生物与非生物环境之间的元素交换，保持生态平衡。四是通过传粉等活动实现基因交流，这对于维持生物的进化过程具有重要意义。五是对污染物质的吸收和降解。某些生物由于自身的遗传特性对污染物质有抗性，它们能够吸收和降解污染物。还有些生物对污染物敏感，因而对环境污染具有指示意义。总之，自然界丰富多样的物种及其生态系统的存在，有利于地球生命保障系统结构的稳定及功能的保持，是人类赖以生存和社会可持续发展的物质基础。

(2) 选择价值。生物资源中蕴藏着潜在应用价值的基因，可以为人类寻找药物，引种和驯化野生动植物，培育农作物、家禽、家畜的新品种提供更多可供选择的机会。

(3) 存在价值。一些物种的存在能为所在地区的人民带来某种荣誉感和心理上的满足。不同的国家常选择不同的动物和植物作为自己国家的象征，如国鸟和国花。

(4) 科学价值。大多数生物种在科学上都有重要的研究价值。一些物种在生物演化中占有十分重要的地位，如古老的银杏。

3. 生物多样性的危机及其根源

生物多样性的危机首先表现在大量物种遭受灭绝的威胁。例如，全球 9000 种鸟类中,有1000种(约11%)不同程度地受到灭绝的威胁。即使目前暂时还未受到灭绝威胁的物种,许多也因为分布范围缩小,种群数量及遗传多样性下降。一些分布范围狭窄的物种,一旦其栖息地被破坏或受到过度开发,极易受到威胁。一些种群数量低的物种对疾病、气候变化、栖息地改变和杂交等影响其生存的因素的抵抗力很低。因此,分布范围不断缩小或种群数量不断下降,可能使一些物种遭受种群崩溃并最终将难逃灭绝的厄运。其次,不仅野生生物的物种和遗传多样性下降,家养动物和栽培作物的多样性也在下降。随着家养动物和栽培作物品种的迅速减少,其遗传多样性下降,从而导致它们适应气候变化和抵抗疾病的能力大大降低。最后,生物多样性的危机也表现在生态系统的大量退化和瓦解。例如,热带雨林的毁坏正在加剧,湿地正在消失或减少,珊瑚的死亡和珊瑚礁的消失在加速等。

导致生物多样性危机的原因可以归纳为以下五个方面:

(1) 栖息地的丧失和片段化。全球各类生态系统遭到严重破坏,致使很多生物失去家园。大部分国家的森林均成片段化,被退化的土地围绕,损害了森林维持野生生物种群生存和维持主要生态过程的能力。

(2) 掠夺式地过度利用。过度采伐、滥捕乱猎是造成物种受到威胁的原因。例如,我国很多野生药用植物、珍贵的食用菌、药用菌,由于长期滥采乱挖,其分布和种群数量已大大减少。

(3) 环境污染。废水、废气和废渣等各种人类生产和生活产生的废物排入生态系统,引起水体、大气和土壤污染。污染物沿着食物链转移,毒害各种生物,使敏感物种种群数量减少或消失。

(4) 农业和林业品种单一化。农业上往往种植单一的高产品种,以达到高的经济效益。但随着作物种类的减少,与之相应的固氮细菌、菌根菌、捕食生物、传粉和种子传播生物以及其他一些在传统农业系统中共进化的物种就消失了。

(5) 外来物种的引入。某些地区由于人类盲目引入外来物种,特别是动物,导致大量当地动植物灭绝。外来物种的引入还会导致生态环境的破坏,致使生态系统发生变化。

4. 生物多样性保护

1992年,联合国环境与发展大会在巴西里约热内卢召开,100多位国家元首和代表与会,会后签署了《生物多样性公约》。《生物多样性公约》认为生物多样性对进化和保持生物圈的生命保障系统十分重要;各国有责任保护它自己的生物多样性,并以可持续的方式利用自己的生物资源;要预测、预防和从根本上消除导致生物多样性严重减少或丧失的原因;加强国际、区域和全球性合作,为现代和后代的利益,保护和持续利用生物多样性。中国最早签署了《生物多样性公约》,最快制定出《中国生物多样性保护行动计划》,已经在占国土面积8%左右的土地上建立了总面积约8000万公顷的森林生态系统和野生动植物各种类型的自然保护区,从而使我国生物多样性显著集中的地区获得了有效保护。

目前,生物多样性保护主要采取三个方面的措施。一是政策调整。政府的政策对生物多样性的保护有着重要的作用。一些政策,如土地或森林管理,直接影响生物多样性;另一些政策,如区域发展规划、人口政策和能源政策等则会间接影响生物多样性。例如,为了保护野生生物应有的栖息环境,在进行修路、架桥等基本建设时必须对环境造成的影响进行评估,以保证建设项目竣工后,对环境的破坏最小,如在修建青藏铁路时在藏羚羊栖息地预留了供其穿越的孔道。二是就地保护。就地保护是在野生动植物的原产地对物种实施有效保护,即将有价值的自然生态系统和珍稀濒危野生动植物集中分布的天然栖息地保护起来,其保护方式是建立自然保护区(natural protected areas)。自然保护区是指经立法划定地理界限,以达到保护某种自然资源或具有特殊意义景观环境的一定区域。通过限制人类活动的影响,保证其内生态系统及其物种的繁衍和演化。三是移地保护。移地保护是将野生动植物从原产地迁移到条件良好的其他环境中进行有效保护的一种方式。通过建立引种保护设施,人为创造物种生存环境和种质保存条件,使受保护物种的种群得以繁育扩大,遗传种质得以延续。移地保护对于那些已经丧失自然生境而遭受生存威胁的物种以及自然繁殖能力差、种群呈衰退趋势的物种群有特别的保护意义。移地保护的方式包括建立植物园、动物园、移地保护基地和繁育中心等机构,它适用于受到高度威胁的动、植物物种的紧急拯救。例如,一度濒临灭绝的大熊猫、扬子鳄和东北虎等珍稀濒危野生动物经人工繁殖成功,种群数量开始复苏。

4.4 现代生命科学的发展趋势及特点

根据生命科学迅猛发展的态势和自然科学发展的大趋势,许多专家预测生命科学将不断向微观和宏观两极发展,向生命的本质不断深入探索,并与其他学科之间有更深层次和更广泛的渗透融合,形成以生命科学为主体的大科学。

4.4.1 现代生命科学不断向微观方向深入

分子生物学将继续保持其繁荣的势头,带动整个生命科学全面发展。

基因工程使人类进入一个按照自己的需要改进和创造新的蛋白质分子和新的物种的时代。对生物大分子结构与功能的研究,包括结构分析、结构与功能的关系、生物大分子的相互作用等仍将是分子生物学的重要研究方向。在基因组的研究方面,不仅包括人类和模式生物基因组全序测定、基因组结构与功能的比较等,也包括细胞的基因组如何在时空中有序表达、基因表达产物如何逐级装配成能行使生命活动的细胞结构体系。

蛋白质工程将设计和制造各种改变结构的蛋白质以供功能分析。反向生物学采用从基因的结构和功能来推导蛋白质的结构和功能的方法,将从脑和其他组织中发现一大批用其他方法无法发现的新的蛋白质、多肽以及基因调控元件,从分子水平深入研究脑的结构与功能,阐明学习、思维、记忆、情感、行为及智力的本质,从而推动脑科学、心理学、教育学和人的认知能力产生重大的飞跃。

生命起源和人类起源是生命科学中长期悬而未决的重大课题。RNA除转录和反转录功能外还被发现具有酶的功能，其在生命起源中的作用已受到普遍关注。人类发源于何处？人类是否同祖？这类涉及人类起源的核心问题有望经分子生物学家和考古学家的通力合作得到解决。

4.4.2 现代生命科学继续向宏观方向发展

现代生命科学呈现向两极发展的态势，在朝微观方向深入的同时，也从微观转向宏观，多学科地综合探讨生物个体与群体之间、生物与其外界环境之间的相互关系，促进了生态学的发展。人们对生态系统结构、功能及动态的研究十分关注，尤其重视对人与生物圈关系的研究。这些研究为维护生态平衡、环境保护、人口控制和自然资源的科学管理等均提供了科学的理论基础。随着人类在全球的生存条件日益恶化，人们的生态意识日益觉醒，为了经济的持续发展，必须保持经济、社会和生态环境的协调发展，生态学正在成为指导未来全球经济持续发展和调整发达国家和发展中国家之间经济关系的准则和科学依据。研究生物多样性的生物学价值，认识、保护、再生、改造和持续利用生物资源是人类社会赖以生存和发展的重要基础。

4.4.3 现代生命科学与其他学科渗透融合

现代生命科学的飞速发展与各学科间相互渗透、相互促进是密切相关的。自然科学各学科的新理论、新概念不断被生命科学采纳，促进新的交叉、边缘学科不断形成，新技术、新方法广泛利用，提高了生命物质分析的精确度和对复杂生命系统的综合能力。

(1) 在现代生命科学与物理学的关系上，生命系统中非线性问题已成为物理学家和生物学家共同关心的活跃领域；生物大分子的自组织、生命系统中焓和熵等问题都需要借助物理学的研究加以阐明；揭开大脑的奥秘、发展人工智能，需要理论物理方面的突破；物理学的许多技术方法如X射线衍射、核磁共振、电子显微镜和扫描显微镜等技术已成为并将继续成为生命科学研究中的重要技术手段。

(2) 在现代生命科学与数学的关系上，如何准确地描述生命系统在不同层次上呈现无序和有序相互转化的机制是生命科学对数学的一个挑战；如何破译人类基因组的“遗传语言”，如何简明地描述记载在基因组DNA上的一维信息控制生物体三维形态结构的发育过程等问题，是对数学新的挑战。

(3) 在现代生命科学与化学的关系上，化学与生物学结合产生了生物化学和分子生物学，分子生物学仍将是化学与生命科学相互渗透的主要领域。生物体内物质和能量转换、生物膜与物质定向转运、酶的定向设计和功能模拟、生命过程中的定向化学反应等问题都是生命科学对化学的挑战。利用生物学原理，化学仿生和生产人类需要的化学制品将会给化学生物工程的发展带来重大的突破。

(4) 在现代生命科学与地球科学的关系上，研究地球系统各圈层之间的相互作用及其引起的全球变化(包括人类活动引起的变化)，以保护和改善人类的生存条件，需要生态学与地球科学的密切结合。由于该研究涉及社会、经济发展中的重大问题，所以还与社会科学有密切联系。

(5) 在现代生命科学与工程技术的关系上，生命科学与工程学"联姻"，诞生了基因工程、细胞工程、酶工程和发酵工程等朝气蓬勃的新兴学科。生命科学与工程技术的相互渗透促进了智能科学、人机功能学、信息仿生学和生物分子电子学等新的交叉学科的不断产生，这些新兴领域的发展又将推进智能产业的形成和发展。

4.4.4 现代生命科学的基础研究与应用的统一

建立在实验室研究基础上的生物技术的发展为人类带来了巨大的利益和财富。分子生物学一系列重大的突破终于使得DNA的操作——将外源目的基因转入微生物生产有价值的产品成为可能，基因工程技术应运而生。正是重组DNA技术的重大突破带动了现代生物技术的兴起，并很快产生了许多生命科学的高技术产业。分子生物学兴起不到半个世纪里所取得的成果已在工业、农业和医药等方面产生了巨大作用，但这仅仅是一个开端。随着生物工程技术及其产业化的发展，生命科学基础研究成果转化为生产力的应用前景将是无比广阔的。

4.4.5 现代生命科学与社会进步密切相关

科学的发展和工业化的进程推进了全球经济的发展，但也带来了一系列严重的问题，尤其是20世纪60年代以来，规模宏大的全球资源开发、工业废弃物的任意排放和人口的急剧增长，使人类陷入空前的全球资源生态环境问题的困扰之中，社会的可持续发展已成为人类共同的呼声。生命科学的巨大进步使之成为当今最令人瞩目的学科，生命科学的一切领域都和人类的生存休戚相关，生命科学的发展和成就将为人类提高生存质量、与地球和谐共处提供坚实的科学基础。

(1) 生命科学是农业可持续发展的依托，人们依靠培育优良品种，可以大幅度提高单产；应用基因工程可以改善粮食和畜牧产品品质；培育抗病虫害的农作物新品种，实行生物防治，可以降低对农药的依赖性。

(2) 生命科学提供了利用可再生资源彻底解决能源问题的新思路。例如，用农副产品发酵生产乙醇，代替汽油作燃料；人工模拟光合作用，利用太阳能分解水得到氢燃料等。

(3) 生命科学的理论是医学的基础，与人类的健康长寿密切相关。例如，在研制更有效的药物方面，可依靠经基因工程改造过的微生物发酵生产药品；了解人的基因组成将为增强人类体质、防治疾病提供重要依据。

(4) 生命科学将在维持地球生态平衡中发挥关键性的作用。例如，运用物种共生、物资循环再生利用和能量多层次利用等生态学原理建立生态工程系统，为农业、工业、资源开发和城乡建设的发展提供新的模式。

第 5 章　天　文　学

人类生在天地之间，很早就在探索宇宙的奥秘。天文学从它诞生的那一天起就和我们头顶上可望而不可即的灿烂星空联系在一起，就与人类的劳动和生存密切相关。因此，天文学是一门最古老的科学，与数学、物理学、化学、生物学和地学并称为六大基础科学。

5.1　天文学概述

天文学是一门古老的科学，自有人类文明史以来，天文学就有重要的地位。天文学是研究宇宙空间天体、宇宙的结构和发展的学科，内容包括天体的构造、性质和运行规律等。

5.1.1　研究天文学的意义

天文学家观测行星、恒星和星系等各种天体（小到星际分子，大到整个宇宙），分析天体发射到地球的辐射，发现并测量它们的位置，探索它们的运动规律，研究它们的物理性质、化学组成、内部结构、能量来源及其演化规律，具有理论探索意义。

天文学的发展对于人类自然观的形成也有很大的影响，哥白尼的日心说曾经使自然科学从神学中解放出来；康德和拉普拉斯关于太阳系起源的星云说在 18 世纪形而上学的自然观上打开了第一个缺口。

天文学的研究对于人们的生活有很大的实际意义，如授时、编制历法和测定方位等工作都与之相关。当前，对高能天体物理、致密星和宇宙演化的研究极大地推动了现代科学的发展。对太阳和太阳系天体包括地球和人造卫星的研究在航天、测地、通信导航等部门都有许多应用。

5.1.2　研究对象和领域

随着人类社会的发展，天文学的研究对象从太阳系发展到整个宇宙的各种天体。随着天文学的发展，人类的探测范围到达了距地球约 100 亿光年的距离。根据天体对象的尺度和规模，天文学的研究对象可以分为以下四个层次：

(1) 行星层次。包括行星系中的行星、围绕行星旋转的卫星和大量的小天体，如小行星、彗星、流星体及行星际物质等。

(2) 恒星层次。现在人们已经观测到了亿万个恒星，太阳只是无数恒星中很普通的一颗。

(3) 星系层次。人类所处的太阳系只是处于由无数恒星组成的银河系中的一隅，而银河系也只是一个普通的星系。除银河系外，还存在着许多的河外星系。星系又进一步组成了更大的天体系统：星系群、星系团和超星系团。

(4) 整个宇宙。一些天文学家提出了比超星系团更高一级的总星系。按照现在的理解，总星系就是目前人类所能观测到的宇宙的范围，半径超过了100亿光年。

5.1.3 天文学的研究方法与手段

天文学研究的对象有极大的尺度、极长的时间和极端的物理特性，地面实验室很难模拟，因而天文学的研究方法主要依靠观测。并且地球大气对紫外线辐射、X射线和γ射线不透明，相继出现许多太空探测方法和手段，如气球、火箭、人造卫星和航天器等。

天文学的研究方法主要是假设-验证过程，由于观测信息的不足，天文学家经常会提出许多假说来解释一些天文现象，然后再根据新的观测结果，对原来的理论进行修改或者用新的理论来代替。

5.1.4 天文学的学科分支

天文学循着观测—理论—观测的发展途径，不断把人类的视野伸展到宇宙新的深处。随着人类社会的发展，天文学的研究对象从太阳系发展到整个宇宙。

天文学的分支主要包括理论天文学与观测天文学两种。天文学观察家常年观察天空，并将所得到的信息整理后，理论天文学家才可能发展出新理论，解释自然现象并对此进行预测。

按照研究方法，天文学可分为天体测量学、天体力学和天体物理学。

按照观测手段，天文学可分为光学天文学、射电天文学、红外天文学和空间天文学。

5.1.5 天文学的发展历程

天文学的研究范畴和天文的概念从古至今不断发展。公元2世纪，古希腊天文学家托勒密提出的地心说统治了西方对宇宙的认识长达1000多年。直到16世纪，波兰天文学家哥白尼才提出了新的宇宙体系的理论——日心说。1610年，意大利天文学家伽利略独立制造折射望远镜，首次用望远镜看到了太阳黑子、月球表面和一些行星的表面和盈亏；在同时代，牛顿创立牛顿力学，使天文学出现了一个新的分支学科——天体力学，天体力学的诞生使天文学从单纯描述天体的几何关系和运动状况进入研究天体之间的相互作用和造成天体运动的原因的新阶段，在天文学的发展历史上是一次巨大的飞跃。19世纪中叶，天体摄影和分光技术的发明使天文学家可以进一步深入地研究天体的物理性质、化学组成、运动状态和演化规律，更加深入问题本质，从而也产生了一个新的分支学科——天体物理学，这是天文学的又一次重大飞跃。

1950年，射电望远镜开始应用。1960年，天文学取得了称为“天文学四大发现”的成就，即微波背景辐射、脉冲星、类星体和星际有机分子。与此同时，人类也突破了地球束缚，可到天空中观测天体。除可见光外，天体的紫外线、红外线、无线电波、X射线和

γ射线等都能观测到。

21世纪的今天，天文学家使用许多不同类型的望远镜来收集宇宙的信息，天文学已进入一个崭新的阶段。绝大多数望远镜是安放在地球上的，但也有些望远镜被放置在太空中，沿着轨道运转，如哈勃太空望远镜。现在，天文学家还能够通过发射的航天探测器来了解某些太空信息。这些成果使得空间天文学得到巨大发展，也对现代天文学成就产生很大影响。

5.1.6 天文学发展展望

天文学已进入一个崭新的阶段。多年来，天文观测手段已从传统的光学观测扩展到从射电、红外、紫外到X射线和γ射线的全部电磁波段，这导致一大批新天体和新天象的发现，如类星体、活动星系、脉冲星、微波背景辐射、星际分子、X射线双星和γ射线源等，使得天文研究空前繁荣和活跃。

口径2 m级的空间望远镜已经进入轨道开始工作。一批口径10 m级的光学望远镜将建成。射电方面的甚长基线干涉阵和空间甚长基线干涉仪、红外方面的空间外望远镜设施、X射线方面的高级X射线天文设施等都将问世，γ射线天文台已经投入工作。这些仪器的威力巨大，远远超过现有的天文设备。可以预料，这些天文仪器的投入使用必将为天文学注入新的生命力，使人们对宇宙的认识提高到一个新的水平，天文学正处在大飞跃的前夜。

各发达国家对天体物理的投入成倍地增加。从地面设备到高空卫星，不停地在竞争和攀比，已经实现了对天体的全波段观测。更重要的是，科学界几乎是一致地认为，天体物理学在未来自然科学的发展中仍将扮演先锋的角色。限于篇幅，本书仅列出21世纪有待解决或需要深入研究的10个问题：

(1) 宇宙的起源和演化过程。

(2) 宇宙中的暗物质、反物质和“神秘”物质。

(3) 星系的形成。

(4) 活动星系核的物理本质。

(5) γ暴的起源。

(6) 恒星的物理结构和核反应过程。

(7) 太阳的产能机制和中微子问题。

(8) 元素的合成和生命的起源。

(9) 探索新的物理规律。

(10) 开拓人类的生存空间，与“外星人”建立友好联系。

5.2 宇 宙

“宇宙”一词，最早大概出自我国古代著名哲学家墨子。他用“宇”来指东、西、南、北，四面八方的空间；用“宙”来指古往今来的时间，合在一起便是指天地万物。不管它是大是小，是远是近，是过去的、现在的、还是将来的，是认识到的、还是未认识到的……总之是一切的一切。

宇宙是由空间、时间、物质和能量所构成的统一体，是一切空间和时间的综合。一般理解的宇宙指我们所存在的一个时空连续系统，包括其间的所有物质、能量和事件。

宇宙是天地万物的总称，它是物质世界，不依赖于人的意义而客观存在，并处于不断运动和发展中，在时间上没有开始没有结束，在空间上没有边界没有尽头。宇宙是多样又统一的：多样在于物质表现形态的多样性；统一在于其物质性。

5.2.1 宇宙年龄

宇宙年龄是指宇宙从某个特定时刻到现在的时间间隔。对于某些宇宙模型（如牛顿宇宙模型、等级模型和稳恒态模型等），宇宙年龄没有意义。在通常的宇宙演化模型中，宇宙年龄指宇宙标度因子为零起到现在时刻的时间间隔。

根据不同的宇宙学模型，科学家对宇宙的年龄有不同的估计。

科学家利用望远镜观察最老的星球上的铀光谱，从而估计宇宙的年龄是 1125 亿年。

2001 年科学家利用欧洲天文台的望远镜，观察一颗 CS31082－001 星球，量度星球上放射性同位素铀－238 的光谱，从而计算出这星球的年龄是 125 亿年，这个估计的误差大约为 30 亿年，也就是说，宇宙的年龄大致有 125 亿年。

根据大爆炸宇宙模型推算，宇宙年龄大约 200 亿年。

5.2.2 宇宙的产生

科学家对宇宙的产生作了各种假设，其中得到当今科学研究和观测最广泛且最精确的支持的学说是宇宙大爆炸理论。宇宙大爆炸是描述宇宙诞生初始条件及其后续演化的宇宙学模型，根据天文观测研究后得到的一种设想。

宇宙学家通常所指的大爆炸观点为：宇宙是在过去有限的时间之前，由一个密度极大且温度极高的太初状态演变而来的（根据 2010 年得到的最佳的观测结果，这些初始状态存在发生于 133 亿～139 亿年前），宇宙所有的物质都高度密集在一点，有极高的温度，因而发生了巨大的爆炸，物质开始向外不断地膨胀，就形成了今天我们看到的宇宙。

科学家认为宇宙的起源为 137 亿年前的一次难以置信的大爆炸。这是一次不可想象的能量大爆炸，宇宙边缘的光到达地球要花 120 亿～150 亿年的时间。大爆炸散发的物质在太空中漂游，由许多恒星组成的巨大的星系就是由这些物质构成的，太阳就是这无数恒星中的一颗。

在宇宙发生热大爆炸后 40 万年，温度降到 4000 K，宇宙从以辐射为主时期转化为以物质为主时期，这时或由于密度涨落形成的引力不稳定性，或由于宇宙湍流的作用而逐步形成原星系，然后再演化为星系团和星系。热大爆炸宇宙模型描绘了宇宙的起源和演化史：宇宙大爆炸之前的温度极高，密度极大，随着宇宙的膨胀，它经历了从热到冷、从密到稀、从以辐射为主时期到以物质为主时期的演变过程，直至20亿～10亿年前，才进入大规模形成星系的阶段，此后逐渐形成了我们今天看到的宇宙。

大爆炸后的膨胀过程是一种引力和斥力之争，爆炸产生的动力是一种斥力，它使宇宙中的天体不断远离；天体间又存在万有引力，它会阻止天体远离，甚至力图使其互相靠近。引力的大小与天体的质量有关，原本人们想象宇宙会因引力而不再膨胀，但是，科学家已发现宇宙中有一种“暗能量”会产生一种斥力而加速宇宙的膨胀。因而大爆炸后宇宙的最终归宿是不断膨胀，还是最终会停止膨胀并反过来收缩变小，完全取决于宇宙中物质密度的大小。

1980年提出的暴涨宇宙模型则是热大爆炸宇宙模型的补充。它认为在宇宙极早期，在宇宙诞生后10～36 s时，它曾经历了一个暴涨阶段。

5.2.3 宇宙的层次结构

按照由小到大的顺序，宇宙的层次结构为行星、恒星、星系、总星系。

行星是最基本的天体系统。太阳系中共有八颗行星：水星、金星、地球、火星、木星、土星、天王星、海王星。除水星和金星外，其他行星都有卫星绕其运转。地球有一个卫星——月球；土星的卫星最多，已确认的有26颗。

行星、小行星、彗星和流星体都围绕中心天体——太阳运转，构成太阳系。太阳占太阳系总质量的99.86%，其直径约为140万km，最大的行星——木星的直径约为14万km，太阳系的大小约120亿km(以冥王星作边界)。

太阳系外也存在其他行星系统。2500亿颗类似太阳的恒星和星际物质构成更巨大的天体系统——银河系。银河系中大部分恒星和星际物质集中在一个扁球状的空间内，从侧面看很像一个“铁饼”，正面看则呈旋涡状。银河系的直径约为10万光年，太阳位于银河系的一个旋臂中，距银心约3万光年。

银河系外还有许多类似的天体系统，称为河外星系，常简称星系。现已观测到的大约有10亿个。星系也聚集成大大小小的集团，称为星系团。平均而言，每个星系团约有百余个星系，直径达上千万光年。现已发现上万个星系团。

包括银河系在内约40个星系构成的一个小星系团称为本星系群。若干星系团集聚在一起构成更大、更高层次的天体系统，称为超星系团。超星系团往往具有扁长的外形，其长径可达数亿光年。通常超星系团内只含有几个星系团，只有少数超星系团拥有几十个星系团。本星系群和其附近的约50个星系团构成的超星系团称为本超星系团。目前天文观测范围已经扩展到200亿光年的广阔空间，称为总星系。

5.2.4 宇宙物质多样性

在不同尺度的空间内，宇宙物质表现出多样性的特点。

恒星在空间通常聚集成双星或三五成群的聚星，它们可能占恒星总数的1/3，也有由几十、几百乃至几十万个恒星聚在一起的星团。宇宙物质除以密集形式形成恒星、行星等之外，还以弥漫的形式形成星际物质。星际物质包括星际气体和尘埃，平均每立方厘米只有一个原子，其中高度密集的地方形成形状各异的各种星云。宇宙中除发出可见光的恒星和星云等天体外，还存在紫外天体、红外天体、X 射线源、γ 射线源以及射电源。

星系按形态可分为椭圆星系、旋涡星系、棒旋星系、透镜星系和不规则星系等类型。20 世纪 60 年代又发现许多正在经历爆炸过程或正在抛射巨量物质的河外天体，统称为活动星系，其中包括各种射电星系、塞佛特星系、N 型星系、马卡良星系、蝎虎座 BL 型天体，以及类星体等。许多星系核有规模巨大的活动，包括速度达每秒几千千米的气流，总能量达 10^{55} J 的能量输出，规模巨大的物质和粒子抛射，强烈的光变等。在宇宙中有各种极端物理状态，包括超高温、超高压、超高密、超真空、超强磁场、超高速运动、超高速自转、超大尺度时间和空间、超流、超导等，为我们认识客观物质世界提供了理想的实验环境。

5.3　星　系

星系通常由几亿至上万亿颗恒星及星际物质构成，空间尺度为几千至几十万光年的天体系统。

恒星系也称星系，是宇宙中庞大的星星的“岛屿”，它是宇宙中最大、最美丽的天体系统之一。到目前为止，人们已在宇宙观测到了约 1000 亿个星系。它们中有的离地球较近，可以清楚地观测到它们的结构；有的非常遥远。目前所知最远的星系距离地球有近 200 亿光年。

5.3.1　星系的相关定义

1. 星系

在茫茫的宇宙海洋中，千姿百态的“岛屿”星罗棋布，上面居住着无数颗恒星和各种天体，天文学上称为星系。我们居住的地球就在一个巨大的星系——银河系之中。在银河系之外的宇宙中，像银河系这样的太空巨岛还有上亿个，它们统称为河外星系。

2. 星团

在银河系众多的恒星中，除了以单个的形式，组成双星、聚星的形式出现外，还有更多的星是聚集在一起的。星数超过 10 颗以上，彼此具有一定联系的恒星集团称为星团。星团的成员多的可达几十万颗。它们又可以分成疏散星团和球状星团两类。银河系中遍布着星团，只是不同的地方星团的种类也不同。

3. 星云

星云是一种由星际空间的气体和尘埃组成的云雾状天体。星云中的物质密度非常低。如果拿地球上的标准来衡量，有些地方几乎就是真空。但星云的体积非常庞大，往往方圆达几十光年。因此，一般星云比太阳还要重得多。星云的形状千姿百态，有的星云形状很不规则，呈弥漫状，没有明确的边界，称为弥漫星云；有的星云像一个圆盘，淡淡发光，很像一个大行星，所以称为行星状星云。

5.3.2 星系的特征

星系大小差异很大。椭圆星系直径为 3300 光年到 49 万光年，旋涡星系直径为 1.6 万光年到 16 万光年，棒旋星系直径大致为 7 万光年；不规则星系直径为 6500 光年到 2.9 万光年。

星系的质量一般为太阳质量的 100 万到 1 兆倍之间。

星系内部的恒星在运动，而星系本身也在自转，整个星系也在空间运动。传统上，天文学家认为星系的自转，顺时针方向和逆时针方向的比率是相同的。

星系具有红移现象，说明这些星系在空间视线方向上正在离地球越来越远。这也是大爆炸理论的一个有力证据。

星系在大尺度的分布上是接近均匀的，但是小尺度上来看则很不均匀。例如，大麦哲伦星系和小麦哲伦星系组成双重星系，它们又和银河系组成三重星系。

5.3.3 主要星系类型

1. 椭圆(球)星系

椭圆星系是河外星系的一种，呈圆球形或椭球形。中心区最亮，亮度向边缘递减，对距离较近的，用大型望远镜可以分辨出外围的成员恒星。同一类型的河外星系质量差别很大，有巨型和矮型之分。质量最小的矮椭圆星系和球状星团相当，而质量最大的超巨型椭圆星系可能是宇宙中最大的恒星系统，质量范围为太阳的千万倍到百万亿倍，光度幅度范围从绝对星等－9 等到－23 等。

2. 旋涡星系

具有旋涡结构的河外星系称为旋涡星系，在哈勃的星系分类中用 S 表示。旋涡星系的螺旋形状最早是在 1845 年观测猎犬座星系 M51 时被发现的。旋涡星系的中心区域为透镜状，周围围绕着扁平的圆盘，从隆起的核球两端延伸出若干条螺线状旋臂，叠加在星系盘上。棒旋星系是有棒状结构贯穿核球的旋涡星系，一般的旋涡星系的中心是有圆核的，而棒旋星系的中心是棒形，棒的两边有旋形的臂向外伸展。

3. 不规则星系

不规则星系是外形不规则，没有明显的核和旋臂，没有盘状对称结构或者看不出有旋转对称性的星系，在全天最亮星系中，不规则星系只占 5%。

5.4 银 河 系

银河系是地球和太阳所属的星系，因其主体部分投影在天球上的亮带被我国称为银河而得名。银河系约有 2000 多亿颗恒星。银河系侧看像一个中心略鼓的大圆盘，整个圆盘的直径约为 10 万光年，太阳位于据银河中心 2.3 万光年处。鼓起处为银心，是恒心密集区，故望去白茫茫的一片。

5.4.1 形状

银河系呈旋涡状，有 4 条螺旋状的旋臂从银河系中心均匀对称地延伸出来。银河系中心和 4 条旋臂都是恒星密集的地方。从远处看，银河系像一个大铁饼，直径约 10 万光年。中间最厚的部分约 1.2 万光年。太阳位于一条称为猎户臂的旋臂上，距离银河系中心约 2.3 万光年。扁球体中间突出的部分称为“核球”，半径约为 7000 光年。核球的中部称为“银核”，四周称为“银盘”。在银盘外面有一个更大的球形，那里星少，密度小，称为“银晕”，直径为 7 万光年。

银河系是太阳系所在的恒星系统，包括 1200 亿颗恒星和大量的星团、星云，还有各种类型的星际气体和星际尘埃。它的总质量是太阳质量的 1400 亿倍，其各部分的旋转速度和周期，因距银心的远近而不同。太阳距银心约 3 万光年，以 250 km/s 秒的速度绕银心运转，运转的周期约为 2.5 亿年。

5.4.2 特征

银河系物质约 90%集中在恒星内。恒星的种类繁多，按照恒星的物理性质、化学组成、空间分布和运动特征，恒星可以分为 5 个星族。最年轻的极端星族Ⅰ恒星主要分布在银盘里的旋臂上；最年老的极端星族Ⅱ恒星则主要分布在银晕中，恒星常聚集成团(除大量的双星外，银河系中已发现了 1000 多个星团)。银河系中还有气体和尘埃，其含量约占银河系总质量的 10%，气体和尘埃的分布不均匀，有的聚集为星云，有的则散布在星际空间。20 世纪 60 年代以来，发现了大量的星际分子，如 CO、H_2O 等。分子云是恒星形成的主要场所。

银河系核心部分，即银心或银核，是一个很特别的地方。它发出很强的射电、红外、X 射线和 γ 射线辐射，其性质尚不清楚，那里可能有一个巨型黑洞，据估计其质量可能达到太阳质量的 250 万倍。对于银河系的起源和演化，目前我们知之尚少。

5.4.3 银河系的未来

目前的观测认为仙女座星系(M31)正以 300 km/s 的速度朝向银河系运动，在 30 亿～40 亿年后可能会撞上银河系。但即使真的发生碰撞，太阳以及其他的恒星也不会互相碰撞，不过这两个星系可能会花上数十亿年的时间合并成椭圆星系。

5.5 太 阳 系

太阳系是以太阳为中心、所有受到太阳重力约束的天体的集合体，包括8颗行星、至少165颗已知的卫星、3颗已经辨认出来的矮行星(冥王星和它的卫星)和数以亿计的太阳系小天体(这些小天体包括小行星、柯伊伯带的天体、彗星和星际尘埃)。

依照至太阳的距离，行星序是水星、金星、地球、火星、木星、土星、天王星和海王星，8颗行星中的6颗有天然的卫星环绕着。

5.5.1 轨道概述

太阳系的主角是位居中心的太阳，它是一颗光谱分类为G2V的主序星，拥有太阳系内已知质量的99.86%，并以引力主宰着太阳系；木星和土星是太阳系内最大的两颗行星，又占了剩余质量的90%以上。

太阳系内主要天体的轨道都在地球绕太阳公转的轨道平面(黄道)的附近。行星都非常靠近黄道，而彗星和柯伊伯带天体通常都有比较明显的倾斜角度。

鸟瞰太阳系，所有的行星和绝大部分的其他天体，都以逆时针方向绕着太阳公转。也有些例外的，如哈雷彗星。

5.5.2 结构和组成

太阳系是由受太阳引力约束的天体组成的系统，是宇宙中的一个小天体系统，太阳系的结构大体可以分为六部分。

1. 太阳

太阳是太阳系的母星，也是最主要和最重要的成员。它有足够的质量让内部的压力与密度足以抑制和承受核融合产生的巨大能量，并以辐射的形式(如可见光)让能量稳定地进入太空。

2. 行星际物质

除了光，太阳也不断地放射出电子流(等离子)，也就是所谓的太阳风。这条微粒子流的速度为150万km/h，在太阳系内创造出稀薄的大气层(太阳圈)，范围至少达到100天文单位(日球层顶)，也就是我们所认知的行星际物质。伴随太阳自转而转动的磁场在行星际物质中所产生的太阳圈电流片，是太阳系内最大的结构。

地球的磁场在与太阳风的互动中保护着地球大气层。水星和金星则没有磁场，太阳风使它们的大气层逐渐流失至太空中。太阳风和地球磁场交互作用产生的极光，可以在接近地球的磁极(如南极与北极)的附近看见。

3. 内太阳系

内太阳系在传统上是类地行星和小行星带区域的名称，主要是由硅酸盐和金属组成的。这个区域挤在靠近太阳的范围内，半径比木星与土星之间的距离还短。

四颗内行星的特点是高密度、由岩石构成、只有少量或没有卫星，也没有环系统。它们由高熔点的矿物(如硅酸盐类的矿物)组成的表面固体地壳和半流质地幔，以及由铁、镍构成的金属核心所组成。金星、地球和火星有大气层，有撞击坑和地质构造的表面特征(地堑和火山等)。

(1) 水星(0.4 天文单位)是最靠近太阳，也是最小的行星(0.055 地球质量)。它没有天然的卫星，仅知的地质特征除了撞击坑外，还有早期历史与收缩期间产生的褶皱山脊；水星(包括被太阳风轰击出的气体原子)只有微不足道的大气；目前尚无法解释相对来说相当巨大的铁质核心和薄薄的地幔。

(2) 金星(0.7 天文单位)的体积尺寸与地球相似(0.86 地球质量)，也和地球一样有厚厚的硅酸盐地幔包围着核心，还有浓厚的大气层和内部地质活动的证据。但是它的大气密度比地球高 90 倍，而且非常干燥；它没有天然的卫星；它是颗炙热的行星，表面的温度超过 400 ℃，很可能是大气层中有大量的温室气体造成的；虽然没有明确的证据显示金星的地质活动仍在进行中，但是没有磁场保护的大气应该会被耗尽，因此认为金星的大气是经由火山的爆发获得补充的。

(3) 地球(1 天文单位)是内行星中最大且密度最高的，也是地质活动仍在持续进行中并拥有生命的行星。它也拥有水圈和板块结构。地球的大气也与其他的行星完全不同，被存活的生物改造成含有 21%的自由氧气。它只有一颗天然卫星，即月球。地球公转(绕太阳)一圈约 365 天，自转一圈约 1 天(太阳并不总是直射赤道，因为地球围绕太阳旋转时稍微有些倾斜)。

(4) 火星(1.5 天文单位)比地球和金星小(0.17 地球质量)，只有以二氧化碳为主的稀薄大气；它的表面，如奥林匹斯山有密集、巨大的火山，水手号峡谷有深邃的地堑，显示不久前仍有剧烈的地质活动；火星有两颗天然的小卫星，戴摩斯和福伯斯，可能是被捕获的小行星。

4. 小行星带

小行星是太阳系小天体中最主要的成员，主要由岩石与不易挥发的物质组成。主要的小行星带位于火星和木星轨道之间，距离太阳 2.3～3.3 天文单位，它们被认为是在太阳系形成的过程中，受到木星引力扰动而未能聚合的残余物质。

谷神星(2.77 天文单位)是主带中最大的天体，也是主带中唯一的矮行星。它的直径接近 1000 km，因此自身的引力已足以使它成为球体。它在 19 世纪初被发现时，被认为是一颗行星，在 1850 年因为有更多的小天体被发现才重新分类为小行星；在 2006 年，被重新分类为矮行星。

在主带中的小行星可以依据轨道元素划分为几个小行星群和小行星族。小行星卫星是围绕着较大的小行星运转的小天体，对它们的认定不如绕着行星的卫星那样明确，因为有些卫星几乎和被绕的母体一样大。

在主带中也有彗星，它们可能是地球上水的主要来源。

5. 中太阳系

太阳系的中部地区是气体巨星和卫星，许多短周期彗星，包括半人马群也在这个区域内。此区没有传统的名称，偶尔也会被归入“外太阳系”，虽然外太阳系通常是指海王星以外的区域。在这一区域的固体主要的成分是“冰”(水、氨和甲烷)，不同于以岩石为主的内太阳系。

在地球外侧的四颗行星，也称为类木行星，囊括了环绕太阳99%的已知质量。木星和土星的大气层都拥有大量的氢和氦，天王星和海王星的大气层则有较多的“冰”，如水、氨和甲烷。有些天文学家认为它们该另成一类，称为“天王星族”或是“冰巨星”。这四颗气体巨星都有行星环，但是只有土星的环可以轻松地在地球上观察。

(1) 木星(5.2 天文单位)，主要由氢和氦组成，质量是地球的318倍；木星的丰沛内热在它的大气层造成一些近似永久性的特征，如云带和大红斑；木星已经被发现的卫星有63颗，最大的四颗——甘尼米德、卡利斯多、埃欧和欧罗巴，显示出类似类地行星的特征，像是火山作用和内部的热量。甘尼米德比水星还要大，是太阳系内最大的卫星。

(2) 土星(9.5 天文单位)，因为有明显的环系统而著名，它与木星非常相似，如大气层的结构。土星不是很大，质量只有地球的95倍，它有60颗已知的卫星(如泰坦和恩塞拉都斯)。泰坦比水星大，而且是太阳系中唯一实际拥有大气层的卫星，拥有巨大的冰火山，显示出地质活动的标志。

(3) 天王星(19.6 天文单位)，是最轻的外行星，质量是地球的14倍。它的自转轴对黄道倾斜达90°，因此是横躺着绕着太阳公转，在行星中非常独特。在气体巨星中，它的核心温度最低，只辐射非常少的热量进入太空中。天王星已知的卫星有27颗，最大的几颗是泰坦尼亚、欧贝隆、乌姆柏里厄尔、艾瑞尔和米兰达。

(4) 海王星(30 天文单位)虽然看起来比天王星小，但密度较高，所以其质量仍有地球的17倍。它虽然辐射出较多的热量，但远不及木星和土星多。海王星已知有13颗卫星，最大的崔顿仍有活跃的地质活动，有着喷发液态氮的间歇泉；它也是太阳系内唯一逆行的大卫星。在海王星的轨道上有一些1∶1轨道共振的小行星，组成海王星特洛伊群。

(5) 彗星归属于太阳系小天体，通常直径只有几千米，主要由具有挥发性的冰组成。它们的轨道具有高离心率，近日点一般都在内行星轨道的内侧，而远日点在冥王星之外。当一颗彗星进入内太阳系后，与太阳的接近会导致它冰冷表面的物质升华和电离，产生彗发和拖曳出由气体和尘粒组成、肉眼就可以看见的彗尾。

(6) 冥王星(平均距离39 天文单位)是一颗矮行星，也是柯伊伯带内已知的最大天体之一。在 1930 年被发现并被命名为第九颗行星，直到 2006 年才重新归类为矮行星。冥王星的轨道对黄道面倾斜 17°，与太阳的距离在近日点时是 29.7 天文单位(在海王星轨道的内侧)，远日点时则达 49.5 天文单位。

6. 最远的区域

太阳系于何处结束及星际介质开始的位置没有明确定义的界限，因为这需要由太阳风和太阳引力两者来决定。太阳风能影响到星际介质的距离大约是冥王星距离的 4 倍，但是太阳的洛希球，也就是太阳引力所能及的范围，应该是这个距离的千倍以上。

第6章　地　　学

地球是人类的家园，人类自出现以来，一直十分关心赖以生存和发展的地球的状况，从而萌生了各种地学概念。

地学是对以我们所生活的地球为研究对象的学科的统称，通常有地理学、地质学、海洋学、大气物理学和古生物学等学科。

地理学是研究地球表面自然现象和人文现象以及它们之间的相互关系和区域分异的学科，简单地说就是研究人与地理环境关系的学科。

地质学是关于地球的物质组成、内部构造、外部特征、各圈层间的相互作用和演变历史的知识体系。

海洋学是研究海洋中各种现象及其规律和各组成部分之间相互联系与作用的学科。

大气物理学主要研究大气中的声象、光象、电象、辐射过程、云和降水物理、近地面大气物理、平流层和中层大气物理。

古生物学是生命科学和地球科学的交叉学科，研究保存在地层中的生物遗体、遗迹、化石，用以确定地层的顺序、时代，了解地壳发展的历史，推断地质史上水陆分布、气候变迁和沉积矿产形成与分布的规律。

研究地学的目的是为了更好地开发和保护地球表面的自然资源，使人地关系朝着有利于人类社会生活和生产的方向发展。

6.1　地球环境系统

6.1.1　太阳及其运动

太阳是距离地球最近的恒星，是太阳系的中心天体。太阳系质量的99.86%都集中在太阳。太阳系中的八大行星、小行星、流星、彗星以及星际尘埃等都围绕着太阳运行（公转）。

1. 运行轨道

太阳位于银道面之北的猎户座旋臂上，距离银河系中心约3万光年，在银道面以北约26光年。它一方面绕着银心以250 km/s的速度旋转，周期大概是2.5亿年；另一方面又相对于周围恒星以19.7 km/s的速度朝着织女星附近方向运动。

2. 结构

组成太阳的物质大多是普通的气体，其中氢约占71.3%，氦约占27%，其他元素占1.7%。太阳从中心向外可分为核反应区、辐射区和对流区、太阳大气。太阳的大气层，像地球的大气层一样，可按不同的高度和不同的性质分成各个圈层，即从内向外分为光球、色球和日冕三层。

太阳的核心区域半径是太阳半径的 1/4，约为整个太阳质量的一半以上。太阳核心的温度极高，达 1500 万摄氏度，压力也极大，使得由氢聚变为氦的热核反应得以发生，从而释放出极大的能量。这些能量再通过辐射层和对流层中物质的传递，才得以传送到太阳光球的底部，并通过光球向外辐射出去。太阳中心区的物质密度非常高(可达 $160g/cm^3$)。太阳在自身强大重力吸引下，中心区处于高密度、高温和高压状态。

太阳中心区产生的能量的传递主要靠辐射形式。太阳中心区之外就是辐射层，辐射层的范围是从热核中心区顶部的 0.25 个太阳半径向外到 0.71 个太阳半径，这里的温度、密度和压力都是从内向外递减。从体积来说，辐射层占整个太阳体积的绝大部分。

太阳内部能量向外传播除辐射外，还有对流过程。即从太阳中心向外 0.71 个太阳半径到达太阳大气层的底部，这一区间称为对流层。这一层气体性质变化很大，很不稳定，形成明显的上下对流运动。这是太阳内部结构的最外层。

太阳光球就是我们平常所看到的太阳圆面，通常所说的太阳半径也是指光球的半径。光球层位于对流层之外，属太阳大气层中的最低层或最里层。光球的表面是气态的，其平均密度只有水的几亿分之一，但由于它的厚度达 500 km，所以光球是不透明的。光球层的大气中存在着激烈的活动，用望远镜可以看到光球表面有许多密密麻麻的斑点状结构，很像一颗颗米粒，称为米粒组织。它们极不稳定，一般持续时间仅为 5～10 min，其温度比光球的平均温度高 300～400 ℃。目前认为这种米粒组织是光球下面气体的剧烈对流造成的现象。光球表面另一种著名的活动现象便是太阳黑子。黑子是光球层上的巨大气流旋涡，大多呈近椭圆形，在明亮的光球背景反衬下显得比较暗黑，但实际上它们的温度高达 4000 ℃左右。日面上黑子出现的情况不断变化，这种变化反映了太阳辐射能量的变化。太阳黑子的变化存在复杂的周期现象，平均活动周期为 11.2 年。

紧贴光球以上的一层大气称为色球层，平时不易被观测到，过去这一区域只是在日全食时才能被看到。当月亮遮掩了光球明亮光辉的一瞬间，人们能发现日轮边缘上有一层玫瑰红的绚丽光彩，那就是色球。色球层厚约 8000 km，它的化学组成与光球基本相同，但色球层内的物质密度和压力要比光球低得多。日常生活中，离热源越远处温度越低，而太阳大气的情况却截然相反。光球顶部接近色球处的温度约为 4300 ℃，到了色球顶部温度竟高达几万摄氏度。再往上，到了日冕区温度陡然升至上百万摄氏度。人们对这种反常增温现象感到疑惑不解，至今也没有找到确切的原因。

日冕是太阳大气的最外层。日冕中的物质也是等离子体，它的密度比色球层更低，而它的温度反比色球层高，可达上百万摄氏度。在日全食时在日面周围看到放射状的非常明亮的银白色光芒即是日冕。

3. 太阳活动

太阳中心区不停地进行热核反应，所产生的能量以辐射方式向宇宙空间发射。其中二十二亿分之一的能量辐射到地球，成为地球上光和热的主要来源。太阳表面和大气层中的活动现象，诸如太阳黑子、耀斑和日冕物质喷发（日珥）等，会使太阳风大大增强，造成许多地球物理现象，如极光增多、大气电离层和地磁的变化。太阳活动和太阳风的增强还会严重干扰地球上无线电通信及航天设备的正常工作，使卫星上的精密电子仪器遭受损害，地面通信网络、电力控制网络发生混乱，甚至可能对航天飞机和空间站中宇航员的生命构成威胁。因此，监测太阳活动和太阳风的强度，适时作出“空间气象”预报，显得越来越重要。

太阳黑子是光球层物质剧烈运动而形成的局部强磁场区域，也是光球层活动的重要标志。长期观测太阳黑子就会发现，太阳黑子有平均 11.2 年的活动周期，这也是整个太阳的活动周期。天文学家把太阳黑子最多的年份称为“太阳活动高峰年”，把太阳黑子最少的年份称为“太阳活动低峰年”。

太阳耀斑是一种最剧烈的太阳活动，一般认为发生在色球层中，所以也称为“色球爆发”。太阳耀斑主要观测特征是，日面上（常在黑子群上空）突然出现迅速发展的亮斑闪耀，其寿命仅在几分钟到几十分钟之间，亮度上升迅速，下降较慢。特别是在太阳活动峰年，耀斑出现频繁且强度变强。太阳耀斑能量相当于 10 万～100 万次强火山爆发的总能量，或相当于上百亿枚百吨级氢弹的爆炸。除了日面局部突然增亮的现象外，耀斑更主要表现在从射电波段直到 X 射线的辐射通量的突然增强，耀斑所发射的辐射种类繁多（除可见光外，有紫外线、X 射线、γ 射线、红外线和射电辐射），大量的高能粒子到达地球轨道附近时，将会严重危及宇宙飞行器内的宇航员和仪器的安全。当耀斑辐射来到地球附近时，与大气分子发生剧烈碰撞，破坏电离层，使它失去反射无线电电波的功能。无线电通信尤其是短波通信，以及电视台、电台广播，会受到干扰甚至中断。耀斑发射的高能带电粒子流与地球高层大气作用产生极光，并干扰地球磁场而引起磁暴。此外，耀斑对气象和水文等方面也有不同程度的直接或间接影响。正因为如此，人们对耀斑爆发的探测和预报的关切程度与日俱增，正在努力揭开耀斑的奥秘。

光斑也是太阳上一种强烈风暴，天文学家把它戏称为“高原风暴”。不过，与乌云翻滚，大雨滂沱，狂风卷地百草折的地面风暴相比，“高原风暴”的性格要温和得多。光斑的亮度只比宁静光球层略强一些，一般只大 10%；温度比宁静光球层高 300 ℃。许多光斑与太阳黑子还结下不解之缘，常环绕在太阳黑子周围“表演”。少部分光斑与太阳黑子无关，活跃在 70°高纬区域，面积比较小，平均寿命约为 15 天，较大的光斑寿命可达 3 个月。光斑不仅出现在光球层上，色球层上也有它活动的场所。当它在色球层上“表演”时，活动的位置与在光球层上露面时大致吻合。不过，出现在色球层上的不称为“光斑”，而称为“谱斑”。实际上，光斑与谱斑是同一个整体，只是因为它们的“住所”高度不同而已，这就好比是一幢楼房，光斑住在楼下，谱斑住在楼上。

米粒组织是太阳光球层上的一种日面结构，呈多角形小颗粒形状，需用天文望远镜才能观测到。米粒组织的温度比米粒间区域的温度约高 300 ℃，因此显得比较明亮易见。虽说它们是小颗粒，实际的直径也有 1000～2000 km。明亮的米粒组织很可能是从对流层上升到光球的热气团，不随时间变化并均匀分布，且呈现激烈的起伏运动。米粒组织上升到一定的高度时，很快就会变冷，并马上沿着上升热气流之间的空隙处下降；寿命也非常短暂，来去匆匆，从产生到消失，几乎比地球大气层中的云消烟散还要快，平均寿命只有几分钟。此外，近年来发现的超米粒组织，其尺度达 3 万 km 左右，寿命约为 20 h。有趣的是，在老的米粒组织消逝的同时，新的米粒组织又在原来位置上很快出现，这种连续现象就像我们日常所见到的沸腾米粥上不断上下翻腾的热气泡。

6.1.2　月球及其运动

月球也称太阴，是地球唯一的天然卫星。月球是最明显的天然卫星的例子。在太阳系中，除水星和金星外，其他行星都有天然卫星。

1. 概述

月球的年龄大约有 46 亿年。月球是距离地球最近的天体，它与地球的平均距离约为 384 401 km。月球的表面积有 3800 万 km^2，还没有亚洲的面积大。月球直径约 3476 km，是地球的 3/11，太阳的 1/400。月球的体积只有地球的 1/49，质量约 7350 亿亿吨，相当于地球质量的 1/81，月球表面的重力约为地球重力的 1/6。月球有壳、幔、核等分层结构。最外层的月壳平均厚度为 60～65 km。月壳下面到 1000 km 深度是月幔，它占了月球的大部分体积。月幔下面是月核，月核的温度约为 1000 ℃，很可能是熔融状态的。

2. 月球的轨道运动

月球以椭圆轨道绕地球运转。这个轨道平面在天球上截得的大圆称为白道。白道平面既不重合于天赤道，也不平行于黄道面，而且空间位置不断变化，周期为 173 日。月球轨道（白道）对地球轨道（黄道）的平均倾角为 $5°09'$。

3. 月球的自转

月球在绕地球公转的同时进行自转，周期 27.321 66 日，正好是一个恒星月，所以我们看不见月球背面。这种现象称为“同步自转”，它几乎是卫星世界的普遍规律，一般认为是行星对卫星长期潮汐作用的结果。这是一个很奇妙的现象，它使我们得以看到 59％的月面。主要原因是：①在椭圆轨道的不同部分，自转速度与公转角速度不匹配；②黄白交角的存在。

4. 月球的构造

月球是冰行星，在与地球擦过时被地球吸引，有了轨道。

5. 月球地形

月球表面的地形特征就是有明暗的分区，其中比较明亮的部分人们常称为月陆，其地形崎岖不平；比较暗淡的部分人们常称为月海，其轮廓大体呈浑圆状，相对而言比较平坦。目前根据科学家的测定，已知的月海大约有22个，其面积可达500×10^8 km^2，其中最大的月海是风暴洋。月海名为“海”，但其里面是没有水的，它是地势比较低洼的广阔平原。据考察证实，月海的周围是山脉，其形状呈弧形，科学家称之为月山。月山高出月海平面3～4 km，最高者达9 km，最长者达6400 km。在月球的背面，也有月海和月陆之分。在其正面，月海和月陆的面积大致相等；在其背面，月陆的面积比月海的面积大了许多。无论在月球的正面还是背面，在月陆和月海上，都布满了大小不同的环形山，人们习惯称它为月坑。在月陆上的月坑比月海的多得多。月坑的直径通常为1到几千米，目前最大者约为235 km。

6. 人类探月史

第一件到达月球的人造物体是原苏联的无人登陆器“月球2号”，它于1959年9月14日撞向月面。“月球3号”在同年10月7日拍摄了月球背面的照片。“月球9号”则是第一艘在月球软着陆的登陆器，它于1966年2月3日传回由月面上拍摄的照片。“月球10号”于1966年3月31日成功入轨，成为月球第一颗人造卫星。

在冷战期间，美国和苏联一直希望在太空科技方面领先对方。这场太空竞赛在1969年7月20日第一次人类登陆月球时进入高潮。“阿波罗11号”的航空人留下了一块9 in①×7 in的不锈钢牌匾在月球表面，以纪念这次登陆及为有可能发现它的其他生物提供一些资料。尤金·塞尔南则是“阿波罗计划”最后一个站立在月球上的人，他是1972年12月“阿波罗17号”任务的成员。

6次的阿波罗号任务及3次无人月球号任务(月球16号、20号、24号)把月球上的岩石及土壤样本带回地球。

2004年2月，美国总统乔治·沃克·布什提出于2020年前派人重新登月。欧洲航天局也有计划发射探测器前往月球。

我国也积极开展探月计划，并寻求开采月球资源的可行性，尤其是氦同位素氦-3这种有望成为未来地球能源的元素。我国启动了首个月球探测计划——嫦娥工程。嫦娥工程是一个完全自主创新的工程，也是我国实施的第一次探月活动。工程自2004年1月立项，目前已经完成了嫦娥一号卫星和长征三号甲运载火箭产品研制和发射场、测控、地面应用系统的建设。

日本及印度也不甘人后。日本已初步订出未来探月的任务。日本的宇宙航空研究开发机构甚至已着手计划有人的月球基地。印度则会先发射无人绕月探测器“Chandrayan”。

① in为非法定单位，1 in≈2.54 cm。

欧洲希望在月球上建立一个“诺亚方舟”，将地球物种的基因存储起来，当地球遭遇核战争危机或小行星撞击时，人类的生命可以得到延续。据悉，欧洲航天局将在 2020 年前分 4 个阶段进行月球探测，计划在 2012 年将宇航员送上月球，2025 年完成永久性月球基地建设，计划耗资约 890 亿元人民币。

6.1.3 地球及其运动

1. 地球基本资料

年龄:45 亿岁。

公转周期:365 天。

公转轨道:呈椭圆形。7 月初为远日点，1 月初为近日点。

自转周期:恒星日，约 23 小时 56 分 4 秒；太阳日，24 小时。

自转方向:自西向东。

黄赤交角:黄道面与赤道面的交角，23°26′。

极半径:是从地心到北极或南极的距离，大约 6356.9 km(两极的差值极小，可以忽略)。

赤道半径:是从地心到赤道的距离，大约 6378.5 km。

平均半径:大约 6371.3 km。这个数字是地心到地球表面所有各点距离的平均值。

体积:10 832 亿 km^3。

质量:约 600 000 亿亿 t。

地球表面积:5.1 亿 km^2。

海洋面积:3.61 亿 km^2。

大气:主要成分包括氮(78.08%)和氧(20.95%)，其他气体(0.97%)。

地壳:主要成分包括氧(47%)、硅(28%)和铝(8%)。

卫星(天然):1 颗，即月球。

2. 地球的运动

地球绕地轴的旋转运动，称为地球的自转。地轴的空间位置基本上是稳定的，它的北端始终指向北极星附近。地球自转的方向是自西向东，从北极上空看，呈逆时针方向旋转。如果以太阳为参照物，地球自转一周为 24 小时。地球自转产生了昼夜更替。昼夜更替使地球表面的温度不至太高或太低，适合人类生存。

3. 地球是生命的共同家园

地球的大气由 78.08%的氮，20.95%的氧，微量的氩、二氧化碳和水等物质组成。地球初步形成时，大气中可能存在大量的二氧化碳，但是几乎都被组合成了碳酸盐岩石，少部分溶入海洋或被活着的植物消耗了。现在板块构造与生物活动维持了大气中二氧化碳到其他场所再返回的不停流动。大气中稳定存在的少量二氧化碳通过温室效应对维持地表气温有极其重要的作用。温室效应使平均表面气温提高了 35 ℃(从冻人的－21 ℃升到了适人的14 ℃)，没有它海洋将会结冰，而生命将不可能存在。

地球是人类的共同家园，然而，随着科学技术的发展和经济规模的扩大，全球环境状况在过去30年里持续恶化。有资料表明：自1860年有气象仪器观测记录以来，全球年平均温度升高了0.6 ℃，最暖的13个年份均出现在1983年以后。20世纪80年代，全球每年受灾害影响的人数平均为1.47亿，而到了90年代，这一数字上升到2.11亿。目前世界上约有40%的人口严重缺水，如果这一趋势得不到遏制，在30年内，全球55%以上的人口将面临水荒。自然环境的恶化也严重威胁着地球上的野生物种，如今全球12%的鸟类和1/4的哺乳动物濒临灭绝，而过度捕捞已导致1/3的鱼类资源枯竭。

6.2 地球演化的假说

地球的地壳由几个实体板块构成，各自在热地幔上漂浮，这在理论上称为板块说。它被描绘为具有两个过程：扩大和缩小。扩大发生在两个板块互相远离，下面涌上来的岩浆形成新地壳时；缩小发生在两个板块相互碰撞，其中一个的边缘部分伸入了另一个的下面，在炽热的地幔中受热而被破坏。在板块分界处有许多断层(如加利福尼亚的San Andreas断层)，大洲板块间也有碰撞(如印度洋板块与亚欧板块)。目前有以下八大板块。

北美洲板块：北美洲、西北大西洋及格陵兰岛。

南美洲板块：南美洲及西南大西洋。

南极洲板块：南极洲及沿海。

亚欧板块：东北大西洋、欧洲及除印度外的亚洲。

非洲板块：非洲、东南大西洋及西印度洋。

印度与澳洲板块：印度、澳大利亚、新西兰及大部分印度洋。

Nazca板块：东太平洋及毗连南美部分地区。

太平洋板块：大部分太平洋(及加利福尼亚南岸)。

还有超过20个小板块，如阿拉伯极块、菲律宾板块。地震经常在这些板块交界处发生。

6.2.1 大陆漂移说

大陆漂移说是解释地壳运动和海陆分布、演变的学说。

大陆彼此之间及大陆相对于大洋盆地间的大规模水平运动，称为大陆漂移。大陆漂移说认为，地球上所有大陆在中生代以前曾经是统一的巨大陆块，称为泛大陆或联合古陆。从中生代开始，泛大陆分裂并漂移，逐渐达到现在的位置。大陆漂移的动力机制与地球自转的两种分力有关：向西漂移的潮汐力和指向赤道的离极力。较轻硅铝质的大陆块漂浮在较重的黏性的硅镁层之上，由于潮汐力和离极力的作用使泛大陆破裂并与硅镁层分离，向西、向赤道做大规模水平漂移。

1. 泛大陆理论

1912年，德国科学家魏格纳(Wegener)正式提出了大陆漂移学说，并在1915年发表的《海陆的起源》一书中作了论证。由于不能更好地解释漂移的机制问题，当时曾受到地球物理学家的反对。20世纪50年代中期至60年代，随着古地磁与地震学、宇航观测的发展，一度沉寂的大陆漂移说获得了新生，并为板块构造学的发展奠定了基础。

泛大陆存在及大陆破裂、漂移的证据主要有以下五点：

(1) 西洋两岸的海岸线相互对应，特别是巴西东端的直角突出部分与非洲西岸呈直角凹进的几内亚湾非常吻合。

(2) 大西洋两岸的美洲和非洲、欧洲在地层、岩石、构造上遥相呼应。例如，北美纽芬兰一带的褶皱山系与西北欧斯堪的纳维亚半岛的褶皱山系相对应，都属早古生代造山带；非洲南端和南美阿根廷南部晚古生代构造方向、岩石层序和所含化石相一致。

(3) 相邻大陆，特别是大西洋两岸古生物群具有亲缘关系。例如，巴西和南非石炭系-二叠系的地层中均含一种生活在淡水或微咸水中的爬行类——中龙化石，而迄今为止世界上其他地区都未曾发现。又如，主要生长于寒冷气候条件下的舌羊齿植物化石广泛分布于非洲、南美洲、印度、澳大利亚、南极洲等诸大陆的石炭系-二叠系中，而这些大陆所在的气候带却不相同，说明上述陆块之间存在亲缘关系。

(4) 石炭纪-二叠纪时在南美洲、非洲中部和南部、印度、澳大利亚都发生过广泛的冰川作用。这些地区除南美洲和南极洲外，目前都处于热带或温带地区。与此同时，在北半球除印度以外的广大地区并未找到确切的晚古生代冰川遗迹，相反却见到许多暖热气候的生物化石。这表明上述出现古冰川的诸大陆在当时曾相连接，是一个统一的大陆。

(5) 现代科学的发展为大陆漂移提供更直接的证据：精确的大地测量的数据证实大陆仍在缓慢地持续水平运动；古地磁的资料表明许多大陆块现在所处的位置并不代表它初始位置，而是经过了或长或短的运移。

2. 魏格纳理论的更新

覆盖在地球表面的巨大板块在运动，其中有的板块会带动大陆或部分大陆和海底一道运动。因此，整块大陆运动的理论被另一种不同的理论所取代。新的理论指出，陆地运动不过是地壳内部剧烈运动的表观现象。在这种因果联系过程中，魏格纳假说中列举的“极地漂移力”和“潮汐力”变得毫无意义了。

6.2.2 海底扩张说

为了完满地解释地壳的不稳定性和可变性，板块构造理论还必须与海底扩张说结合起来。海底扩张说是普林斯顿大学的赫斯(Hess)于1960年首次提出来的。该学说描述的是纵贯主要大洋海丘两侧的海底部分持续受到挤压的过程。

赫斯指出，逐渐降到海底的巨大海丘是地壳下地幔内熔融物质上涌的出口。这种物质同样沿着海丘的两侧流淌、冷却、固化，最后变成地壳的一部分覆盖在原来的地壳之上。当海丘两侧的地壳以这种方式积累增长时，这种物质（巨大的板块）就会横向离开海丘。既然地球不可能增大，这个板块在增长过程中也不会简单地扩张，那么在远离海丘之外，必定会有一处板块发生分裂。换言之，板块离海丘最远处的边界被挤到另一个板块底下，并最终进入地幔中。这时，板块边缘的水分全部被挤压出来，而板块进入地幔的部分又重新变成了熔融状。这个过程同某种对流“传送带”联系在一起，即从海丘的地幔中带出物质，然后把它传送出去，这些物质最终在远处的海沟附近又再次回到地幔中。

于是，大西洋底便产生了一股巨大的、持续的压力，它把载有南美洲和非洲的两大板块推离大西洋中的海丘。大约在 1.8 亿年以前，南美洲和非洲是连在一起的，这就是冈瓦纳大陆。两块大陆的分裂线与导致海底扩张的，并且现在仍很活跃的大西洋底海丘线十分吻合。每当发生地震时，这条海丘线便清楚地显现出来，目前，它与南美洲和非洲的大西洋海岸线的距离大致上是相等的。

1. *海底扩张假说*

随着海底科学的发展，人们利用放射性同位素测定海底岩石年龄，发现海底岩石的年龄很轻，一般不超过 2 亿年，相当于中生代侏罗纪（大陆最老岩石年龄在 30 亿年以上），而且离海岭（又称为大洋中脊）越近，岩石年龄越轻；离海岭越远，岩石年龄越老，并且在海岭两侧呈对称分布。

(1) 20 世纪 60 年代初，一些科学家提出了海底扩张学说，认为海岭是新的大洋地壳诞生处。地幔物质从海岭顶部的巨大开裂处涌出，凝固后形成新的大洋地壳。以后继续上升的岩浆又把原先形成的大洋地壳以每年几厘米的速度推向两边，使海底不断更新和扩张。当扩张着的大洋地壳遇到大陆地壳时，便俯冲到大陆地壳之下的地幔中，逐渐熔化而消亡。这一过程实际上是洋壳“新陈代谢”过程，其所历时间约需 2 亿年，它也是海底岩石年龄的下限。

(2) 沿大洋中部穿透岩石圈的裂缝或裂谷向两侧扩展并导致新生洋壳的学说。它认为地幔物质在这种裂缝带下因软流圈内的物质上涌、侵入和喷出而形成新的洋壳。随着这个作用不断进行，新上涌侵入的地幔物质把原已形成的洋壳向裂谷两侧推移扩张，致使洋底不断新生和更新。由于洋壳不断向外推移，及至海沟岛弧一线，便受阻于大陆而俯冲下插于地幔，达到新生和消亡的消长平衡，从而使洋底地壳在 2 亿～3 亿年更新一次。

赫斯于 1960 年首先提出洋盆的形成模式。随后美国科学家迪茨（Dietz）于 1961年用海底扩张作用讨论了大陆和洋盆的演化。赫斯于 1962 年对洋盆形成作了系统的分析和解释，并阐述了洋盆形成、洋底运移更新与大陆消长关系。这一理论为板块构造学的兴起奠定了基础，并引发了地球科学的一场革命。

2. 海底扩张说的证据

海底扩张说从以下事实得到验证。

(1) 1963 年英国科学家瓦因(Vine)和马修斯(Matthews)从地磁场极性的周期性倒转的分析中发现洋中脊区的磁异常呈条带状、正负相间、平行于中脊两侧,对称延伸,其顺序与地磁反向年表一致。这一事实证明了洋底是从洋中脊向外扩展而成,洋底磁异常条带因顺序相同而具有全球的可对比性。

(2) 1965 年加拿大科学家威尔逊(Wilson)提出了转换断层的概念,使证明岩石圈板块的水平位移成为可能,并因此阐明了洋中脊的新生洋壳和海沟带的洋壳消减之间的消长平衡关系,即扩张速率与消减速率相等。通常用扩张速率来表示海底扩张作用的强度,一般以一侧的速率来表示。太平洋的扩张速率为每年 5～7 cm,大西洋的扩张速率为每年 1～2 cm。

海底扩张说在大陆漂移说的基础上,把洋中脊的扩张与海沟岛弧的俯冲联系起来,即认为大洋水体虽然是古老的,但洋底因不断更新而具新洋壳,而大陆则是由不同时代的陆块不断裂解、拼合和增生而成。

6.2.3 板块构造说

板块构造说是在大陆漂移说和海底扩张说的基础上提出的。

板块构造说是 1968 年法国地质学家勒皮雄(Le Pichon)与摩根(Morgan)、英国科学家麦肯齐(McKenzie)等提出的一种新的大陆漂移说,它是海底扩张说的具体延伸。

1. 概述

所谓板块指的是岩石圈板块,包括整个地壳和莫霍面以下的上地幔顶部,也就是地壳和软流圈以上的地幔顶部。板块构造又称为全球大地构造。新全球构造理论认为,不论大陆壳或大洋壳都曾发生并还在继续发生大规模水平运动。但这种水平运动并不像大陆漂移说所设想的,发生在硅铝层和硅镁层之间,而是岩石圈板块整个地幔软流层上。

2. 驱使板块运动的力量

按照海底扩张说,大洋中脊是地幔对流上升的地方,地幔物质不断从这里涌出,冷却固结成新的大洋地壳,以后涌出的热流又把先前形成的大洋壳向外推移,自中脊向两旁每年以 0.5～5 cm 的速度扩展,不断为大洋壳增添新的条带。因此,洋底岩石的年龄是离中脊越远而越古老。当移动的大洋壳遇到大陆壳时,就俯冲钻入地幔之中,在俯冲地带,由于拖曳作用形成深海沟。大洋壳被挤压弯曲超过一定限度就会发生一次断裂,产生一次地震,最后大洋壳被挤到 700 km 以下,为处于高温熔融状态的地幔物质所吸收同化。向上仰冲的大陆壳边缘,被挤压隆起成岛弧或山脉,它们一般与海沟伴生。现在太平洋周围分布的岛屿、海沟、大陆边缘山脉和火山、地震就是这样形成的。所以,海洋地壳是由大洋中脊处诞生，到海沟岛弧带消失，这样不断更新，2亿～3亿年就全部更新一次。因此，海底岩石都很年轻，一般不超过2亿年，平均厚为5～6 km，主要由玄武岩一类物质组成。而大陆壳已发现有37亿年以前的岩石，平均厚约35 km，最厚可达70 km以上。除沉积岩外，大陆壳主要由花岗岩类物质组成。地幔物质的对流上升也在大陆深处进行着，在上升流涌出的地方，大陆壳将发生破裂。例如，长达6000多千米的东非大裂谷，就是地幔物质对流促使非洲大陆开始张裂的表现。

3. 板块的移动

随着软流层的运动，各个板块也会发生相应的水平运动。据地质学家估计，大板块每年可以移动1～6 cm的距离。

这个速度虽然很小，但经过亿万年后，地球的海陆面貌就会发生巨大的变化：当两个板块逐渐分离时，在分离处即可出现新的凹地和海洋，大西洋和东非大裂谷就是在两块大板块发生分离时形成的；当两个大板块相互靠拢并发生碰撞时，就会在碰撞合拢的地方挤压出高大险峻的山脉。位于我国西南边疆的喜马拉雅山，就是3000多万年前由南面的印度板块和北面的亚欧板块发生碰撞挤压而形成的。有时还会出现另一种情况，当两个坚硬的板块发生碰撞时，接触部分的岩层还没来得及发生弯曲变形，其中一个板块已经深深地插入另一个板块的底部。由于碰撞的力量很大，插入部位很深，以至把原来板块上的老岩层一直带到高温地幔中，最后被熔化了。而在板块向地壳深处插入的部位，即形成了很深的海沟。西太平洋海底的一些大海沟就是这样形成的。

根据板块学说，大洋有生有灭，它可以从无到有、从小到大，也可以从大到小、从小到无。大洋的发展可分为胚胎期(如东非大裂谷)、幼年期(如红海和亚丁湾)、成年期(如目前的大西洋)、衰退期(如太平洋)与终了期(如地中海)。大洋的发展与大陆的分合是相辅相成的。在前寒武纪时，地球上存在一块泛大陆。以后经过分合过程，到中生代早期，泛大陆再次分裂为南北两大古陆，北为劳亚古陆，南为冈瓦那古陆。到三叠纪末，这两个古陆进一步分离、漂移，相距越来越远，其间由最初一个狭窄的海峡，逐渐发展成现代的印度洋、大西洋等巨大的海洋。到新生代，由于印度已北漂到亚欧大陆的南缘，两者发生碰撞，青藏高原隆起，造成宏大的喜马拉雅山系，古地中海东部完全消失；非洲继续向北推进，古地中海西部逐渐缩小到现在的规模；欧洲南部被挤压成阿尔卑斯山系，南、北美洲在向西漂移过程中，前缘受到太平洋地壳的挤压，隆起为科迪勒拉-安第斯山系，同时两个美洲在巴拿马地峡处复又相接；澳大利亚大陆脱离南极洲，向东北漂移到现在的位置，于是海陆的基本轮廓发展成现在的规模。

4. 板块边界为不稳定地带

地震几乎全部分布在板块的边界上，火山也多在边界附近，其他如张裂、岩浆上升、热流增高、大规模的水平错动等，也多发生在边界线上，地壳俯冲更是碰撞边界划分的重要标志之一，可见板块边界是地壳的极不稳定地带。

6.3 地球的圈层构造

地球圈层分为地球外圈和地球内圈两大部分。地球外圈可进一步划分为 4 个基本圈层，即大气圈、水圈、生物圈和岩石圈；地球内圈可进一步划分为 3 个基本圈层，即地核、地幔和地壳。这样，整个地球总共包括 7 个圈层，岩石圈、软流圈和地球内圈一起构成了所谓的固体地球。

对于地球外圈中的大气圈、水圈和生物圈，以及岩石圈的表面，一般用直接观测和测量的方法进行研究。而地球内圈，目前主要用地球物理的方法，如地震学、重力学和高精度现代空间测地技术观测的反演等进行研究。

地球各圈层在分布上有一个显著的特点，即固体地球内部与表面之上的高空基本上是上下平行分布的。而在地球表面附近，各圈层则是相互渗透甚至相互重叠的，其中生物圈表现最为显著，其次是水圈。

地球的圈层构造是其 40 多亿年演化的结果。作为太阳系内行星之一的地球，大约在 45 亿年前就有现在这样的大小，而且成分很均匀，那时的地球还比较冷。但在距今 45 亿～40 亿年，地球遭到陨石等小星体的强烈轰击，这些强大的动能就转变为热能。同时，地球上的放射性元素衰变也产生大量的热能，而地球自身的压缩也导致温度升高，于是原始地球很快变热，内部温度升高，使地下一定深度的物质发生熔融，使原始地球中的金属铁、镍等高密度低熔点物质向地球中心部位沉降聚集而成地核，其释放出的重力能又转变为热能，进一步导致地球内部的对流和分异作用，低密度物质向上浮动，经冷却形成原始地壳，并逐渐形成了地球的圈层结构。

第7章 数 学

在人类的知识宝库中有三大类科学，即自然科学、社会科学、认识和思维科学。数学是自然科学的一种，是其他科学的基础和工具。从本质上看，数学是研究现实世界的数量关系与空间形式的科学，或简单地说，数学是研究数与形的科学。

经过几千年的发展，到19世纪，数学领域发生了巨大的变化，迎来了新的发展历史阶段。自此数学建立了新的理论基础，拓展了原有的各个分支，形成了一系列新的分支学科以及不同分支学科纵横交错的庞大科学体系。新时期的数学以其新颖的概念、方法和理论，深刻揭示了事物的数量关系、结构关系和空间形式；以其高度的抽象，反映着事物的特殊本质，为人们认识和改造世界提供了强大的武器。

本章从数学发展史概要、数学分支领域介绍、20世纪数学发展的特点、应用类数学分支介绍和数学问题介绍等五个方面简要阐述数学的起源、发展、应用、研究方法及未来数学研究和应用的特点，重点阐述数学发展的社会背景，描述历史上重要数学成果，揭示数学思想方法，探索数学的未来发展趋势，力求使读者了解一般的数学发展规律。

7.1 数学发展史概要

7.1.1 古代数学发展简史

数学经过漫长的萌芽阶段，在生产的基础上积累了丰富的有关数和形的感性知识。大约在公元前3000年，在四大文明古国——古巴比伦、古埃及、古印度和古代中国出现了数学萌芽。

古巴比伦泥版上的楔形文字表明，古巴比伦自公元前2000年左右即开始使用60进位制的记数法进行较复杂的计算，并出现了60进位的分数，用与整数同样的法则进行计算；已经有了关于倒数、乘法、平方、立方、平方根和立方根等的数表。公元前300年左右，一些应用问题的解法表明当时已具有解一次和二次（个别甚至有三次、四次）数字方程的经验公式，会计算简单直边形的面积和简单立体的体积，并且可能知道勾股定理的一般形式。古巴比伦人对于天文和历法很有研究，因而算术和代数比较发达。古巴比伦数学具有算术和代数的特征，几何只是表达代数问题的一种方法，这时还没有产生数学的理论。

古埃及数学采用10进位制的记数法，用的是所谓的“累积法”。正整数运算基于加法，乘法是通过屡次相加的方法运算的。除几个特殊分数外，所有分数均极化为分子为1的“单位分数”之和，分数的运算独特而又复杂。许多问题是求解未知数，而且多数是相当于现在一元一次方程的应用题。知道运用三边比为3∶4∶5的三角形测量直角。埃及数学的一个主要用途是天文研究，也在研究天文中得到了发展。

公元前14世纪,中国已有10进制记数法。公元前11世纪,商周时代已知"勾三股四弦五"。西汉初的汉简《算数书》、公元前1世纪的《周髀算经》和《九章算术》等都是中国古代数学的重要成果。其中《九章算术》是一部经几代人整理、删补和修订而成的古代数学经典著作,约成书于公元前1世纪。全书采用问题集的形式编写,共收集了246个问题及其解法,分属于方田、粟米、衰分、少广、商功、均输、盈不足、方程和勾股九章。主要内容包括分数四则和比例算法、各种面积和体积的计算、关于勾股测量的计算等。"方程"章中所引入的负数概念及正负数加减法法则,在世界数学史上都是最早的记载。书中关于线性方程组的解法和现在中学讲授的方法基本相同。

印度数学最早有文字记录的是吠陀时代,其年代最早可上溯到公元前10世纪,最晚至公元前3世纪。吠陀原意为知识和光明,内容主要记录在棕榈叶或树皮上,大多数都已失传。目前流传下来的有一些几何内容和建筑中的代数计算问题,如勾股定理、矩形对角线的性质、相似直线形的性质和一些作图法等,以及由几何计算导致的一些求解一次、二次代数方程等问题。

公元前6世纪～公元4世纪,古希腊成为数学发展的中心。这期间,数学最突出的有三大成就:一是欧几里得的关于平面几何、比例论、数论、无理量论和立体几何的集大成著作《几何原本》,第一次把几何学建立在演绎体系上,成为数学史乃至思想史上一部划时代的名著。二是阿基米德把抽象的数学理论和具体的工程技术结合起来,根据力学原理探求几何图形的面积和体积。三是阿波罗尼的《圆锥曲线论》,它几乎将圆锥曲线的性质网罗殆尽。至此,标志着当时数学的主体部分——算术、代数和几何基本上已经建立起来了。

5～15世纪,数学发展的中心转移到了东方的印度、中亚细亚、阿拉伯国家和中国。在这1000多年中,数学主要是由于计算的需要,特别是由于天文学的需要而得到迅速发展。与以前的希腊数学家大多数是哲学家不同,东方的数学家大多数是天文学家。

15世纪开始了欧洲的文艺复兴。当时,欧洲的数学活动主要集中在算术、代数和三角方面。缪勒的名著《三角全书》是欧洲人对平面和球面三角学所著的独立于天文学的第一个系统的阐述。16世纪最壮观的数学成就是塔塔利亚、卡尔达诺和拜别利等发现的三次和四次方程的代数解法。16世纪最伟大的数学家是韦达,他写了许多关于三角学、代数学和几何学的著作,其中最著名的是于1591年出版的《分析方法入门》,对代数学加以系统地整理,第一次自觉地使用字母表示未知数和已知数,使代数学大为改观。

16～17世纪,欧洲封建社会开始解体,代之而起的是资本主义社会。资本主义工厂手工业的繁荣和向机器生产的过渡,以及航海及军事等的发展,促使技术科学和数学急速向前发展。17世纪发生了对于数学具有重大意义的三件大事。第一件大事是伽利略实验数学方法的出现,它表明了数学与自然科学的一种崭新的结合。其特点是在所研究的现象中,找出一些可以度量的因素,并把数学方法应用到这些量的变化规律中。伽利略的实验数学为科学研究开创了一种全新的局面。在它的影响下,17世纪以后的许多物理学家同时又是数学家,而许多数学家也在物理学的发展中作出了重要的贡献。第二件大事是笛卡儿的重要著作《方法谈》及其附录《几何学》于 1637 年发表。它引入了点的坐标，把平面上的点和有序数组建立起了对应关系。由于有了坐标，平面曲线与二元方程之间建立起了联系，由此产生了一门用代数方法研究几何学的新学科——解析几何学。第三件大事是微积分学的建立，最重要的工作是由牛顿和莱布尼茨各自独立完成的。他们认识到微分和积分实际上是一对逆运算，从而给出了微积分学基本定理，即牛顿-莱布尼茨公式。到 1700 年，现在大学里学习的大部分微积分内容已经建立起来了，其中还包括较高等的内容，如变分法。第一本微积分课本出版于 1696 年，是洛比达写的。除这三件大事外，还有笛沙格在 1639 年发表的《试图处理圆锥与平面相交情形的文稿》一书中，进行了射影几何的早期研究工作，帕斯卡于 1649 年制成了计算器，惠更斯于 1657 年发表了概率论学科中的第一篇论文。

18 世纪数学的各个学科，如三角学、解析几何学、微积分学、数论、方程论、概率论、微分方程和分析力学等得到快速发展，同时还开创了若干新的领域，如保险统计学、高等函数论、偏微分方程及微分几何学等。

19 世纪 20 年代出现了一项伟大的数学成就，把微积分的理论基础牢固地建立在极限的概念上。柯西于 1821 年在《代数分析教程》一书中发展了可接受的极限理论，然后极其严格地定义了函数的连续性、导数和积分，强调研究级数收敛性的必要，给出了正项级数的根式判别法和积分判别法等。

7.1.2　近现代数学发展简史

19 世纪前半叶，数学上出现了两项革命性的发现——非欧几何与不可交换代数。

大约在 1826 年，人们发现了与通常的欧几里得几何不同的、但也是正确的几何——非欧几何。它是由罗巴契夫斯基和里耶首先提出的。非欧几何的出现改变了人们认为欧氏几何唯一地存在是天经地义的观点。它的革命思想不仅为新几何学开辟了道路，而且是 20 世纪相对论产生的前奏和准备。后来证明，非欧几何所导致的思想解放对现代数学和现代科学有着极为重要的意义，因为人类终于开始突破感官的局限而深入自然的更深刻的本质。从这个意义上说，为确立和发展非欧几何贡献了一生的罗巴契夫斯基不愧为现代科学的先驱者。1854 年，黎曼推广了空间的概念，开创了几何学一片更广阔的领域——黎曼几何学。非欧几何学的发现还促进了公理方法的深入探讨，研究可以作为基础的概念和原则，分析公理的完全性、相容性和独立性等问题。1899 年，希尔伯特对此作出了重大贡献。

1843 年，汉密尔顿发现了一种乘法交换律不成立的代数——四元数代数。不可交换代数的出现改变了人们认为存在与一般的算术代数不同的代数是不可思议的观点。它的革命思想打开了近代代数的大门。另外，一元方程根式求解条件的探究，引进了群的概念。19 世纪 20～30 年代，阿贝尔和伽罗华开创了近世代数学的研究。群论之后，多种代数系统（环、域、格、布尔代数和线性空间等）被建立。这时，代数学的研究对象扩充为向量、矩阵等，并渐渐转向代数系统结构本身的研究。

19 世纪还发生了第三个有深远意义的数学事件——分析的算术化。1874 年威尔斯特拉斯提出了一个引人注目的例子，要求人们对分析基础作更深刻的理解。他提出了被称为“分析的算术化”的著名设想，实数系本身最先应该严格化，然后分析的所有概念应该由此数系导出。他和后继者们使这个设想基本得以实现，使今天的全部分析可以从表明实数系特征的一个公设集中逻辑地推导出来。

拓扑学开始是几何学的一个分支，但是直到20世纪的第二个1/4世纪，它才得到推广。拓扑学可以粗略地定义为对于连续性的数学研究。科学家认识到：任何事物的集合，不管是点的集合、数的集合、代数实体的集合、函数的集合或非数学对象的集合，都能在某种意义上构成拓扑空间。拓扑学的相关概念和理论，已经成功地应用于电磁学和物理学的研究。

20世纪有许多数学著作曾致力于仔细考察数学的逻辑基础和结构，这反过来又导致公理学的产生，即对于公设集合及其性质的研究。许多数学概念经受了重大的变革和推广，并且像集合论、近世代数学和拓扑学这样深奥的基础学科也得到广泛发展。一般（或抽象）集合论导致的一些意义深远而困扰人们的悖论，迫切需要得到处理。逻辑本身作为在数学上以承认的前提去得出结论的工具，被认真地检查，从而产生了数理逻辑。逻辑与哲学的多种关系，导致了数学哲学的各种不同学派的出现。

20世纪40～50年代，世界科学史上发生了三件惊天动地的大事，即原子能的利用、电子计算机的发明和空间技术的兴起。此外还出现了许多新的现象，促使数学发生急剧变化。首先是现代科学技术研究的对象日益超出人类的感官范围，向高温、高压、高速、高强度、远距离和自动化等发展。其次是科学实验的规模空前扩大，一个大型的实验，要耗费大量的人力和物力。为了减少浪费和避免盲目性，迫切需要精确的理论分析和设计。最后是现代科学技术日益趋向定量化，各个科学技术领域，都需要使用数学工具。数学几乎渗透到所有的科学部门中去，从而形成了许多交叉数学学科，如生物数学、生物统计学、模糊数学和数理语言学等。

20世纪40年代，第一台电子计算机诞生以后，由于电子计算机应用广泛、影响巨大，围绕它很自然要形成一门庞大的科学——计算机科学。粗略地说，计算机科学是对计算机体系、软件和某些特殊应用进行探索和理论研究的一门科学。计算数学可以归入计算机科学之中，但它也可以算是一门应用数学。

计算机的设计与制造的大部分工作通常属于计算机工程或电子工程的范畴。软件是指解题的程序、程序语言和编制程序的方法等。研究软件需要使用数理逻辑、代数、数理语言学、组合理论、图论和计算方法等多种数学工具。目前电子计算机的应用已达成千上万种，还有不断增加的趋势。但只有某些特殊应用才归入计算机科学之中，如机器翻译、人工智能、机器证明、图形识别和图像处理等。

20世纪40年代以后，涌现出大量新的应用类数学科目，内容的丰富、应用的广泛、名目的繁多都是史无前例的，如对策论、规划论、排队论、最优化方法、信息论、控制论、系统分析和可靠性理论等。这些分支所研究的范围和互相间的关系很难划清，也有的因为使用了很多概率统计的工具，又可以看做概率统计的新应用或新分支，还有的可以归入计算机科学之中等。

20世纪40年代以后，基础理论也有了飞速的发展，出现许多突破性的工作，解决了一些带根本性质的问题。在这过程中引入了新的概念和新的方法，推动整个数学前进。例如，希尔伯特1900年在国际数学家大会上提出的尚待解决的23个问题中，很多问题得到了解决。20世纪60年代以来，还出现了如非标准分析、模糊数学和突变理论等新兴的数学分支。此外，近几十年来经典数学也获得了巨大进展，如概率论、数理统计、解析数论、微分几何、代数几何、微分方程、函数论、泛函分析和数理逻辑等。

7.2 数学分支领域介绍

根据数学发展及研究的特点，数学又可分为代数学、几何学和分析学三大领域。大体来说，数学中研究数的部分属于代数学的范畴；研究形的部分属于几何学的范畴；沟通形与数且涉及极限运算的部分属于分析学的范畴。这三大类数学构成了整个数学的本体与核心。在这一核心的周围，由于数学通过数与形这两个概念与其他学科互相渗透，出现了许多交叉学科。

7.2.1 代数学范畴

代数学范畴包含算术、初等代数、高等代数、数论和抽象代数等。算术的基本概念和逻辑推论法则是以人类的实践活动为基础，深刻地反映了世界的客观规律性，它是构成数学其他分支的基础。初等代数的中心内容是方程理论，它是数的概念拓广的基础。在高等代数中，线性方程组发展成为线性代数理论，而一次、二次方程发展成为多项式理论。前者是研究向量空间、线性变换、型论、不变量论和张量代数等内容的一门近世代数分支学科，而后者是研究只含有一个未知量的任意次方程的一门近世代数分支学科。

以正整数作为研究对象的数论可以看做算术的一部分，但它不是以运算的观点，而是以数的结构的观点来研究整数的。因此可以说，数论是研究由整数按一定形式构成的数系的科学。

早在公元前3世纪，欧几里得的《几何原本》讨论了整数的一些性质。他证明素数的个数是无穷的，还给出了求两个数的公约数的辗转相除法。这与我国《九章算术》中的“更相减损法”是相同的。埃拉托色尼则给出了寻找不大于给定的自然数N的全部素数的“筛法”：在写出从1到N的全部整数的纸草上，依次挖去2,3,5,7,…的倍数(各自的2倍、3倍、……)以及1，在这筛子般的纸草上留下的便全是素数了。当两个整数之差能被正整数m除尽时，便称这两个数对于“模”m同余。我国《孙子算经》(公元4世纪)中计算一次同余式组的“求一术”，有“中国剩余定理”之称。13世纪，秦九韶已建立了比较完整的同余式理论——“大衍求一术”，这是数论研究的内容之一。丢番图的《算术》中给出了求$x^2+y^2=z^2$所有整数解的方法。费马指出$x^n+y^n=z^n$在$n\geqslant 3$时无正整数解，该问题的研究产生了19世纪的数论。之后高斯的《数论研究》(1801年)形成了系统的数论。

数论的古典内容基本上不借助于其他数学分支的方法，称为初等数论。17 世纪中叶以后，曾受数论影响而发展起来的代数、几何、分析和概率等数学分支又反过来促进了数论的发展，出现了代数数论（研究整系数多项式的根——“代数数”）和几何数论（研究直角坐标系中坐标均为整数的全部“整点”——“空间格网”）。19 世纪后半期出现了解析数论，用分析方法研究素数的分布。20 世纪出现了完备的数论理论。

1843 年，汉密尔顿发明了一种乘法交换律不成立的代数——四元数代数。第二年，格拉斯曼推演出更有一般性的几类代数。1857 年，凯莱设计出另一种不可交换的代数——矩阵代数。他们的研究打开了抽象代数（也称为近世代数）的大门。实际上，减弱或删去普通代数的某些假定，或将某些假定代之以别的假定（与其余假定是相容的），就能得到许多种代数体系。1870 年，克隆尼克给出了有限阿贝尔群的抽象定义，狄德金开始使用“体”的说法，并研究了代数体。1893 年，韦伯定义了抽象的体。1910 年，施坦尼茨展开了体的一般抽象理论，狄德金和克隆尼克创立了环论。1910 年，施坦尼茨总结了包括群、代数、域等在内的代数体系的研究，开创了抽象代数学。1926 年，诺特完成了域的理想理论，1930 年，毕尔霍夫建立格论，它源于 1847 年的布尔代数。第二次世界大战后，出现了各种代数系统的理论和布尔巴基学派。1955 年，嘉当、格洛辛狄克和爱伦伯克建立了同调代数理论。

到现在为止，数学家已经研究过 200 多种代数结构，其中最主要的若当代数和李代数是不服从结合律的代数的例子。这些工作的绝大部分属于 20 世纪，它们使一般化和抽象化的思想在现代数学中得到了充分的反映。

抽象代数是研究各种抽象的公理化代数系统的数学学科。典型的代数系统有群、环、域等，它们主要起源于 19 世纪的群论，包含群论、环论、伽罗华理论、格论和线性代数等许多分支，并与数学其他分支相结合产生了代数几何、代数数论、代数拓扑、拓扑群等新的数学学科。抽象代数已经成了当代大部分数学的通用语言。

现在，可以笼统地把代数学解释为关于字母计算的学说，但字母的含义是在不断拓展的。在初等代数中，字母表示数，而在高等代数和抽象代数中，字母则表示向量（或 n 元有序数组）、矩阵、张量、旋量和超复数等各种形式的量。可以说，代数已经发展成为一门关于形式运算的一般学说了。

7.2.2　几何学范畴

初等几何学、射影几何学、解析几何学、非欧几何学和拓扑学等属于几何学范畴。初等几何主要是指欧几里得几何，它是讨论图形（点、线、面、角、圆等）在运动下的不变性质的科学。射影几何学是一门研究图形的射影性质，即经过射影变换后，依然保持不变的图形性质的几何学分支学科。幻灯片上的点和线，经过幻灯机的照射投影，在银幕上的图形中都有相对应的点线，这样一组图形经过有限次透视以后，变成另一组图形，这在数学上就称为射影对应。射影几何学在航空、摄影和测量等方面都有广泛的应用。解析几何即坐标几何，包括平面解析几何和空间解析几何两部分。解析几何通过平面直角坐标系和空间直角坐标系，建立点与实数对之间的一一对应关系，从而建立起曲线或曲面与方程之间的一一对应关系，因而就能用代数方法研究几何问题，或用几何方法研究代数问题。

非欧几何有三种不同的含义：狭义的，单指罗氏(罗巴切夫斯基)几何；广义的，泛指一切和欧氏(欧几里得)几何不同的几何；通常意义的，指罗氏几何和黎曼几何。

欧几里得的第五公设①称为平行公理，在数学史上占有特殊的地位，引导出千年来数学上和哲学上最大的难题之一。后人证明它同下面两命题等价：一是三角形内角和等于两个直角；二是通过一个不在直线上的点，有且仅有一条不与该直线相交的直线。它与前四条公设相比，性质显得太复杂了。它在《几何原本》中第一次应用是在证明第29个定理时，而且此后似乎总是尽量避免使用它。因此人们怀疑第五公设的公理地位，并探索用其他公理来证明它，以使它变为一条定理。在3000多年的时间中，进行这种探索并有案可查的就达2000人以上，其中包括许多知名的数学家，但他们都失败了。罗巴契夫斯基和鲍耶于1826年和1832年分别发表了划时代的研究结果，开创了非欧几何。在这种几何中，他们假设“过不在已知直线上的一点，可以引至少两条直线平行于已知直线”，用以代替第五公设，同时保留了欧氏几何的其他公设。1854年，黎曼推出了另一种非欧几何。在这种几何中，他假设“过已知直线外一点，没有和已知直线平行的直线可引”，用以代替第5公设，同时保留了欧氏几何的其他公设。1871年，克莱因把这三种几何：罗巴契夫斯基-鲍耶的、欧几里得的和黎曼的分别定名为双曲几何、抛物几何和椭圆几何。

非欧几何的发现不仅最终解决了平行公设的问题——平行公设被证明是独立于欧氏几何的其他公设的，而且把几何学从其传统模型中解放出来，至此，创造多种不同体系几何的道路被打开了。

1854年，黎曼发表了题为“关于作为几何学基础的假设”的演讲。他指出，每种不同的距离公式决定了最终产生的空间和几何的性质。1872年，克莱因建立了各种几何系统按照不同变换群不变量的分类方法。

19世纪以后，几何空间概念发展的另一方向，是按照所研究空间的微分结构原则的分类，每一种几何都对应着一套定理系统。1899年，希尔伯特发表了《几何基础》一书，提出了完备的几何公理体系，建立了欧氏几何的严密的基础，并给出了证明一个公理体系的相容性(无矛盾性)、独立性和完备性的普遍原则。按照他的观点，不同的几何空间乃是从属于不同几何公理要求的元素集合。欧氏几何和非欧几何，在大量的几何系统中，只不过是极其特殊的情形而已。

在数学上，关于哥尼斯堡七桥问题、多面体的欧拉定理、四色问题等都是拓扑学发展史上的重要问题。哥尼斯堡(今俄罗斯加里宁格勒)是东普鲁士的首都，普莱格尔河横贯其中。18世纪在这条河上建有七座桥，将河中间的两个岛和河岸连接起来。人们

① 欧几里得的5条公设：①任意两个点可以通过一条直线连接；②任意线段能无限延伸成一条直线；③给定任意线段，可以以其一个端点为圆心，该线段为半径作一个圆；④所有直角都全等；⑤若两条直线都与第三条直线相交，并且在同一边的内角之和小于两个直角，则这两条直线在这一边必定相交。

闲暇时经常在这上边散步，一天有人提出：能不能每座桥都只走一遍，最后又回到原来的位置。这个看起来很简单又很有趣的问题吸引了大家，很多人在尝试各种各样的走法，但谁也没有做到。看来要得到一个明确、理想的答案还不那么容易。

1736年，有人带着这个问题找到了当时的大数学家欧拉，欧拉经过一番思考，很快就用一种独特的方法给出了解答。欧拉把这个问题首先简化，他把两座小岛和河的两岸分别看做四个点，而把七座桥看做这四个点之间的连线。那么这个问题就简化成，能不能用一笔就把这个图形画出来。经过进一步的分析，欧拉得出结论——不可能每座桥都走一遍，最后回到原来的位置，并且给出了所有能够一笔画出来的图形所应具有的条件。在拓扑学发展历史中，还有一个著名而且重要的关于多面体的定理也和欧拉有关，即欧拉定理：设凸多面体的顶点数是 v，棱数是 e，面数是 f，那么它们总有关系 $f+v-e=2$。根据多面体的欧拉定理，可以得出这样一个有趣的事实：只存在五种正多面体，即正四面体、正六面体、正八面体、正十二面体和正二十面体。著名的四色问题①也是与拓扑学发展有关的问题。

庞加莱于1895～1904年建立了拓扑学，采用代数组合的方法研究拓扑性质。他把欧拉公式推广为欧拉-庞加莱公式，与此有关的理论现在称为同调理论和同伦理论。以后的拓扑学主要按照庞加莱的设想发展。

拓扑学开始是几何学的一个分支，在20世纪得到了极大的推广。1906年，弗雷歇发表博士论文，把函数作为一个"点"来看，把函数收敛描绘成点的收敛，这就把康托的点集论和分析学的抽象化联系起来了。他在函数所构成的集合中引入距离的概念，定义距离空间，开创了线性距离空间的理论。在这个基础上，产生了点集拓扑学。在豪斯道夫的《点集论纲要》一书中，出现了更一般的点集拓扑学的完整想法。第二次世界大战后，数学家把分析引进拓扑，发展了微分拓扑。

现在的拓扑学可以粗略地定义为对于连续性的数学研究。任何事物的集合都能在某种意义上构成拓扑空间，拓扑学的概念和理论已基本成为数学的基础理论之一。

7.2.3 分析学范畴

微积分、微分方程、微分几何、函数论和泛函分析等属于分析学范畴。微积分学是微分学和积分学的统称，它是研究函数的导数、积分的性质和应用的一门数学分支学科。凡是表示未知函数和未知函数的导数以及自变量之间的关系的方程，就称为微分方程。如果未知函数是一元函数，则称为常微分方程；如果未知函数是多元函数，则称为偏微分方程。微分方程的基本问题是在一定的条件下，从所给出的微分方程解出未知函数。对于微分方程组的研究，始于达朗贝尔。19世纪前半叶，柯西开始研究解的存在性和唯一性。19世纪后半叶，数学家们开始利用群论来研究微分方程，由此建立连续群和李群的新理论。庞加莱引入了极限环的概念，李雅普诺夫引入了微分方程组解的稳定性概念。他们的方法都不必直接求解，称为定性理论。1927年，毕尔霍夫建

① 四色问题又称四色猜想，是世界近代三大数学难题之一，参见7.5节。

立了“动力系统”的定性理论。

一阶偏微分方程的研究首先是从几何学问题开始的。拉格朗日指出，解一阶线性偏微分方程的技巧，在于把它们化为常微分方程。一阶非线性偏微分方程的研究，始于欧拉和拉格朗日，蒙日为偏微分方程的几何理论奠定了基础。到 18 世纪末叶，在引入奇解、通解、全积分、通积分和特积分等概念之后，偏微分方程已形成一门独立的学科。

二阶偏微分方程的研究始于 18 世纪的弦振动理论。常见的二阶偏微分方程均来自物理或力学的实际问题，它们构成了这门学科中一个独立的系统——数学物理方程。

积分方程源于阿贝尔 1826 年的工作，但是直到 1888 年雷蒙的著作中，才正式提出了积分方程这个名词。1896 年开始，伏特拉给出了两类积分方程的一般理论。不久，弗雷德荷姆大体上完成了一类重要的线性积分方程理论。由于这类积分方程常出现在一些物理问题中，所以积分方程论常被包含在数学物理方程理论内。

微分几何这门分支学科主要研究三维欧氏空间中曲线和曲面的内在性质。所谓内在性质就是同几何对象在空间中的位置无关的性质。它以微积分和微分方程这些分支学科的理论为研究工具，或简单地说，微分几何就是用分析方法研究几何性质，也可以看做几何学范畴的一个分支。微分几何的发端可见于 1731 年克莱洛的著作。蒙日 1809 年的著作包含了这一学科的雏形。欧拉研究了曲面的一般理论，高斯 1827 年的《关于曲面的一般研究》一书，论述了曲面理论，创立了内蕴几何学，奠定了曲面微分几何的基础。1887～1896 年，达布的《曲面一般理论的讲义》是集曲线和曲面微分几何之大成的著作。

变换理论对微分几何的影响，产生了射影微分几何、仿射微分几何等分支。20 世纪初，出现了对非充分光滑曲线和曲面以及曲线曲面的整体问题的研究，形成了现代微分几何。1923 年，嘉当提出了一般联络的理论。1945 年，陈省身建立了代数拓扑和微分几何的联系，他又是纤维丛概念的创建人之一。

函数论包括复变函数论和实变函数论。自变量是复数的函数，称为复变函数。如果复变函数在某一区域内除了可能有限个例外点外，处处有导数，那么这个复变函数称为在这个区域内的解析函数，例外点称为奇点。复变函数论主要研究解析函数的性质。18 世纪 30～40 年代，欧拉利用幂级数详细讨论了初等复变函数的性质。达朗贝尔 1752 年得出复变函数可微的必要条件(即“柯西-黎曼条件”)，拉普拉斯也考虑过复变函数的积分。复变函数的全面发展是在 19 世纪。1831 年，柯西推出了柯西积分公式，并在此基础上建立了一整套复变函数微分和积分的理论。黎曼 1851 年的博士论文《复变函数论的基础》，奠定了复变函数理论的基础，引入了“黎曼曲面”的重要概念，确立了复变函数的几何理论基础，证明了保角映射基本定理。威尔斯特拉斯完全摆脱了几何直观，以幂级数为工具，用严密的纯解析推理展开函数。定义解析函数是可以展开为幂级数的函数，围绕着奇点研究函数的性质。复变函数论是解决工程技术问题的有力工具，如飞机飞行理论、热运动理论、流体力学理论、电磁学和弹性力学理论等中的很多问题。

实变函数的发展较晚，其中积分论是它的重要组成部分。容度和测度是线段长度概念的推广，是为了推广积分的概念而建立起来的。1893 年，约当给出了“约当容度”的概念，并用于讨论积分。1894 年，斯提捷首先推广了积分概念，得到了“斯提捷积分”。1898 年，波莱尔改进了容度的概念，他称之为“测度”。下一步决定性的进展是 1902 年勒贝格改进了测度理论，建立了“勒贝格测度”和“勒贝格积分”等概念。1904 年，他完全解决了黎曼可积性的问题。后来，数学家们对积分的概念又作了种种推广和探索。实变函数的另一个领域是函数构造论。1885 年，威尔斯特拉斯证明：连续函数必可表示为一致收敛的多项式级数。这一结果和切比雪夫的最佳逼近论，是函数构造论的开端。20 世纪，实变函数论方向有了长足的发展。

20 世纪初，出现了一个广阔的新领域——泛函分析，它是古典分析观点的推广。分析学中许多新分支的形成，使人们发现在代数、几何、分析中不同领域之间的某些方面的类似。另外，几何与集合论的结合产生了抽象空间的理论，将函数看成函数空间中的点，再加上实变函数论及近世代数的概念和方法的影响，就产生了泛函分析。它综合函数论、几何和代数的观点，研究无穷维向量空间上的函数、算子和极限理论。19 世纪末，弗尔太拉和 20 世纪初阿达玛的著作中已出现泛函分析的萌芽。随后希尔伯特和海令哲开创了“希尔伯特空间”的研究，黎斯、冯·诺伊曼等在这方面都有重要的建树。

7.3 20 世纪数学发展的特点

从前两节可以看出，数学在 19 世纪已经发展成独立的学科。到 19 世纪下半叶，随着不断从实际中获取营养以及自身的蓬勃发展，数学本身积累了大量丰富的资料（思想、方法和理论等），其中有些甚至达到了烦琐的程度，同时也留下了众多没有解决的难题。这些都促使了 20 世纪上半叶以来对数学所进行的系统整理，即以集合论为基础、公理化为方法将数学分门别类地整理成不同学科，各学科以公理化方法将原有材料系统化、一般化。集合论观点与公理化方法将数学的发展引向了高度抽象的道路，结合数学对各个学科中重要问题的研究，使得原有的许多学科（如代数学、拓扑学、函数论和泛函分析等）在新的基础上得到了更大的发展。人们对一些数学基础问题的探讨形成了一些新的数学学科（如数理逻辑和公理化集合论），人们逐渐认识到在数学中有一些基本结构，如代数结构、拓扑结构、序结构及后来认识到的测度结构，这些结构的相互影响和渗透使得数学的很多学科得到长足的发展，并形成一些新的学科（如概率论、随机过程、微分几何、微分方程、代数几何和多复变函数论等）。有些历时几百年的著名数学难题（如费马大定理和四色问题）得到了解决。一些数学分支虽然与公理化进程关系不大（如解析数论），但也得到了巨大的发展。令人们意想不到的是，数理逻辑竟成为发明现代电子计算机的先导，而且自从有了电子计算机，数理逻辑就成为计算机科学工作者的理论基础。

数学在发展的过程中，一方面不断地从数学本身提出需要解决的问题；另一方面，日常生活、生产、技术和其他科学也不断地运用数学，从而进一步向数学提出需要解决的问题。在二次世界大战以前，数学已经跨越自我迈向相关学科（如相对论、量子物理、理论物理、弹性力学、流体力学和数理经济学等)的应用,取得了前所未有的成就。但当时数学对工程技术的应用往往只起着间接的作用,首先应用于其他科学,再由这些科学提供技术进步的基础。在第二次世界大战期间和以后,经济以及其他科学技术都有了空前的发展,出现了一大批需要数学提出决策性结论的新型实际问题。例如,大批量生产的质量控制和检验问题、生产的方案与配方问题、可靠性问题、大型的调度问题、通信中抗干扰和从微弱信号中提取信息的问题,编码问题及后来出现的信息压缩问题和远程控制等问题。这些成为新的数学应用的推动力。同时随着数学的蓬勃发展,它所积累的丰富的理论和方法提供了描述实际现象(建立模型)的有力工具和研究模型方法的雄厚基础。这两方面的结合,形成了一批带有新特点的独立的应用数学,如数理统计、运筹学、信息论和控制论等。著名数学家格里菲斯曾经对 20 世纪的数学发展表示了以下看法:"20 世纪是数学的黄金时代,许多重大而长期没有答案的问题终于得到了解决。究其成功的原因,大多是由于我们对各个分支之间复杂的相互影响及作用有了日益增长的理解,一些相互关联不断扩大和深化,从而数学开始跨越自我来探索与其他科学领域之间的相互作用了。这些涉及数学各种领域之间的及数学与其他科学领域之间的相互作用,已经导致了一些伟大深刻见解的产生,也导致了数学领域在广度和深度上进一步扩大。"

大批的数学应用问题要求提出决策性结论,往往要求算出数值解,这在过去通常存在计算上难以逾越的困难,因而在实际中只好简化计算,有时甚至使原来的问题变得面目全非,或者放弃用计算方法解决问题的途径,而改用模型的方法,这样会牺牲精确性。但是在第二次世界大战中出现的那些问题,如原子弹的研制、密码的破译和大规模的调度,却要求高度的精确性或大规模的计算。电子计算机就是在这种历史性的要求下发明和研制出来的。电子计算机的大容量存储、高速度计算使得扫除计算障碍在技术上成为可能。这些因素的综合作用促成了数学的惊人应用在自然科学和社会科学中到处出现。

总之,20 世纪经典数学得到空前的繁荣和统一,许多新的应用数学方法也伴随产生,特别是计算机的出现及其与数学的结合,使得 20 世纪中叶以来,数学与社会的联系更加直接,对社会的发展起着空前巨大的作用。

7.3.1 20 世纪数学研究的特点

1. 从局部到整体

在古代,人们大体上已经研究了在小范围内使用局部坐标等来研究事物。到 20 世纪,重点已经转移到试图了解事物整体和大范围的性质。由于整体性质更加难以研究,所以大多只能有定性的结果,这时拓扑的思想就变得非常重要了。可惜的是,给出一系列著名问题的希尔伯特并没有意识到这一点,拓扑学很难在他的那些问题中找到具体体现。但是对庞加莱而言,他相当清楚地看出拓扑学将成为一个重要的内容。他不仅为拓扑学发展作出了先驱性的贡献,而且也预言拓扑学将成为 20 世纪数学的一个重要组成部分。

复分析(也称为“函数论”)是19世纪数学的中心,也是像威尔斯特拉斯这样伟大人物工作的中心。对于他们而言,一个函数就是一个复变量的函数,甚至一个函数就是一个幂级数,它们是一些可以具体写出来,并且可以明确描绘的东西或者是一些公式。然而接下来阿贝尔、黎曼和其后许多人的工作使我们远离了这些,以至于函数变得可以不用明确的公式来定义,而更多的是通过它们的整体性质来定义,如奇异点的分布、定义域和取值范围等。这些整体性质正是一个特定函数与众不同的特性,局部展开只是看待它们的一种方式。

微分方程也是如此。最初,解一个微分方程,人们需要寻找一个明确的局部解,是一些可以写出来的东西。随着事物的发展,解不必是一个显函数,人们不一定必须用好的公式来描述它们。解的奇异性是真正决定其整体性质的东西,与发生在复分析中的一切相比,这种精神非常类似,只不过在细节上有些不同罢了。

在微分几何中,高斯和其他人的经典工作描述了小片的空间、小块的曲率及用来描述局部几何的局部方程。只要人们想要了解曲面的整体图像及伴随它们的拓扑时,从这些经典结果到大范围的转变就是很自然的了。当人们从小范围到大范围时,最有意义的性质就是拓扑的性质。

数论也有一个类似的发展,尽管它并不是很明显地适用于这一框架。数论学家是这样来区分他们称之为“局部理论”和“整体理论”的:前者是当他们讨论一个单个的素数,一次一个素数,以及有限个素数时的理论;后者是当他们同时讨论全部素数时的理论。这种素数和点之间,局部和整体之间的类似性在数论发展过程中起到了很重要的作用,并且那些在拓扑学发展中产生的思想深深地影响了数论。

当然这种情况也发生在物理学中。经典物理涉及局部理论,这时写下可以完全描述小范围性质的微分方程,接下来就必须研究一个物理系统的大范围性质。物理学涉及的全部内容就是当从小范围出发时,可以知道在大范围内正在发生什么,可以预计将要发生什么,并且沿着这些结论前进。

2. 从低维到高维

20世纪数学研究的另一个特点是从低维到高维的发展。我们还是从经典的复变函数理论开始,经典复变函数论主要是详细讨论一个复变量理论并加以精炼。推广到两个或者更多个变量基本上发生在20世纪,并且是发生在有新现象出现的领域内。不是所有的现象都与一个变量的情形相同,这里有完全新的特性出现,并且任意n个变量的理论的研究越来越占有统治地位,这也是20世纪主要成就之一。

古典微分几何主要研究曲线和曲面,现在研究n维流形的几何,这是一个重要的转变。在早期,曲线和曲面是那些人们能真正在空间里看到的东西,而高维则有一点点虚构的成分,在其中人们可以通过数学思维来想象,但当时人们也许没有认真对待它们。认真对待它们并且用同样重视程度来研究它们的这种思想实际上是20世纪的产物。同样,也没有明显的证据表明19世纪的先驱者们思考过函数个数的增加,研究不是单单一个而是多个函数,或者是向量值函数。所以我们看到这里有一个独立和非独立变量个数增加的问题。

线性代数总是涉及多个变量,但它的维数的增加更具有戏剧性,它的增加是从有限维到无穷维,从线性空间到有无穷个变量的希尔伯特空间。这就涉及了分析,在多个变量的函数之后,我们就有函数的函数,即泛函,它们是函数空间上的函数。它们本质上有无穷多个变量,这就是我们称为变分学的理论。对于一般(非线性)函数理论的发展也是如此,真正取得卓越的成就是在20世纪。

3. 从交换到非交换

从交换到非交换的转变可以说是20世纪数学,特别是代数学的最主要的特征之一。代数的非交换方面已经极其重要,它源于19世纪。汉密尔顿在四元数方面的工作可能是最令人惊叹的,并且有巨大的影响,实际上这是受处理物理问题时所采用的思想启发。还有格拉斯曼在外代数方面的工作,这是另一个代数体系,现在已经被融入微分形式理论中。当然,还有凯莱以线性代数为基础的矩阵方面的工作和伽罗华在群论方面的工作等。

所有这些都是以不同的方式形成了把非交换乘法引入代数理论的基石,可以形象地把它们说成是20世纪代数机器赖以生存的“面包和黄油”。尽管在19世纪,以上所有例子都以各自不同的方式取得了重大的突破,但在20世纪,这些思想才在不同的领域内得到了惊人的发展。矩阵和非交换乘法在物理学中的应用产生了量子理论。海森堡对偶关系是非交换代数在物理学中的一个最重要的应用例子,以致后来被冯·诺依曼推广到他的算子代数理论中。作为20世纪数学中占有重要位置的理论,群论的研究也经历了从交换群到非交换群研究的重大突破。

4. 从线性到非线性

20世纪数学研究的又一个特点是从线性到非线性的转变。古典数学的大部分或者基本上是线性的,即使不是很精确的线性,也是那种可以通过某些扰动展开来研究的近似线性。真正的非线性现象的处理是非常困难的,并且只是在20世纪,才在很大的范围内对其进行了真正的研究。

先看看几何学,欧几里得几何、平面的几何、空间的几何和直线的几何等,所有这一切都是线性的。而从非欧几何的各个不同阶段到黎曼的更一般的几何,所讨论的基本上是非线性的。在微分方程中,真正关于非线性现象的研究已经处理了众多通过经典方法所看不到的新现象。例如,孤立子和混沌,这是微分方程理论两个非常不同的方面,在20世纪已经成为极其重要和非常著名的研究课题了。它们代表不同的极端,孤立子代表非线性微分方程的无法预料的有组织的行为,而混沌代表的是无法预料的无组织的行为,这两者出现在不同领域,都是非常有趣和重要的,但它们基本上都是非线性现象。

同样,在物理学中,麦克斯韦方程(电磁学的基本方程)是线性偏微分方程,与之对应的是著名的杨-米尔斯(Yang-Mills)方程,它们是非线性方程并被假定用来调控与物质结构有关的力。这些方程之所以是非线性的，是因为杨-米尔斯方程本质上是麦克斯韦方程的矩阵体现，并且由矩阵不可交换这一事实导致方程中出现非线性项。非交换性产生一类特殊的非线性性，这是一个非线性性与非交换性之间的有趣的联系。

5. 与物理学的结合更加紧密

在整个历史中，物理学与数学有着非常悠久的联系，并且大部分数学，如微积分，就是为了解决物理学中出现的问题而发展起来的。20 世纪中叶，随着大多数纯数学在独立于物理学时仍取得了很好的发展，这种影响或联系也许变得不太明显。但是在 20 世纪最后 1/4 的时间里，事情发生了戏剧性的变化，物理学和数学，尤其是和几何学的相互影响已经超出了人们的想象。

19 世纪，汉密尔顿发展了经典力学，引入了现在称为汉密尔顿量的形式化。经典力学导出现在所谓的辛几何，这是几何学的一个分支，虽然很早已经有人研究了，但是实际上直到最近 30 年，这个领域才得到真正的研究，并且已经是几何学非常丰富的一部分内容。作为最新发展起来的辛几何，在某种意义下也许是最有趣的，当然也是与物理有极其紧密联系的一个，这主要因为它的历史起源与汉密尔顿力学有关以及近些年来它与量子力学的联系。现在，作为电磁学基本线性方程的麦克斯韦方程，是霍奇在调和形式方面工作和在代数几何应用方面工作的原动力，这是一个富有成果的理论，并且自从 20 世纪 30 年代以来已经成为几何学中许多工作的基础。

另外对于广义相对论和爱因斯坦的工作，量子力学当然更是提供了一个重要的实例。这不仅仅体现在对偶关系上，而且更显著地体现在对希尔伯特空间和谱理论的强调上。

20 世纪，群论更深刻的应用已经转向物理，被假设用来构成物质的基本粒子看起来在最小的层面上有隐藏的对称性。在这个层面上，有某些李群在此出没，对此我们看不见，但是当我们研究粒子的实际行为时，它们的对称性就显现无遗了。所以我们假定了一个模型，在这个模型当中，对称性是一个本质性的要素，而且很多很普遍的理论都有一些像 SU(2)和 SU(3)[SU(n)是特殊酉群]那样的基本李群融入其中并构成基础的对称群，因此这些李群看起来像建设物质大厦的砖石。

并不是只有紧李群才出现在物理中，一些非紧李群也出现在物理中，如洛伦兹群。正是由物理学家最先开始研究非紧李群的表示理论的，它们是那些能够发生在希尔伯特空间的表示。这是因为，对于紧群而言，所有不可约表示都是有限维的，而非紧群需要的是无穷维表示，这也是首先由物理学家意识到的。

在 20 世纪的最后 25 年中，有一种巨大的从物理学的新思想到数学的渗透，这也许是整个世纪最引人注目的事件之一。基本上来说，量子场论和弦理论已经以引人注目的方式影响了数学的许多分支，得到了众多的新结果、新思想和新技术。这里的意思是指物理学家通过对物理理论的理解已经能够预言某些在数学上是对的事情了。当然，这不是一个精确的证明，但是确有非常强有力的直觉、一些特例和类比所支持。数学家经常来检验这些由物理学家预言的结果，并且发现它们基本上是正确的，尽管给出证明是很困难的，而且它们中的许多还没有被完全证明。沿着这个方向，在过去的30年里数学家取得了巨大的成果。这些结果是极其细致的，这并不像物理学家所讲的“这是一种应该是对的东西”。他们说：“这里有明确的公式，还有具体实例”。他们会给出关于复杂问题的准确答案，这些绝不是那种靠猜测就能得到的，而是需要用机器计算的东西。量子场论提供了一个重要的工具，虽然从数学上来理解很困难，但是站在应用的角度，它有意想不到的回报。这是20世纪最后30年中真正令人兴奋的事件。例如，唐纳森在四维流形方面的工作、琼斯在扭结不变量方面的工作，以及其他数学家在镜面对称、量子群及“魔群”等方面的工作。

前面提到过，20世纪见证了维数的一种转换并且以转换为无穷维而告终，物理学家超越了这些。在量子场论方面，他们真正试图对广泛的无穷维空间进行细致的研究，他们处理的无穷维空间是各类典型的函数空间，这些空间非常复杂，不仅是因为它们是无穷维的，而且它们有复杂的代数、几何以及拓扑，还有围绕其中的很大的李群，即无穷维的李群。因此，正如20世纪数学的大部分涉及的是几何、拓扑、代数及有限维李群和流形上分析的发展，这部分物理涉及了在无穷维情形下的类似处理。当然，这是一件非常不同的事情，但有巨大的成功。

7.3.2 20世纪数学应用的特点

1. 数学的应用具有了“技术”的品质

20世纪的数学已不甘于站在后台，而是大步地从科学技术的幕后直接走到了前台。现代数学与计算机相结合而产生的威力无穷的“数学技术”，渗透到了与人类生存息息相关的各个领域，成为一个国家综合国力的重要组成部分。“国家的繁荣昌盛，关键在于高新科技的发达和经济管理的高效率。”“高新科技的基础是应用科学，而应用科学的基础是数学”，这一历史性结论充分说明数学对国家建设的重要作用。国内外许多数学家都注意到了今日数学的威力和多方面的适用性，并作出了精辟的论述。

姜伯驹院士在阐述数学从幕后走到前台时指出：现代数学不单只是通过别的科学间接地起作用了，它已经直接进入科技的前沿，直接参与创造生产价值——数学已经走到前线了。

王梓坤院士也指出数学已经具有技术的品质：由于计算机的出现，今日数学已不仅是一门科学，还是一种普适性的技术，从航天到家庭，从宇宙到原子，从大型工程到工商管理，无一不受惠于数学技术。因而，今日的数学兼有科学与技术的两种品质，这是其他学科所少有的。

数学家斯蒂恩在谈到数学的广泛应用时指出：数学在这个时代的科学挑战中发挥着中心的作用，数学方法越来越多地被用于环境科学、经济学、社会学和心理学等，甚至正在进入艺术领域。

计算机的出现使得数学模型具有特别重要的意义。当人们面对纷繁复杂的科学技术和社会现象时，数学可以通过建立模型、分析和求解、计算乃至形成软件等一系列方法来帮助我们把握客观世界。通过研究数学模型,对具体问题给出定量的解答,从而在自然科学、社会科学及其他学科和各种技术领域中发挥重要作用。许多数学家对数学模型的重要意义也发表了自己的看法。

数学家格里菲斯形象地指出数学已经从其他科学的伙计转变为伙伴。数学一个强有力的新用处是计算机建模,数学模型、计算机硬件和数学算法的巨大进展,导致了许多科学和技术领域的巨变。

严士健先生在谈到数学模型与数学证明之间的关系时指出,以往数学界将证明定理作为数学研究的主要目标(至少纯数学是这样),随着现代数学的发展,数学既广泛与各门自然科学相渗透,又与计算机结合直接应用于高技术,这就使得建立模型日渐成为数学的主要目标之一。所以,在美国国家研究委员会《人人关心数学教育的未来——关于数学教育的未来致国民的一份报告》中有了“数学是关于模式和秩序的科学”的提法,1994～1998 年度的世界数学联盟主席曼福德在 1998 年论述现代数学的趋势时说:“创建好的模型正如证明深刻的定理一样有意义。我想,承认这一点,数学将会从中受益。”

2. 数学是计算机技术和信息技术的支柱,而计算机也为数学的发展提供新工具

计算机的出现不仅使数学比以往任何时候都更具威力,同时也极大地改变了数学科学自身的某些特点。20 世纪后半叶国内外的许多数学家都深刻地阐述了计算机与数学的相互作用,总结起来主要有以下几点。

第一,计算机进入数学领域,促进了“计算数学”、“数学模型”、“离散数学”和“数理逻辑”等许多数学分支的发展,使以前不受重视的数学理论重放光彩(如方程的数值解和气象预报中的数值方法),并发展了许多交叉学科(如人工智能、图像识别、机器证明和数据处理等)。计算机开拓了一系列数学研究的新领域和新课题,改变了数学各分支之间的平衡,也促进了数学内部的统一。计算机也为数学发现和证明提供了新工具。

第二,正如计算机给数学提供了新的机会一样,数学也使计算机具有了不可思议的威力。数学为自然现象提供构造模型的方法,也提供用计算机语言实现这些模型的算法,以极大提高计算机处理信息的功能。事实上,计算机本身及计算机的进一步开发、改进和应用都离不开数学。

第三,计算机的出现促使数学研究的方式发生了变化,数学的过程更加凸显。以往,人们对数学研究方法的描绘主要集中于利用纸、笔进行运算和证明,很难体会观察、实验、模拟、尝试和调控等活动对数学的作用,其实这些也是数学研究的重要方式。特别是计算机的出现为数学家提供了探索模式和检验猜测的强有力的工具,使数学家的研究方式开始发生变化。

数学家阿蒂亚指出,计算机正在数学家工作的所有阶段,特别是在探索和实验阶段,提供着十分实际和有效的帮助。随着数学向纵深的发展,所遇到的原始素材也相应地会变得更加零乱和复杂。而计算机可以帮助我们筛选这些素材并为我们指出进一步理解和前进的道路。

布朗在谈到数学研究成果的表现形式时形象地指出,在过去,一项数学研究的成果

总是一篇关于命题的证明或反驳的科学论文，现在它却可以包含一些色彩鲜艳的图案和一声充满快乐的惊呼："看，我发现了什么！"

丁石孙教授也指出，实际上，计算机提供了进行多次实验计算的可能性，为数学研究提供了有力的实验工具。

由于计算机与数学的结合，实验、尝试错误、模型模拟、猜测和检验调控等已经成为当今数学家研究数学、特别是应用数学的重要方式。伴随着数学实践活动和数学实验的加强，一个基本的数学的过程日益清晰，许多数学家和数学教育家都以不同的措辞描述了这一过程。著名的"美国2061计划第一阶段数学专家小组报告"中这样提到：我们看到了一个基本的数学过程的循环，它反复出现，形成了最基本的形式——抽象、符号变换和应用。这种循环不只出现在普通实验和数学实验的交界处，而且也在数学王国内部多次重复，导致了该学科更高水平的概括性，从而使它可以具有更强的效能。弗赖登塔尔将这一过程称为数学化，即数学地组织现实世界的过程。在这个"做数学"的过程中，不仅有计算或演绎，还涉及了观察、猜测、尝试、调控、估计和检验等多种方式。

综上所述，计算机和数学形成了一个紧密相关的系统，正是这个系统产生了以前不可能出现的新结果和以前不可能想象的新思想。

7.3.3 21世纪数学展望

如果将18世纪和19世纪的数学称为古典数学，那么这个时代的数学是与欧拉和高斯这样的人联系在一起的，所有伟大的古典数学结果也都是在这个时代被发现和发展的。有人也许认为那几乎就是数学的终结了，实际上从上面可以看出，20世纪的数学是非常富有成果的。

20世纪大致可以一分为二地分成两部分。20世纪前半叶是被称为专门化的时代，这是一个希尔伯特的处理办法大行其道的时代，即努力进行形式化，仔细地定义各种事物，并在每一个领域中贯彻始终。在这种趋势下，人们把注意力都集中于在特定的时期从特定的代数系统或者其他系统能获得什么。20世纪后半叶更多地被称为统一的时代，在这个时代，各个领域的界限被打破了，各种技术可以从一个领域应用到另外一个领域，并且事物在很大程度上变得越来越有交叉性。

21世纪会是什么呢？"可以说，21世纪是量子数学的时代，或者可称为是无穷维数学的时代，"著名数学家阿蒂亚这样回答。量子数学的含义是指我们能够恰当地理解分析、几何、拓扑和各式各样的非线性函数空间的代数。在这里，恰当地理解是指能够以某种方式对那些物理学家已经推断出来的美妙事物给出较精确的证明。

有人要说，如果用天真幼稚的方式来研究无穷维并问一些天真幼稚的问题，通常来讲，只能得到错误的答案或者答案是无意义的。其实物理的应用、洞察力和动机使得物理学家能够问一些关于无穷维的明智的问题，并且可以在有合乎情理的答案时作一些非常细致的工作，因此用这种方式分析无穷维绝不是一件轻而易举的事情。沿着这条道路走下去，已经得到了许多线索，地图已经摊开了，我们的目标已经有了，只不过还有很长的路要走。

还有什么会发生在21世纪？法国数学家科纳的非交换微分几何。科纳拥有这个相当宏伟的统一理论。同样，它融合了一切，融合了分析、代数、几何、拓扑、物理和数论，所有这一切都是它的一部分。这是一个框架性理论，它能够让人们在非交换分析的范畴里从事微分几何学家通常所做的工作，这当中包括与拓扑的关系。要求这样做是有很好的理由的，因为它在数论、几何和离散群等及在物理中都有(潜力巨大的或者特别的)应用。一些与物理有趣的联系也已被发现，这个理论能走多远，能得到什么结果，还有待进一步观察。它理所当然地是人们所期望的至少在21世纪前半叶能够得到显著发展的课题，而且找到它与尚不成熟的(精确)量子场论之间的联系是完全有可能的。

我们转到另一个方面，也就是所谓的"算术几何"或者是阿拉克洛夫几何，其试图尽可能多地将代数几何和数论的部分内容统一起来，这是一个非常成功的理论。它已经有了一个美好的开端，但仍有很长的路要走。

当然，所有这些都有一些共同点，人们期待物理学能够将它的影响遍及所有地方，甚至是数论。但在21世纪初已经出现的几个方面，也有一些难以捉摸的东西:返回至低维几何。与所有无穷维的富有想象的事物在一起，低维几何的处境有些尴尬。从很多方面来看，我们开始时讨论的维数，或我们祖先开始时讨论的维数，仍留下某些未解之谜。维数为2、3和4的对象被我们称为"低"维的。例如，瑟斯顿在三维几何的工作，目标就是能够给出一个三维流形上的几何分类，这比二维理论要深刻得多，这个工作已经由俄罗斯数学家佩雷尔曼解决。在三维中另外一个引人注目的事件是琼斯思想，其本质来源于物理学的工作。这给了人们更多的关于三维的信息，并且它们几乎完全不在瑟斯顿纲领包含的信息之内。如何将这两个方面联系起来仍然是一个巨大的挑战，而且已经得到的结果暗示两者之间可能有一座桥。因此，整个低维的领域都与物理有关，但是其中实在有太多让人琢磨不透的东西。

最后需要提到的是在物理学中出现的非常重要的对偶。这些对偶，泛泛来讲，一个量子理论被看成一个经典理论时有两种不同的实现。一个简单的例子是经典力学中的位置和动量的对偶。这样由对偶空间代替了原空间，并且在线性理论中，对偶就是傅里叶变换。但是在非线性理论中，如何来代替傅里叶变换是巨大的挑战之一。数学的大部分都与如何在非线性情形下推广对偶有关。物理学家看起来能够在他们的弦理论中以一种非同寻常的方式做到这一点，他们构造了一个又一个令人叹为观止的对偶实例，在某种广义的意义下，它们是傅里叶变换的无穷维非线性体现，并且看起来它们能解决问题，然而理解这些非线性对偶性看起来也是21世纪的巨大挑战之一。

7.4 应用类数学分支介绍

这里说的应用类数学是相对纯粹数学而言的。纯粹数学和应用类数学从来就没有严格的界限。一般来说，纯粹数学是指数学中的这样一部分，它暂时不考虑对其他知识领域或生产实践上的直接应用，当然这并不意味着它没有应用价值。而应用类数学可以说是纯粹数学与科学技术的桥梁，通常包括数学技术和成果。20世纪40年代涌现出大量新的应用类数学科目，其内容之丰富、应用之广泛、名目之繁多，都是史无前例的。这是现代数学的一个显著特点，下面就几个重要的应用类数学分支来加以介绍。

7.4.1 概率论与数理统计学

在客观规律发生的各种现象中，有一类是属于在一定条件下必然发生(或必然不发生)的现象。例如，向上抛出的物体必然下落，异性电荷必然互相吸引，同性电荷必然互相排斥等，这类现象称为确定现象。除此之外，在自然界和人类社会中还存在着另一类现象，如在相同条件下投掷同一枚硬币，其结果可能是正面朝上，也可能是背面朝上，并且不论怎样控制投掷条件，在每次投掷之前人们都无法肯定投掷结果，即呈现出不确定性。这类现象称为随机现象。

这类随机现象是否有规律可循呢？数学能否对这类现象加以研究和描述呢？人们经过长期实践并深入研究之后发现，这类现象虽然每次试验或观察的结果具有不确定性，但在相同条件下大量重复试验或观察，它们的结果却呈现出某种规律性。这种规律指出了某种随机现象发生的可能性大小，也就是指出了它出现的概率。概率论就是研究随机现象数量规律的数学分支。

概率的概念起源于欧洲中世纪以来流行的一种赌博。当时有一个“分赌本问题”曾引起热烈的讨论，并经历了长达100多年才得到正确的解决。在这一过程中孕育了概率论一些重要的基本概念。举一个简单例子：甲、乙二人赌博，各出赌注30元，共60元，每局甲、乙胜的机会均等，都是1/2。约定谁先胜满3局则赢得全部赌注60元。现已赌完3局，甲2胜1负，而因故中断赌博，则这60元赌注该如何分给二人才算公平？初看觉得应按2∶1分配，即甲得40元，乙得20元，还有人提出了一些另外的解法，结果都不正确。正确的分法应考虑到如果在这基础上继续赌下去，甲、乙最终获胜的机会如何。至多再赌2局即可分出胜负，这2局有4种可能结果：甲甲、甲乙、乙甲、乙乙。前3种情况都是甲最后取胜，只有最后一种情况才是乙取胜，二者之比为3∶1，故赌注的公平分配应按3∶1的比例，即甲得45元，乙15元。

概率论虽然发端于赌博，但很快在现实生活中得到多方面的应用，如在人口、保险和精算等方面，并且在自然科学、技术科学、社会科学、军事和工农业生产中都有广泛的应用。概率论已成长为现代数学的一个重要分支，是数理统计的理论基础。

数理统计学是研究收集数据和分析数据，并据此对所研究的问题作出一定结论的科学和艺术。数理统计学所考察的数据都带有随机性(偶然性)的误差。这为根据这种数据所作出的结论带来了一种不确定性，其量化要借助概率论的概念和方法。

统计学起源于收集数据的活动，小至个人的事情，大至治理一个国家，都有必要收集种种有关的数据。例如，在我国古代典籍中，就有不少关于户口、钱粮、兵役、地震、水灾和旱灾等的记载。现今各国都设有统计局或相应的机构。当然，单是收集、记录数据这种活动本身并不能等同于统计学这门学科的建立，需要对收集来的数据进行比对和整理，用精炼和醒目的形式表达，在这个基础上对所研究的事物进行定量或定性估计、描述和解释，并预测其在未来可能的发展状况。例如，根据人口普查或抽样调查的资料对我国人口状况进行描述；根据适当的抽样调查结果，对受教育年限与收入的关系，对某种生活习惯和嗜好（如吸烟）与健康的关系作定量的评估；根据以往一段时间某项或某些经济指标的变化情况，预测其在未来一段时间的走向等。做这些事情的理论与方法，构成一门学问——数理统计学。

英国学者葛朗特在1662年发表了著作《关于死亡公报的自然和政治观察》，第一次对庞大的资料加以整理和利用，标志着数理统计学的诞生。葛朗特的方法被他同时代的政治经济学家佩蒂引入社会经济问题的研究中，他提倡在这类问题的研究中不能空谈，要让实际数据说话。他的工作总结在他去世后于1690年出版的《政治算术》一书中。19世纪，比利时天文学家兼统计学家凯特勒的工作，对促成现代数理统计学的诞生起了很大的作用。

数理统计学的另一个重要源头来自天文和大地测量学中的误差分析问题。法国大数学家拉普拉斯曾对这个问题进行了长时间的研究，现今概率论中著名的"拉普拉斯分布"就是他在该研究中的一个产物。

20世纪以来，数理统计学有了迅猛的发展，主要有以下三方面的原因。一是数理统计学理论框架的建立及概率论和数学工具的进展，为统计理论在面上和向纵深的发展打开了门径和提供了手段。许多在早期比较粗略的理论和方法，在理论上得到了完善与深入，并不断有新的研究课题提出。二是实用上的需要，不断提出的复杂的问题与模型吸引了学者的研究兴趣。三是电子计算机的发明与普及应用，为统计方法的实施提供了必要的计算工具，并赋予统计方法以现实的生命力。

7.4.2 运筹学

运筹学是用定量化方法对运行系统进行统筹规划，为管理决策提供科学依据的学科。它把有关的运行系统首先归结成数学模型，然后用科学方法（特别是数学方法）进行定量分析和比较，求得合理运用人力、物力和财力的系统运行最优方案。

产生和发展运筹学的朴素思想可以追溯到公元前400年中国军事学家孙武的《孙子兵法》一书中有关该思想的描述。西方军事运筹学中的兰彻斯特战斗方程是1914年提出的，丹麦工程师埃尔朗于1917年提出了排队论的一些公式，列温逊于1920年研究了商业运筹学中的零售问题。运筹学作为一门学科是在第二次世界大战期间由研究武器的配置、兵力的部署和军需品的调运问题而产生的，并在此期间有了很大的发展，战后研究的重点转向民用部门，也获得成功。1947年，美国数学家丹齐克提出了求解线性规划的有效方法——单纯形法，并于50年代初应用电子计算机求解线性规划获得成功。到20世纪50年代末期，发达国家已对企业中的一些普遍性问题，如库存、资源分配、设备更新和任务分派等进行了研究，运筹学被成功地应用于建筑、纺织、钢铁、煤炭、石油、电力、农业和银行业等。60年代，运筹学又被应用于服务性行业和社会公用事业。作为运筹学的理论依据，关于运筹学的数学理论得到迅速发展，并形成众多分支学科。

运筹学作为一门用来解决实际问题的学科，在处理千差万别的问题时，一般有以下几个步骤:确定目标、制订方案、建立模型和制定解法。虽然不大可能存在能处理极其广泛对象的运筹学,但是在运筹学的发展过程中还是形成了某些抽象模型,并能用来解决较广泛的实际问题。随着科学技术和生产的发展,运筹学已渗入很多领域,发挥着越来越重要的作用。运筹学本身也在不断发展,现在已经是一个包括好几个分支的数学部门了。运筹学的主要内容包括规划论(含线性规划、非线性规划、整数规划和动态规划等)、图论、排队论、可靠性理论、对策论、搜索论、决策论、存储论等。

线性规划及其解法——单纯形法的出现,对运筹学的发展起到了重大的推动作用。许多实际问题都可以化成线性规划来解决,而单纯形法是一个行之有效的算法,加上计算机的出现,使一些大型复杂的实际问题的解决成为现实。非线性规划是线性规划的进一步发展和继续。许多实际问题,如设计问题和经济平衡问题都属于非线性规划的范畴。非线性规划扩大了数学规划的应用范围,同时也给数学工作者提出了许多基本理论问题,使数学中的凸分析和数值分析等也得到了发展。还有一种规划问题和时间有关,称为动态规划。在工程控制、技术物理和通信中的最佳控制问题中,已经成为经常使用的重要工具。

图论是一个古老但又十分活跃的分支,它是网络技术的基础。图论的创始人是数学家欧拉。1736 年他发表了图论方面的第一篇论文,解决了哥尼斯堡七桥难题。100 多年后,在 1847 年,基尔霍夫第一次应用图论的原理分析电网,从而把图论引入工程技术领域。20 世纪 50 年代以来,图论的理论得到了进一步发展,将复杂庞大的工程系统和管理问题用图描述,可以解决很多工程设计和管理决策的最优化问题,如完成工程任务的时间最少、距离最短和费用最省等。图论受到数学、工程技术及经营管理等各方面越来越广泛的重视。

排队论又称为随机服务系统理论,是 20 世纪初由丹麦工程师埃尔朗关于电话交换机的效率研究开始的。在第二次世界大战中为了对飞机场跑道的容纳量进行估算,排队论得到了进一步的发展,其相应的学科更新论、可靠性理论等也都发展起来。因为排队现象是一个随机现象,因此在研究排队现象时,主要以研究随机现象的概率论作为主要工具。排队论把它所要研究的对象形象地描述为顾客来到服务台前要求接待。如果服务台已被其他顾客占用,那么就要排队。另外,服务台也时而空闲,时而忙碌。这就需要通过数学方法求得顾客的等待时间和排队长度等的概率分布。排队论在日常生活中的应用是相当广泛的,如水库水量的调节、生产流水线的安排、铁路停车场的调度和电网的设计等。

可靠性理论是研究系统故障,以提高系统可靠性问题的理论。可靠性理论研究的系统一般分为两类:①不可修复系统,如导弹等,这种系统的参数是寿命、可靠度等;②可修复系统,如一般的机电设备等,这种系统的重要参数是有效度,其值为系统的正常工作时间与正常工作时间加上事故修理时间之比。

对策论也称为博弈论,田忌赛马就是典型的博弈论问题。作为运筹学的一个分支,博弈论的发展也只有几十年的历史。系统地创建这门学科的数学家,现在一般公认为是美籍匈牙利数学家、计算机之父冯·诺依曼。最初用数学方法研究博弈论,是在国际象棋中开始的，即如何确定取胜的着法。由于是研究双方冲突、制胜对策的问题，所以这门学科在军事方面有着十分重要的应用。数学家还对水雷和舰艇，歼击机和轰炸机之间的作战、追踪等问题进行了研究，提出了追逃双方都能自主决策的数学理论。人工智能研究的进一步发展，对博弈论提出了更多新的要求。如果决策者的对方也是人(一个人或一群人)，双方都希望取胜，这类具有竞争性的决策称为对策或博弈型决策。构成对策问题的三个根本要素是：局中人、策略与一局对策的得失。对策问题一般可分为有限零和两人对策(指参与对策的局中人只有两个人，每个人的策略集均为有限集且两个局中人的赢利之和为零或某个常数)、阵地对策、连续对策、多人对策与微分对策等。

搜索论是由于第二次世界大战中战争的需要而出现的运筹学分支，主要研究在资源和探测手段受到限制的情况下，如何设计寻找某种目标的最优方案并加以实施的理论和方法。在第二次世界大战中，同盟国的空军和海军在研究如何针对轴心国的潜艇活动、舰队运输和兵力部署等进行甄别的过程中产生了搜索论。搜索论在实际应用中也取得了不少成效。例如，20 世纪 60 年代，美国寻找在大西洋失踪的核潜艇“打谷机号”和“蝎子号”，以及在地中海寻找丢失的氢弹等，都是依据搜索论获得成功的。

上述是运筹学目前所包含的主要分支，它们都有相对独立的理论和方法。在社会实际中所出现的问题往往不一定属于单独的某一分支，但人们可以把问题分解成若干子问题，使得每一个子问题属于某一分支。当然对于一些结构复杂的问题，不一定能做出这种分解，此时人们可以用模拟方法来解决。

总之，运筹学是一门应用领域广阔的学科。目前，它已经渗透到诸如服务、库存、搜索、人口、对抗、时间表、资源分配、厂址定位、能源、设计、生产、可靠性、设备维修及更换、检验、决策、规划、管理、行政、组织、信息处理及回复、投资、交通、市场分析、区域规划、预测、教育和医疗卫生等各个方面。

7.4.3　计算数学

现代的科学技术发展十分迅速，它们有一个共同的特点，就是都有大量的数据问题。例如，发射一颗探测宇宙奥秘的卫星，从卫星设计开始到发射、回收为止，科学家和工程技术人员、工人要对卫星的总体、部件进行全面的设计和生产，要对选用的火箭进行设计和生产，就有许多数据要进行准确的计算。发射和回收时又有关于发射角度、轨道、遥控和回收下落角度等需要进行精确的计算。又如，在高能加速器中进行高能物理实验，研究具有很高能量的基本粒子的性质、它们之间的相互作用和转化规律，也有大量的数据计算问题。计算问题可以说是现代社会各个领域普遍存在的共同问题，工业、农业、交通运输、医疗卫生和文化教育等，各行各业都有许多数据需要计算，通过数据分析来掌握事物发展的规律。

研究数值计算方法的设计、分析和有关理论基础与软件实现问题的一门学科就称为计算数学。它是一门兼具基础性、应用性和边缘性的数学学科，主要研究有关的数学和逻辑问题怎样由计算机加以有效解决。

计算数学也称为数值计算方法或数值分析，主要内容包括代数方程、线性代数方程组、微分方程的数值解法、函数的数值逼近问题、矩阵特征值的求法、最优化计算问题和概率统计计算问题等，还包括解的存在性、唯一性、收敛性和误差分析等理论问题。

例如，五次及五次以上的代数方程不存在求根公式，因此，五次以上的高次代数方程一般只能求它的近似解，求近似解的方法就是数值分析的方法。对于一般的超越方程，如对数方程和三角方程等也只能采用数值分析的方法。怎样找出比较简捷、误差比较小、花费时间比较少的计算方法是数值分析研究的主要课题。

在求解方程中，常用的方法之一是迭代法，也称为逐次逼近法。迭代法的计算比较简单，也比较容易进行。迭代法还可以用来求线性方程组的解。求方程组的近似解也要选择适当的迭代公式，使得收敛速度快，近似误差小。在线性代数方程组的解法中，常用的有塞德尔迭代法、共轭斜量法和超松弛迭代法等。此外，一些比较古老的普通消去法，如高斯法和追赶法等，在利用计算机的条件下也可以得到广泛的应用。

在计算方法中，数值逼近也是常用的基本方法。数值逼近也称为近似代替，就是用简单的函数去代替比较复杂的函数，或者代替不能用解析表达式表示的函数。数值逼近的基本方法是插值法。初等数学里的三角函数表和对数表中的修正值，就是根据插值法制成的。在遇到求微分和积分的时候，如何利用简单的函数去近似代替所给定的函数，以便容易求解，也是计算方法的一个主要内容。微分方程的数值解法也是近似解法。常微分方程的数值解法有欧拉法和预测校正法等。偏微分方程的初值问题或边值问题研究，目前常用的是有限差分法和有限元素法等。有限差分法的基本思想是用离散的、只含有限个未知数的差分方程去代替连续变量的微分方程和定解条件。有限元素法是近代才发展起来的，它是以变分原理和剖分差值作为基础的方法。在解决椭圆形方程边值问题上得到了广泛的应用。近来，有许多人也在研究用有限元素法来解双曲型和抛物型的方程。

计算数学的内容十分丰富，它在科学技术中正发挥着越来越大的作用。

7.4.4 模糊数学

模糊数学是研究和处理模糊性现象的数学理论、方法和应用。

现代数学是建立在集合论的基础上。就一个侧面看，集合论的重要意义在于它把数学的抽象能力延伸到人类认识过程的深处。一组对象确定一组属性，人们可以通过说明属性来说明概念(内涵)，也可以通过指明对象来说明它。符合概念的那些对象的全体称为这个概念的外延，外延其实就是集合。从这个意义上讲，集合可以表现概念，而集合论中的关系和运算又可以表现判断和推理，一切现实的理论系统都可以纳入集合描述的数学框架。

但是，数学的发展也是阶段性的。经典集合论只能把自己的表现力限制在那些有明确外延的概念和事物上，它明确地限定，每个集合都必须由明确的元素构成，元素对集合的隶属关系必须是明确的，绝不能模棱两可。对于那些外延不分明的概念和事物，经典集合论是暂时不去反映的，属于待发展的范畴。

在较长时间里，精确数学及随机数学在描述自然界多种事物的运动规律中，获得了显著效果。但是，在客观世界中还普遍存在大量的模糊现象。尽管以前人们回避它，但是，现代科技所面对的系统日益复杂，模糊性总是伴随着复杂性出现。

各门学科，尤其是人文、社会学科及其他"软科学"的数学化和定量化趋向把模糊性的数学处理问题推向中心地位。更重要的是，随着电子计算机、控制论和系统科学的迅速发展，要使计算机能像人脑那样对复杂事物具有识别能力，就必须研究和处理模糊性。

我们研究人类系统的行为，或者处理可与人类系统行为相比拟的复杂系统，如航天系统、人脑系统和社会系统等，参数和变量甚多，各种因素相互交错，系统很复杂，模糊性也很明显。从认识方面说，模糊性是指概念外延的不确定性，从而造成判断的不确定性。

在日常生活中，经常遇到许多模糊事物，没有分明的数量界限，要使用一些模糊的词句来形容和描述。例如，比较年轻、高个、大胖子、好、漂亮、善、热、远，等等。在人们的工作经验中，往往也有许多模糊的东西。例如，要确定一炉钢水是否已经炼好，除了要知道钢水的温度、成分比例和冶炼时间等精确信息外，还需要参考钢水颜色和沸腾情况等模糊信息。因此，除很早就有涉及误差的计算数学外，还需要模糊数学。

一般来说，人脑具有处理模糊信息的能力，善于判断和处理模糊现象，但计算机对模糊现象识别能力较差。为了提高计算机识别模糊现象的能力，就需要把人们常用的模糊语言设计成机器能接受的指令和程序，以便机器能像人脑那样简洁灵活地作出相应的判断，从而提高自动识别和控制模糊现象的效率。这样，就需要寻找一种描述和加工模糊信息的数学工具，这就推动数学家深入研究模糊数学。所以，模糊数学的产生是有其科学技术与数学发展的必然性的。

1965 年，美国控制论专家、数学家查德发表了论文《模糊集合》，奠定了模糊性理论的基础，标志着模糊数学这门学科的诞生。这一理论由于在处理复杂系统特别是有人干预的系统方面的简捷与有力，某种程度上弥补了经典数学与统计数学的不足，迅速受到广泛的重视。几十年来，这个领域从理论到应用，从软件技术到硬件技术都取得了丰硕成果，对相关领域和技术特别是一些高新技术的发展产生了日益显著的影响。模糊数学的研究内容主要有以下三个方面。

第一，研究模糊数学的理论，以及它和精确数学、随机数学的关系。查德以精确数学集合论为基础，并考虑到对数学的集合概念进行修改和推广，提出用模糊集合作为表现模糊事物的数学模型。在模糊集合上逐步建立运算、变换规律，开展有关的理论研究，就能够构造出研究现实世界中的大量模糊现象的数学基础，能够对看来相当复杂的模糊系统进行定量的描述，并得到处理的数学方法。在模糊集合中，给定范围内元素对它的隶属关系不一定只有"是"或"否"两种情况，而是用介于 0 和 1 之间的实数来表示隶属程度，还存在中间过渡状态。例如，老人是个模糊概念，70 岁的肯定属于老人，它的从属程度是 1；40 岁的人肯定不算老人，它的从属程度为 0。按照查德给出的公式，55 岁属于"老"的程度为 0.5，即"半老"，60 岁属于"老"的程度为 0.8。查德认为，指明各个元素的隶属集合，就等于指定了一个集合。当隶属于 0 和 1 之间值时，就是模糊集合。

第二,研究模糊语言学和模糊逻辑。人类自然语言具有模糊性,人们经常接受模糊语言与模糊信息,并能作出正确的识别和判断。为了实现用自然语言跟计算机进行直接对话,必须把人类的语言和思维过程提炼成数学模型,这样才能给计算机输入指令,建立合适的模糊数学模型,这是运用数学方法的关键。查德采用模糊集合理论来建立模糊语言的数学模型,使人类语言数量化、形式化。如果把合乎语法的标准句子的从属函数值定为1,那么,其他文法稍有错误,但尚能表达相仿的思想的句子,就可以用0到1之间的连续数来表征它从属于"正确句子"的隶属程度。这样,就把模糊语言进行定量描述,并定出一套运算、变换规则。目前,模糊语言还不是很成熟,语言学家正在深入研究。人们的思维活动常常要求概念的确定性和精确性,采用形式逻辑的排斥律,即非真即假,然后进行判断和推理,得出结论。现有的计算机都是建立在二值逻辑基础上的,它在处理客观事物的确定性方面,发挥了巨大的作用,但是却不具备处理事物和概念的不确定性或模糊性的能力。为了使计算机能够模拟人脑高级智能的特点,必须把计算机转到多值逻辑基础上,研究模糊逻辑。

第三,研究模糊数学的应用。模糊数学是以不确定性的事物为其研究对象的。模糊集合的出现是数学适应描述复杂事物的需要。查德的功绩在于用模糊集合的理论找到解决模糊性对象加以确切化,从而使研究确定性对象的数学与不确定性对象的数学沟通起来,过去精确数学、随机数学描述感到不足之处,就能得到弥补。在模糊数学中,目前已有模糊拓扑学、模糊群论、模糊图论、模糊概率、模糊语言学和模糊逻辑学等分支学科。

模糊数学是一门新兴学科,已初步应用于模糊控制、模糊识别、模糊分析、模糊决策、模糊评判、系统理论、信息检索、医学、生物学和计算机等各个方面。在气象、结构力学、控制、心理学和技术开发等方面已有具体的研究成果,特别是人工智能已成为模糊数学中最重要的应用领域。

7.5 数学问题介绍

从古至今,数学上有很多重要问题受到数学家和数学爱好者的广泛关注。有些数学问题已经完满解决,有些问题仍然悬而未决,困扰着无数数学家。本节精选一些被称为世界数学难题的问题呈现给读者。

7.5.1 世界四大数学难题

公元前400多年的古希腊流传出了三大几何难题,都是关于尺规作图①的问题,它们和哥德巴赫猜想一起被称为世界四大数学难题。法兰西科学院曾在1775年宣布前三题无解,今后拒绝再审查和接受相关解答,并放弃对这三个数学问题的悬赏。

① 尺规作图是指用圆规和不带刻度的直尺作出满足要求的图形。

(1) 立方倍积:要求用尺规法作一立方体,使其体积为已知立方体体积的两倍。设已知立方体边长为 a,新立方体边长为 x,于是要求 $x^3=2a^3$。

(2) 三等分任意角:要求用尺规法三等分一个任意角。

(3) 化圆为方:要求用尺规法作出一个正方形,其面积与一已知圆的面积相等。设所作正方形的边长为 x,则其面积等于 x^2。设已知圆的半径为 r,则其面积等于 πr^2。于是要求 $x^2=\pi r^2$。

(4) 哥德巴赫猜想:任意大于 2 的偶数都可以写成两个素数之和。

7.5.2 近代三大数学难题

1. 四色猜想

四色猜想的提出来自英国。1852 年,毕业于伦敦大学的格思里来到一家科研单位从事地图着色工作时,发现了一个有趣的现象:“看来,每幅地图都可以用四种颜色着色,使得有共同边界的国家着上不同的颜色。”这个结论能不能从数学上加以严格证明呢? 他和在大学读书的弟弟决心试一试。兄弟二人为证明这一问题而使用的稿纸已经堆了一大沓,可是研究工作没有进展。

1852 年 10 月 23 日,他的弟弟就这个问题的证明请教他的老师、著名数学家摩尔根,摩尔根也没能找到解决这个问题的途径,于是写信向自己的好友、著名数学家汉密尔顿爵士请教。汉密尔顿接到摩尔根的信后,对四色问题进行论证。但直到 1865 年汉密尔顿逝世,问题也没能解决。

1872 年,英国当时最著名的数学家凯利正式向伦敦数学学会提出了这个问题,于是四色猜想成了世界数学界关注的问题。世界上许多一流的数学家都纷纷参加了四色猜想的大会战。1878～1880 年,著名的律师兼数学家肯普和泰勒两人分别提交了证明四色猜想的论文,宣布证明了四色定理,大家都认为四色猜想从此也就解决了。

11 年后,即 1890 年,数学家赫伍德以自己的精确计算指出肯普的证明是错误的。不久,泰勒的证明也被人们否定了。后来,越来越多的数学家虽然对此绞尽脑汁,但一无所获。于是,人们开始认识到,这个貌似容易的题目其实是一道可与费马猜想相媲美的难题。先辈数学大师们的努力为后世的数学家揭示四色猜想之谜铺平了道路。

进入 20 世纪,科学家对四色猜想的证明基本上是按照肯普的想法在进行。1913 年,伯克霍夫在肯普的基础上引进了一些新技巧,美国数学家富兰克林于 1939 年证明了 22 国以下的地图都可以用四色着色。1950 年,有人从 22 国推进到 35 国。1960 年,有人又证明了 39 国以下的地图可以只用四种颜色着色,随后又推进到了 50 国。看来这种推进仍然十分缓慢。电子计算机问世以后,由于演算速度迅速提高,加之人机对话的出现,大大加快了对四色猜想证明的进程。1976 年,美国数学家阿佩尔与哈肯在两台不同的电子计算机上,用了 1200 个小时,作了 100 亿次判断,终于完成了四色定理的证明。四色猜想的计算机证明轰动了世界。它不仅解决了一个历时 100 多年的难题,而且有可能成为数学史上一系列新思维的起点。不过也有不少数学家并不满足于计算机取得的成就,他们还在寻找一种简洁明快的书面证明方法。

2. 费马大定理

费马是17世纪最卓越的数学家之一,他在数学许多领域中都有极大的贡献。因为他的本行是专业的律师,为了表彰他的数学造诣,世人冠以“业余王子”的美称。在300多年前的某一天,费马正在阅读一本古希腊数学家戴奥芬多斯的数学书时,突然心血来潮在书页的空白处写下一个看起来很简单的定理。这个定理的内容是关于方程式$x^n+y^n=z^n$的正整数解的问题。当$n=2$时就是我们所熟知的毕氏定理(中国古代又称勾股弦定理)$x^2+y^2=z^2$,此处z表示一直角三角形的斜边,而x、y为其两股,也就是一个直角三角形的斜边的平方等于它的两股的平方和,这个方程式当然有正整数解(其实有很多)。例如,$x=3,y=4,z=5$;$x=6,y=8,z=10$;$x=5,y=12,z=13$;…。

费马声称当$n>2$时,就找不到满足$x^n+y^n=z^n$的正整数解,如方程式$x^3+y^3=z^3$就无法找到正整数解。

当时费马并没有说明原因,他只是留下这个叙述并且也说他已经发现这个定理的证明妙法,只是书页的空白处不够,无法写下,也因此留下了千古难题。300多年来无数的数学家尝试要去解决这个难题却都徒劳无功。这个号称世纪难题的费马大定理也就成了数学界的心头大患,极欲解之而后快。

19世纪时法国的法兰西科学院曾经在1815年和1860年两度悬赏金质奖章和300法郎给任何解决此难题的人,可惜都没有人能够领到奖赏。德国数学家佛尔夫斯克尔在1908年提供10万马克,给能够证明费马大定理是正确的人,有效期为100年。其间由于经济大萧条的原因,此笔奖额已经贬值至7500马克,虽然如此仍然吸引了不少“数学痴”。

20世纪计算机发展以后,许多数学家用计算机计算可以证明这个定理当n为很大时是成立的。1983年,计算机专家斯洛文斯基借助计算机运行5782 s证明当n为$2^{86\,243}-1$①时费马大定理是正确的。虽然如此,20世纪90年代以前数学家仍然没有找到一个普遍性的证明。

不过这个300多年的数学悬案终于解决了,这个数学难题是由英国的数学家威利斯所解决。其实威利斯是利用20世纪50年代以来抽象数学发展的结果加以证明的。20世纪50年代,日本数学家谷山丰首先提出了一个有关椭圆曲线的猜想,后来由另一位数学家志村五郎加以发扬光大,当时没有人认为这个猜想与费马大定理有任何关联。在80年代,德国数学家佛列将谷山丰的猜想与费马大定理联系在一起,而威利斯所做的正是根据这个关联论证出一种形式的谷山丰猜想是正确的,进而推出费马大定理也是正确的。这个结论由威利斯在1993年6月21日于英国剑桥大学牛顿数学研究所的研讨会正式发表,这个报告马上震惊了整个数学界,就是社会大众对此也十分关注。不过威利斯的证明立即被检验出有少许的瑕疵,于是威利斯与他的学生又花了14个月的时间加以修正。1994年9月19日他们终于交出完美无瑕的解答,数学界的梦魇

---

① $2^{86\,243}-1$为一天文数字,是一个25 962位的素数。

终于结束。1997 年 6 月,威利斯在德国哥廷根大学领取了佛尔夫斯克尔奖。当年的 10 万马克约为 200 万美金,不过威利斯领到时只值 5 万美金左右,但威利斯已经名列青史了。要证明费马大定理是正确的(方程 $x^n+y^n=z^n$ 对 $n>2$ 均无正整数解),只需证明 $x^4+y^4=z^4$ 和 $x^p+y^p=z^p$(p 为奇质数)都没有正整数解。

3. 哥德巴赫猜想

哥德巴赫是德国一位中学教师,也是一位著名的数学家,生于 1690 年,1725 年当选为俄国彼得堡科学院院士。1742 年,哥德巴赫在教学中发现,每个不小于 4 的偶数都是两个素数(只能被 1 和它本身整除的数)之和,如 4=2+2,6=3+3,8=5+3,10=5+5,12=7+5,14=11+3,16=13+3,18=11+7,20=17+3,22=11+11,24=19+5,26=23+3,28=17+11,30=17+13,32=19+13,34=17+17,36=23+13,…。

1742 年 6 月 7 日,哥德巴赫写信将这个问题告诉给当时的大数学家欧拉,并请他帮助作出证明。欧拉在 6 月 30 日给他的回信中说,他相信这个猜想是正确的,但他不能证明。叙述如此简单的问题,连欧拉这样首屈一指的数学家都不能证明,这个猜想便引起了许多数学家的注意。他们对一个个偶数开始进行验算,一直算到 3.3 亿,都表明猜想是正确的。对于更大的数目,猜想也应是对的,然而不能作出证明。欧拉直到逝世也没有对此作出证明。从此,这道著名的数学难题引起了世界上成千上万数学家的注意。200 年过去了,没有人证明它。哥德巴赫猜想由此成为数学皇冠上一颗可望不可即的“明珠”。

到 20 世纪 20 年代,才有人开始向它靠近。1920 年,挪威数学家布朗证明了定理“9+9”,由此划定了进攻“哥德巴赫猜想”的“大包围圈”。这个“9+9”是怎么回事呢?所谓“9+9”,翻译成数学语言就是:“任何一个足够大的偶数,都可以表示成其他两个数之和,而这两个数中的每个数都是不超过 9 个奇质数之积。”从这个“9+9”开始,全世界的数学家集中力量“缩小包围圈”,当然最后的目标就是“1+1”了。这种缩小包围圈的办法很管用,科学家从“9+9”开始,逐步减少每个数里所含质数因子的个数,直到最后使每个数里都是一个质数为止,这样就证明了哥德巴赫猜想。1924 年,数学家拉德马哈尔证明了“7+7”;1932 年,数学家爱斯尔曼证明了“6+6”;1938 年,数学家布赫斯塔勃证明了“5+5”,1940 年,他又证明了“4+4”;1956 年,数学家维诺格拉多夫证明了“3+3”;1958 年,我国数学家王元证明了“2+3”。随后,我国年轻的数学家陈景润也投入对哥德巴赫猜想的研究之中,经过 10 年的刻苦钻研,终于在前人研究的基础上取得重大的突破,率先证明了“1+2”。至此,哥德巴赫猜想只剩下最后一步“1+1”了。陈景润的论文于 1973 年发表在中国科学院的《科学通报》第 17 期上,这一成果受到国际数学界的重视,从而使中国的数论研究跃居世界领先地位,陈景润的有关理论被称为“陈氏定理”。1996 年 3 月下旬,当陈景润即将摘下数学王冠上的这颗明珠,在距离哥德巴赫猜想“1+1”的光辉顶峰只有咫尺之遥时,他却体力不支倒下了……在他身后,将会有更多的人去攀登这座高峰。

不过上述证明没有一人获得国际数学联合会的认可,丘成桐院士认为:“目前没有任何人对哥德巴赫猜想作过实质性的贡献。所有的证明都存在问题，与哥德巴赫猜想没有实质联系。”

7.5.3　七大千年数学难题

20 世纪是数学大发展的一个世纪。数学的许多重大难题得到圆满解决，如费马大定理的证明，有限单群分类工作的完成等，从而使数学的基本理论得到空前发展。

计算机的出现是 20 世纪数学发展的重大成就，同时极大地推动了数学理论的深化和数学在社会和生产力第一线的直接应用。回首 20 世纪数学的发展，数学家们深切感谢 20 世纪最伟大的数学大师希尔伯特。希尔伯特在 1900 年 8 月 8 日于巴黎召开的第二届世界数学家大会上的著名演讲中提出了 23 个数学难题。希尔伯特问题在过去百年中激发数学家的智慧，指引数学前进的方向，其对数学发展的影响和推动是巨大的，无法估量的。

效法希尔伯特，许多当代世界著名的数学家在过去几年中整理和提出新的数学难题，希冀为新世纪数学的发展指明方向。这些数学家都有很高的知名度，但他们的这项行动并没有引起世界数学界的共同关注。

2000 年初美国麻马萨诸塞州的克雷数学研究所的科学顾问委员会选定了七个“千年大奖问题”，克雷数学研究所的董事会决定建立 700 万美元的大奖基金，每个“千年大奖问题”的解决都可获得百万美元的奖励。克雷数学研究所“千年大奖问题”的选定，其目的不是为了形成新世纪数学发展的新方向，而是集中在对数学发展具有中心意义、数学家们期待解决的重大难题上。

2000 年 5 月 24 日，千年数学会议在著名的法兰西科学院举行。会上，1998 年菲尔兹奖获得者伽沃斯以“数学的重要性”为题作了演讲，其后，塔特和阿蒂亚公布和介绍了这七个“千年大奖问题”。克雷数学研究所还邀请有关研究领域的专家对每一个问题进行了较详细的阐述。克雷数学研究所对“千年大奖问题”的解决与获奖作了严格规定。每一个“千年大奖问题”获得解决并不能立即得奖。任何解决答案必须在具有世界声誉的数学杂志上发表两年后且得到数学界的认可，才有可能由克雷数学研究所的科学顾问委员会审查决定是否值得获得百万美元大奖。

这七个“千年大奖问题”是：NP 完全问题、霍奇(Hodge)猜想、庞加莱猜想、黎曼(Riemann)假设、杨-米尔斯理论、纳维-斯托克斯(Navier-Stokes)方程、伯奇(Birch)和斯温纳顿-戴尔(Swinnerton-Dyer)猜想。

“千年大奖问题”公布以来，在世界数学界产生了强烈反响。这些问题都是关于数学基本理论的，但这些问题的解决对数学理论的发展和应用的深化都将产生巨大推动。认识和研究“千年大奖问题”已成为世界数学界的热点。不少国家的数学家正在组织联合攻关。可以预期，“千年大奖问题”将会改变 21 世纪数学发展的历史进程。

1. NP 完全问题

数学上著名的 NP 问题是不确定性图灵机在 P 时间内能否解决的问题，完整的叫法是 NP 完全问题，也即"NP complete"问题，简单的写法，是 NP＝P？的问题。问题就在这个问号上，到底是 NP 等于 P，还是 NP 不等于 P。P 代表多项式(polynomial)，NP 是非确定性多项式(non-deterministic polynomial)的问题，也即是多项式复杂程度的非确定性问题。

什么是非确定性问题呢？有些问题是确定性的，如加减乘除之类，只要按照公式推导，按部就班一步步来，就可以得到结果。但是，有些问题是无法按部就班直接地计算出来。例如，找大质数的问题，大的合数分解质因数的问题，都没有公式一步步推算出来。这种问题的答案是无法直接计算得到的，只能通过间接的"猜算"来得到结果，这就是非确定性问题。而这些问题通常有个算法，它不能直接告诉你答案是什么，但可以告诉你，某个可能的结果是正确的还是错误的答案。这个可以告诉你"猜算"的答案正确与否的算法，假如可以在多项式时间内算出来，就称为多项式非确定性问题。而如果这个问题的所有可能答案，都是可以在多项式时间内进行正确与否的验算的话，就称为完全多项式非确定性问题。

完全多项式非确定性问题可以用穷举法得到答案，一个个检验下去，最终便能得到结果。但是这样算法的复杂程度，是指数关系，因此计算的时间随问题的复杂程度成指数的增长，很快就变得不可计算了。

NP 完全问题的研究推动了计算复杂性理论的发展，产生了许多新概念，提出了许多新方法。但 NP＝P？目前仍然无法解决。许多学者猜想 NP≠P，但无法证明。

2. 霍奇猜想

霍奇猜想是说在非奇异复射影代数簇上，任一霍奇类是代数闭链类的有理线性组合。20 世纪数学家发现了研究复杂对象的形状的强有力的办法。基本想法是问在怎样的程度上，可以把给定对象的形状通过把维数不断增加的简单几何营造块黏合在一起来形成。这种技巧变得如此有用，使得它可以用许多不同的方式来推广，最终导致一些强有力的工具，使数学家在对他们研究中所遇到的形形色色的对象进行分类时取得巨大的进展。不幸的是，在这一推广中，程序的几何出发点变得模糊起来，在某种意义上，必须加上某些没有任何几何解释的部件。霍奇猜想断言，对于所谓射影代数簇这种特别完美的空间类型来说，称为霍奇闭链的部件实际上是称为代数闭链的几何部件的(有理线性)组合。

3. 庞加莱猜想

如果伸缩围绕一个苹果表面的橡皮带，那么可以既不扯断它，也不让它离开表面，使它慢慢移动收缩为一个点。另外，如果想象同样的橡皮带以适当的方向被伸缩在一个轮胎面上，那么不扯断橡皮带或者轮胎面，是没有办法把它收缩到一点的。我们说，苹果表面是单连通的，而轮胎面不是。大约在 100 年以前，庞加莱已经知道，二维球面本质上可由单连通性来刻画。他提出三维球面(四维空间中与原点有单位距离的点的全体)的对应问题，被称为庞加莱猜想，它是前面提到的瑟斯顿三维几何化猜想的特例。

这个问题立即变得无比困难，从那时起，数学家就在为此奋斗。

在 2002 年 11 月和 2003 年 7 月之间，俄罗斯数学家佩雷尔曼在arXiv.org网站上发表了三篇论文预印本，并声称证明了瑟斯顿几何化猜想。

在佩雷尔曼之后，先后有三组数学家发表论文补全佩雷尔曼给出的证明中缺少的细节。这包括密歇根大学的克莱纳和洛特，哥伦比亚大学的摩根和麻省理工学院的田刚，以及理海大学的曹怀东和中山大学的朱熹平。

2006 年 8 月，第 25 届国际数学家大会授予佩雷尔曼菲尔兹奖。数学界最终确认这个困扰人们百年的数学难题——庞加莱猜想得到解决。

4. 黎曼假设

有些数具有不能表示为两个更小的数的乘积的特殊性质，如 2，3，5，7，…，这样的数称为素数，它们在纯数学及其应用中都起着重要作用。在所有自然数中，这种素数的分布并不遵循任何有规则的模式。然而，德国数学家黎曼观察到，素数的频率紧密相关于一个精心构造的所谓黎曼蔡塔函数 ζ。著名的黎曼假设断言，方程 $\zeta(s)=0$ 的所有有意义的解都在一条直线上。这已经对于开始的 1 500 000 000 个解验证过。证明它对于每一个有意义的解都成立将为围绕素数分布的许多奥秘带来光明。

5. 杨-米尔斯存在性和质量缺口

量子物理的定律是以经典力学的牛顿定律对宏观世界的方式对基本粒子世界成立的。大约半个多世纪以前，杨振宁和米尔斯发现，量子物理揭示了基本粒子物理与几何对象的数学之间的令人注目的关系。基于杨-米尔斯方程的预言已经在如下的全世界范围内的实验室中所履行的高能实验中得到证实：布罗克哈文、斯坦福、欧洲粒子物理研究所等。尽管如此，他们的既描述重粒子，又在数学上严格的方程没有已知的解。特别是，被大多数物理学家所确认，并且在他们的对于“夸克”的不可见性的解释中应用的“质量缺口”假设，从来没有得到一个数学上令人满意的证实。在这一问题上的进展需要在物理上和数学上两方面引进根本的新观念。

6. 纳维-斯托克斯方程的存在性与光滑性

起伏的波浪跟随着正在湖中蜿蜒穿梭的小船，湍急的气流跟随着现代喷气式飞机的飞行。数学家和物理学家深信，无论是微风还是湍流，都可以通过理解纳维-斯托克斯方程的解，对它们进行解释和预言。虽然这些方程是 19 世纪写下的，但我们对它们的理解仍然极少。挑战在于对数学理论作出实质性的进展，使我们能解开隐藏在纳维-斯托克斯方程中的奥秘。

7. 伯奇和斯温纳顿-戴尔猜想

数学家总是被诸如 $x^2+y^2=z^2$ 那样的代数方程的所有整数解的刻画问题着迷。欧几里得曾经对这一方程给出完全的解答，但是对于更为复杂的方程，这就变得极为困难。事实上，正如马蒂雅谢维奇指出，希尔伯特第十问题是不可解的，即不存在一般的方法来确定一个方程什么时候有整数解。当某一方程的解是一个阿贝尔簇的点时，伯奇和斯温纳顿-戴尔猜想认为，有理点的群的大小与一个有关的蔡塔函数 $\zeta(s)$ 在点 $s=1$ 附近的性态有关。特别是，这个有趣的猜想认为，如果 $\zeta(1)$ 等于 0，那么方程存在无限多个有理点(解)。相反，如果 $\zeta(1)$ 不等于 0，那么方程只存在有限多个这样的点(解)。

第8章 系统科学

8.1 概述

8.1.1 古今系统思想概述

人类很早就有了系统思想的萌芽，主要表现在对整体、组织、秩序、结构和完整性等概念的认识，以及在解决实际问题中所形成的某些运筹方法。系统思想就其最基本的含义来说，是关于事物的整体性观念、相互联系的观念和演化发展的观念。

古代人类对世界的整体性认识是一种朴素的系统思想，来源于他们的社会实践经验。现代系统论是从古代朴素的系统思想发展起来的。古代人类对世界的系统认识是由宇宙论开始的，宇宙论是早期人类对人类所生存的世界的一种解释。中国的宇宙论以太极图为代表，希腊的宇宙论以原子论为代表。

太极图是中国古人对世界较为缜密的一种解释。所谓太极，就是指太一，不是指数字上的一，而是具有哲学意义的、整体的、绝对的一。太极指宇宙最初浑然一体的元气，它象征着万事万物都由阴阳二气构成，如天是阳，地是阴；日是阳，月是阴等。世界的根源是太极，所以“太极生五行”，“五行生万物”，即阴阳五行说。它认为世界由金、木、水、火、土五种元素组成，它们由天地之间的阴阳二气运动变化而成：寒生水，热生火，风生木，燥生金，湿生土。同时，五行之间相生相克，即水能生木，木能生火，火能生土，土能生金，金能生水；而水能克火，火能克金，金能克木，木能克土，土能克水，由此不断循环演化，就构成了一个运动着的世界的整体。阴阳五行说是中国古人认识世界的基点，也是中医的主要理论。奠定中医理论基础的是《黄帝内经》，按照中医的阴阳五行学说，把自然界和人体看做由五种要素相生相克、相互制约而组成的有机整体。人与天地自然又是相应、相生而形成的更大的系统。人体是一个有机的和谐整体，当阴阳失调时人就会生病。《黄帝内经》把人的身体结构看做自然界的一个组成部分，人的养生规律和自然界的规律是密切相关的，提出了“天人相应”的医疗原则，主张把生理现象与自然现象相联系来治疗疾病，从自然现象、生理现象和神经活动三者结合起来考察疾病的根源。而且，人体与自然也是有机的和谐整体，阴阳平和是其最好的状态。

古代中国人民在长期的社会实践中逐渐形成把事物诸因素联系起来作为一个整体或系统来进行分析和综合的思想。春秋时期的军事家孙武在《孙子兵法》中主张从敌我双方战争格局这个整体出发来研究战争规律。他从道、天、地、将、法五个方面分析战争的全局，把环境(天时地利和人心向背等)、系统及其要素(敌我双方力量对比、军心、指挥、战略和战术等)统一起来研究。他的名言“知彼知己，百战不殆”揭示了战争的重要规律，强调要从整体上分析敌我众寡、强弱、虚实、攻守、进退等矛盾，以便扬己之长，攻彼之短，克敌制胜。孙武的军事系统思想直到现在仍在国内外为人们所重视。

中国古代系统思想还反映在农业生产实践中。人们通过实践逐步认识到农业与周围环境之间存在着相互依赖和相互制约的关系。《夏小正》和《诗经·豳风·七月》中就把农作物与种子、地形、土壤、水分、肥料、季节和气候等物候、天文因素结合在一起，用相互联系的整体观点研究农事活动的规律。例如，通过天象观测掌握天体运行和季节变化的规律，编制出历法和二十四节气，以指导农事活动。

古代中国人民不仅运用系统概念考察自然现象，还用这种观点指导对自然的改造，用系统方法创造了许多著名的系统工程。战国时期秦国李冰设计的都江堰，就是一个宏大的防洪灌溉系统工程。它包括“鱼嘴”岷江分水工程、“飞沙堰”分洪排沙工程和“宝瓶口”引水工程三大主体工程和 120 个附属渠堰工程，工程之间的联系处理得恰到好处，形成一个和谐运转的系统工程总体。据《梦溪笔谈》记载，北宋大中祥符八年(1015年)，皇宫被烧毁，丁谓奉朝廷之命“营复宫室”，面临就近取土、存放建筑材料与清理废墟之间的矛盾。他首先开渠取土，其次将汴水引入渠中，以便运输建筑材料，最后在完成运输和施工任务之后，排除渠水，用废弃材料填渠，解决了所有矛盾。整个工程体现了完美的整体的协调性，收到了“一举而三役济，计省费以亿万计”的效果。今日尚存的明代永乐大钟，重达 40 余吨，采用群炉汇铸而成，也是著名的系统工艺技术。当时的熔炉高一丈二尺[①]，容量只有一吨，聪明的工匠在铸件周围建造了一系列熔炉，使其容量和铸件重量相等，炉群位高，铸型位低，各炉槽呈辐射状通向铸型，各炉同时升火冶炼，炼成的金属溶液一齐汇流铸型，大钟顷刻铸成。

西方朴素的系统思想最早体现在古希腊的原子论中。古希腊唯物主义者德谟克利特认为世界是由最小的物质原子所组成的。原子组成万物，形成不同层次的世界，人也是一个小世界，宇宙中有无数世界，这些世界不断产生、发展和消灭。他的没有流传下来的著作《宇宙大系统》，是人类关于世界是一个大系统的理论。古希腊哲学家亚里士多德进一步发展了朴素的系统思想，他认为万物都由四种因素构成，即目的因、动力因、形式因和质料因。目的因是事物发展的趋向，动力因是事物的根据，形式因是结构形式，质料因是物质材料。“四因说”对世界进行了系统分析，构造了一个宇宙系统的模型。亚里士多德曾说：“一般说来，所有的方式显示全体并不是部分的总和”，他的这个思想被人们概括为“整体大于部分的总和”。亚里士多德的思想可以说是古代朴素的系统观念最丰富、最有价值的遗产。

古希腊的宇宙论比中国的要少一些神秘的色彩，但仍没有摆脱目的论和物质论的影响，因而也不是科学的系统。无论是中国的还是古希腊的朴素的系统思想，都强调对世界整体性和统一性的认识，但对世界的认识还建立在想象、猜测的基础上，所以总体仍然是不科学的。

15 世纪下半叶，近代科学开始兴起，力学、天文学、化学、物理学和生物等科目逐渐从混为一体的自然哲学中分离出来，获得日益迅速的发展。以物理学为代表，伽利略和牛顿研究的对象是天体运行和可见物体的宏观领域。当时，人们认为世界是由许多做

---

① 丈、尺为非法定单位，1 丈=10 尺=3.33 m，1 尺=0.333 m。

机械运动的部分相加起来的，就像一架精确的钟表，它按照预定的秩序运行。这种机械论的世界观虽然也把世界看做一个整体，但这种整体观并不是真正的系统思想。近代自然科学发展了研究自然界的独特的分析方法，包括实验、解剖和观察，把自然界的细节从总的自然联系中抽出来，分门别类地加以研究。这种考察自然界的方法移植到哲学中，就成为形而上学的思维方式。

形而上学的思想把事物孤立起来，割断相互之间的联系，这种思想与科学的进一步发展产生了抵触，因而逐渐受到了怀疑。19 世纪上半叶科学上的三项重大发现，即能量守恒定律、细胞学和进化论，使人类对自然过程的相互联系的认识有了很大的提高，动摇了机械论和形而上学思想，揭示了世界的统一性及各种事物间的有机联系，为唯物主义自然观建立了坚实的基础，为马克思主义哲学提供了丰富的材料。马克思、恩格斯的辩证唯物主义认为，物质世界是由无数相互联系、相互依赖、相互制约、相互作用的事物和过程所形成的统一体。辩证唯物主义体现的物质世界普遍联系及其整体性思想，也就是系统思想。由此看出，在近代科学技术和文化发展的基础上，到了 19 世纪，系统思想已从思辨进展到定量论述。

在现代科学、技术、文化发展的基础上形成了科学的定量的系统思想。在 20 世纪中期，现代科学技术对于系统思想方法有两大贡献：第一，使系统思想定量化，成为一套具有数学理论、能够定量处理系统各组成部分相互联系的科学方法；第二，为定量化系统思想的实际应用提供了强有力的计算工具——电子计算机。一旦取得了数学模型和计算工具，系统的思想方法就从一种哲学思维发展成一门专门的学科。

概括地说，系统思想是进行分析与综合的辩证思维工具，辩证唯物主义为它提供了哲学的表达形式，运筹学等学科为它提供了定量的模型，系统工程为它提供了丰富的实践内容。

8.1.2　系统科学的形成和发展

系统这个词古已有之，古代许多杰出的人物已经很好地运用了系统思维，但把一个系统从一个一般的术语变为科学概念，把系统思维从一种自发的经验性思维变成自觉的科学思维，则是 20 世纪中叶以来的事。科学家明确地提出以系统作为研究对象，一般公认为以奥地利人、理论生物学家贝塔朗菲提出的“一般系统论”概念为标志。

1. 20 世纪 40～60 年代的形成和发展

20 世纪 40 年代出现的一般系统论、控制论和信息论是早期的系统科学理论，而同期出现的系统工程，则是系统科学的工程应用。

1）一般系统论

贝塔朗菲在 1932 年提出开放系统理论，提出了系统论的思想。1937 年，他在芝加哥大学莫利斯主持的哲学讨论会上第一次提出了一般系统论的概念，奠定了这门科学的理论基础。1945 年，他在论文《关于一般系统论》中，旗帜鲜明地提出一般系统论的任务“是确立适用于系统的一般原则”，并对系统作了一定的概括，如系统的整体性、动态性、关联性、目的性和有序性。贝塔朗菲强调,任何系统都是一个有机的整体,它不是各个部分的机械组合或简单相加,系统的整体功能是各要素在孤立状态下所没有的新质。他用亚里士多德的"整体大于部分之和"的名言来说明系统的整体性,反对那种认为要素性能好,整体性能一定好,以局部说明整体的机械论的观点。同时认为,系统中各要素不是孤立地存在着,每个要素在系统中都处于一定的位置上,起着特定的作用。要素之间相互关联,构成了一个不可分割的整体。要素是整体中的要素,如果将要素从系统整体中割离出来,它将失去要素的作用。正像人手在人体中是劳动的器官,一旦将手从人体中砍下来,它就不再是劳动的器官了一样。但是他的理论到1948年在美国再次讲授一般系统论时,才得到学术界的重视。经过40年代末到50年代初的发展,一般系统论开始形成了国际性新学科。1954年,贝塔朗菲与一些经济学家、生物学家和生理学家等成立了一般系统论学会。确立这门科学学术地位的是1968年贝塔朗菲发表的专著《一般系统理论:基础、发展和应用》,该书被公认为这门学科的代表作。贝塔朗菲临终前发表了《一般系统论的历史与现状》一文,探讨系统研究的未来发展。一般系统论对系统科学的形成和发展作出了重要贡献。

2) 控制论

控制现象无处不在,与人的生成发展密切相关。例如,在日常生活中,提笔写字,开车出门,端碗吃饭,都是通过控制工具来达成生活目标;个人与集体、班级与学校、部门与国家、国家与国家之间,都存在人与人关系中的控制;人类培育植物,驯养动物,兴修水利,都是人试图控制自然界某一部分的行为;太阳对地球植物的光合作用,基因控制生物个体的发育,是大自然的不同组分之间的控制与被控制关系。人类自其诞生之日起,就必须思考什么是控制和如何控制的问题。甚至可以说,人特有的意识和能力是在受自然控制和力图控制自然、控制社会的实践中形成和发展的。

推动对控制进行理论研究的主要动力来自生产技术的需要。欧洲工业革命的成功,瓦特蒸汽机的广泛使用,成为历史的转折点。美国生理学家坎农的《躯体的智慧》所包含的控制思想为控制论的创立奠定了基础。反法西斯战争为控制论的诞生提供了强有力的推动。出于战争的需要,美国数学家维纳参与了计算机和火炮自动控制的研制,但他的注意力主要放在控制理论的研究。

1948年维纳发表了《控制论——关于在动物和机器中控制和通信的科学》一书,奠定了这门新兴学科的理论基础。维纳把控制论定义为:关于在动物和机器中控制和通信的科学。更具体地说,控制论是研究动态系统在变化的环境条件下如何保持平衡状态或稳定状态的科学。他特意创造"cybernetics"这个英语新词来命名这门科学。"控制论"一词最初来源希腊文"mberuhhtz",原意为"操舵术",就是掌舵的方法和技术的意思。在柏拉图(古希腊哲学家)的著作中,经常用它来表示管理人的艺术。

控制论是在20世纪30～40年代蓬勃发展的自动控制技术和统计数学的背景下诞生的。它提炼出包括生物系统和人工系统的极为广泛的一大类系统的共性和规律,这一大类的系统实质上也是系统科学研究的主要对象,因而控制论的诞生和发展对系统科学的发展有重大的意义。

在控制论中，控制的定义是：为了改善某个或某些受控对象的功能或发展，需要获得并使用信息，以这种信息为基础而选出的、加于该对象上的作用就称为控制。由此可见，控制的基础是信息，一切信息传递都是为了控制，而任何控制又都有赖于信息反馈来实现。信息反馈是控制论的一个极其重要的概念。通俗地说，信息反馈就是指由控制系统把信息输送出去，又把其作用结果返送回来，并对信息的再输出发生影响，起到控制的作用，以达到预定的目的。控制论提炼出的基本概念，如目的、行为、通信、信息、输入、输出、反馈、控制以及在这些概念基础上所建立的输入-输出反馈控制模型，具有广泛的意义，并且紧密联系着基础理论和应用技术。20世纪50年代以后，控制论向自然科学和社会科学的各个领域渗透，广泛地应用于心理学、管理科学和领导科学等学科。

3）信息科学

信息科学是以信息为主要研究对象，以信息的运动规律和应用方法为主要研究内容，以计算机等技术为主要研究工具，以扩展人类的信息功能为主要目标的一门新兴的综合性学科。信息科学是由信息论、控制论、计算机科学、仿生学、系统工程与人工智能等学科互相渗透、互相结合而形成的。20世纪60年代中期，由于出现了复杂的工程大系统需要用计算机来控制生产过程，所以系统辨识成为重要研究课题。从信息科学的观点来看，系统辨识就是通过输入输出信息来研究控制系统的行为和内部结构，并用简明的数学模型来加以表示。控制就是根据系统结构和要求对信息加工、变换和利用。

一般来说，信息可以界定为由信息源（如自然界和人类社会等）发出的被使用者接受和理解的各种信号。作为一个社会概念，信息可以理解为人类共享的一切知识，或社会发展趋势及从客观现象中提炼出来的各种消息之和。信息并非事物本身，而是表征事物之间联系的消息、情报、指令、数据或信号。一切事物，包括自然界和人类社会，都在发出信息。我们每个人每时每刻都在接收信息。在人类社会中，信息往往以文字、图像、图形、语言和声音等形式出现。

信息科学是研究信息的产生、获取、变换、传输、存储、处理识别及利用的学科。人们对于信息的认识和利用可以追溯到古代的通信实践。中国古代的“烽燧相望”和古罗马地中海诸城市的“悬灯为号”，可以说是传递信息的原始方式。随着社会生产的发展和科学技术的进步，人们对传递信息的要求急剧增加。到20世纪20年代，如何提高传递信息的能力和可靠性已成为普遍重视的课题。美国科学家奈奎斯特、德国的屈普夫米勒、原苏联的科尔莫戈罗夫和英国的赛西尔等从不同角度研究信息，为建立信息论作出很大贡献。一般认为，1948年美国数学家申农（被誉为“信息论”之父）发表的《通信的数学理论》一文标志着信息论的诞生。信息论有狭义和广义之分。狭义信息论即申农早期的研究成果，它以编码理论为中心，主要研究信息系统模型、信息的度量、信息容量、编码理论及噪声理论等。广义信息论又称信息科学，主要研究以计算机处理为中心的信息处理的基本理论，包括评议、文字的处理、图像识别、学习理论及其各种应用。

申农最初的信息论只对信息作了定量的描述，而没有考虑信息的其他方面，如信息的语义和信息的效用等问题。而这时的信息论已从原来的通信领域广泛地渗入自动控制、信息处理、系统工程和人工智能等领域，这就要求对信息的本质、信息的语义和效用等问题进行更深入的研究，建立更一般的理论，从而产生了信息科学。

迄今为止，人类社会已经发生过四次信息技术革命。

第一次革命是人类创造了语言和文字，然后出现了文献。语言、文献是当时信息存在的形式，也是信息交流的工具。

第二次革命是造纸和印刷技术的出现。这次革命结束了人们单纯依靠手抄、篆刻文献的时代，使知识可以大量生产、存储和流通，进一步扩大了信息交流的范围。

第三次革命是电报、电话、电视及其他通信技术的发明和应用。这次革命是信息传递手段的历史性变革，它结束了人们单纯依靠烽火和驿站传递信息的历史，大大加快了信息传递速度。

第四次革命是电子计算机和现代通信技术在信息工作中的应用。电子计算机和现代通信技术的有效结合，使信息的处理速度、传递速度得到了惊人的提高，人类处理信息和利用信息的能力达到了空前的高度。今天，人类社会已经进入了所谓的信息社会。信息科学登上现代科技舞台，与能量科学、材料科学鼎足而立，将为科学技术的发展作出贡献。

4）系统工程

20 世纪 30～40 年代，一方面科学技术有了巨大的发展；另一方面生产规模大型化，生产技术复杂化。这些生产系统、技术系统和科学系统由许多部分组成，关系错综复杂，迫切要求人们从总体和相互联系的角度去考虑问题。这样，系统工程作为一种科学的技术和方法，其产生的客观社会需要和科学技术自身的准备条件就齐备了。

第一次提出"系统工程"这一名词的是 1940 年在美国贝尔电话公司实验室工作的莫利纳和在丹麦哥本哈根电话公司工作的厄朗，他们在研制电话自动交换机时，意识到不能只注意电话机和交换台设备技术的研究，还要从通信网络的总体上进行研究。他们把这项工程任务看做一个系统，依据时间顺序划分为规划、研究、开发、开发中的研究和工程实施五个阶段进行管理，取得了良好的效果，并提出了一个新概念——系统工程。

第二次世界大战期间，一些科学工作者以大规模军事行动为对象，提出了解决战争问题的一些决策和对策的方法和工程手段。当时英国为防御德国的突然空袭，研究了雷达报警系统和飞机降落排队系统，取得了很多战果。在这一时期，英、美等国在反潜、反空袭、商船护航和布置水雷等军事行动中应用了系统工程方法，取得了良好的效果。1940～1945 年，美国制造原子弹的"曼哈顿"计划应用了系统工程方法进行协调，在较短的时间内取得了成功。1957 年，美国密歇根大学的古德和麦考尔对这方面的实践经验进行了初步的理论总结，出版了这个领域的第一部专著《系统工程》。如何把系统思想贯彻于工程项目的组织管理中，使工程活动具有足够的科学性、可行性和经济性，20 世纪 60 年代霍尔的三维结构提供了迄今为止最有说服力的框架和思路。50 年代后期和 60 年代中期，美国为改变空间技术落后于苏联的局面，制定和执行了"阿波罗登月计划"。1961 年开始的阿波罗登月计划是一项巨大的工程。该工程有 300 多万个部件，参加者有 2 万多家企业和 120 所大学与研究机构。整个工程在计划进度、质量检验、可靠性评价和管理过程等方面都采用了系统工程方法，实现了时间进度、质量技术与经费管理三者的统一。在实施该工程的过程中及时向各层决策机构提供信息和方案，供各层决策者使用，保证了各个领域的相互平衡，如期完成了总体目标。1969 年阿波罗登月计划成功，是公认的系统工程成功的范例，引起了人们对系统工程的广泛重视。1972 年成立了国际应用系统分析研究所。自此，系统工程作为一个新学科正式成立了。

系统工程的特点可以概括如下：

(1) 研究的对象广泛，包括人类社会、生态环境、自然现象和组织管理等。

(2) 系统工程是一种知识体系，是一门跨学科的边缘学科，不是工程实践。不仅要用到数学、物理、化学和生物等自然科学，还要用到社会学、心理学、经济学和医学等与人的思想、行为和能力等有关的学科，是自然科学和社会科学的交叉。

(3) 系统工程是工程技术，主要是看实际功效，而不是科学理论。因为系统工程所研究的对象往往涉及人，这就涉及人的价值观、行为学、心理学、主观判断和理性推理，因而系统工程所研究的大系统比一般工程系统复杂得多，所以处理系统工程问题不仅要有科学性，而且要有艺术性和哲理性。

(4) 系统工程的精华是系统观点，强调从总体着眼构思，从局部着手实现，从全局出发用好局部，从全过程出发关照好各个阶段。

第二次世界大战以后，一般的系统论、控制论、信息科学及系统工程相互融合，相互渗透，这是系统科学从 20 世纪 40～60 年代自然界到人类社会，从基础理论到工程应用的诞生和成长的历程。

2. 20 世纪 70～80 年代的发展

耗散结构论、协同论和突变论是 20 世纪 70 年代以来陆续确立并获得极快进展的三门系统理论的分支学科。它们虽然时间不长，却已是系统科学领域中“年少有为”的成员。

1) 耗散结构论

耗散结构理论是比利时物理学家普利高津于 1969 年提出来的。一般来说，开放系统有三种可能的存在方式：①热力学平衡态；②近平衡态；③远离平衡态。耗散结构论者认为系统只有在远离平衡的条件下，才有可能向有秩序、有组织、多功能的方向进化，这就是普利高津提出的“非平衡是有序之源”的著名论断。鉴于对非平衡热力学特别是耗散结构理论所作的重大贡献，普利高津于 1997 年荣获诺贝尔化学奖。在长期的研究工作中普利高津发现，当一个远离平衡态的开放系统，无论是力学的、物理的、化学的、生物学的，还是社会的、经济的系统，如果某系统不断地与外界交换物质和能量，在外界条件变化过渡到一定程度，系统内部某个参量变化过渡到一个临界值时，经过涨落系统可能发生突变，即非平衡相变，那么，该系统将会由原来的混乱无序状态转变为一种在时间上、空间上或功能上的有序状态。事物的这种在非平衡状态下新的稳定有序结构就称为耗散结构。例如，1900 年法国物理学家贝纳德做的一项流体试验，即贝纳德流，就是一个典型的物理耗散结构，属于流体系统在远离平衡态下自组织产生的有序结构。耗散结构的另一个典型模型是化学钟现象。最著名的是原苏联科学家在实验室中发现的化学振荡，称为BZ反应，液体周期性地改变颜色，从红色到蓝色，又从蓝色到红色，反复进行，类似于钟表运行，故称为化学钟。

耗散结构的产生和进化需要满足以下三个条件：

(1) 系统必须开放，即系统与环境必须不断地进行物质和能量的交换。

(2) 系统必须远离平衡态，因为近平衡区或平衡区的线性区不可能出现新的有序结构。

(3) 系统必须有涨落运动，因为结构有序来自涨落有序，所以在耗散结构形成之前，涨落成为系统自组织的契机。

耗散结构论是探索耗散结构微观机制的关于非平衡系统行为的理论。系统论所要寻求的也就是这种具有有序性的稳定结构，从这个意义上说，耗散结构论与系统有异曲同工之妙。

2) 协同论

协同论是20世纪70年代著名理论物理学家哈肯在1973年创立的。哈肯在从事激光研究中发现，激光形成的背后隐藏着某种更深刻、更普遍的科学原理，即关于物质系统从无序自行产生有序的一般规律。他转而研究一般物质结构形成、演变的问题。这一研究的结果就是著名的协同论。他认为自然界是由许多系统组织起来的统一体，这许多系统就称为小系统，这个统一体就是大系统。在某个大系统中的许多小系统既相互作用，又相互制约，它们是平衡结构，而且由旧的结构转变为新的结构有一定的规律，研究此规律的科学就是协同论。它的主要特点是通过类比对从无序到有序的现象建立了一整套数学模型和处理方案，并推广到广泛的领域。它基于“很多子系统的合作受相同原理支配而与子系统特性无关”的原理，设想在跨学科领域内，考察其类似性以探求其规律。哈肯在阐述协同论时说道：“我们现在好像在大山脚下从不同的两边挖一条隧道，这个大山至今把不同的学科分隔开，尤其是把‘软’科学和‘硬’科学分隔开。”

协同论研究的是各种不同领域有序自组织的形成和演变，因而贝纳德流、BZ反应是耗散结构论的研究对象，也是协同论的研究对象。若说耗散结构论的模型始于贝纳德流，那么协同论研究的模型始于固体激光器。哈肯从激光研究中形成了自组织的基本思想，他从物理学转向研究协同学之后，总是对照激光器来思考新的自组织现象，从激光的形成演变中获取灵感，用激光系统来检验新的科学思想。哈肯曾明确表示，协同论理论体系有三个“硬核”，即不稳定性原理、支配原理和序参量原理。

哈肯在协同论中描述了临界点附近的行为，阐述了慢变量支配原则和序参量概念，认为事物的演化受序参量的控制，演化的最终结构和有序程度取决于序参量。不同的系统序参量的物理意义也不同。例如，激光系统中的序参量是光场强度。化学反应中的序参量是浓度或粒子数。一般情况下，宏观有序的程度用序参量的大小来衡量。当序参量为零时，此时系统是无序的。序参量随着外界条件的变化而变化，并且在到达临界点时增长到最大，这时一种宏观有序的有组织的结构就出现了。

协同论指出，一方面，由于参数、边界条件不同及涨落作用，对于同一种模型可能得到很不相同的图样；另一方面，相同的图样可以由形态发生过程不同的模型得到。在两种情况下，生成相同图样的一大类模型都可能存在。

协同论理论是处理复杂系统的一种策略。协同论的目的是建立一种用统一的观点去处理复杂系统的概念和方法。协同论的重要贡献在于通过大量的类比和严谨的分析，论证了各种自然系统和社会系统从无序到有序的演化，都是组成系统的各元素之间相互影响又协调一致的结果。它的重要价值在于既为一个学科的成果推广到另一个学科提供了理论依据，也为人们从已知领域进入未知领域提供了有效手段。

3）突变论

“突变”一词，法文原意是“灾变”，是强调变化过程的间断或突然转换的意思。现实世界的变化现象多种多样，但只有两种基本的变化方式：一是连续的、光滑的、渐进的、定量的变化，如儿童身高的增加、宇宙飞船正常飞行的轨迹、地球围绕太阳运行等，这类变化可由解析几何和微分几何进行十分有效的理论描述；二是不连续的、不光滑的、突发的、定性的变化，如水的沸腾、岩石的破裂、桥梁的崩塌、地震、飞机失事、物种灭绝、细胞的分裂、生物的变异、人的休克、股市暴涨、战争突然爆发、政变，还有人类欢喜与悲伤、平静与烦躁的心理状态的突然转换等，这些都是突变现象。

200 多年前，法国学者维叶试图从因果关系上解释突变现象，他的基本结论是“没有缓慢作用的原因能够产生突然作用的结果”，即连续的因只能产生连续的果，渐变的因只能产生渐变的果；不连续的因产生不连续的果；突变的因产生突变的果。他认为突变一定会造成灾难，只有渐变是建设性的变化方式。显然，这种说法带有浓厚的反辩证法的片面性。

托姆在数学关于连续性和不连续性的长期探索的理论积累基础上发展了突变论。他于 1972 年发表的《结构稳定性和形态发生学》一书阐述了突变理论，荣获国际数学界的最高奖——菲尔兹奖。突变论的出现引起各方面的重视，被称为“是牛顿和莱布尼茨发明微积分 300 年以来数学上最大的革命”。

突变论认为，系统所处的状态可用一组参数描述。当系统处于稳定态时，标志该系统状态的某个函数就取唯一的值。当参数在某个范围内变化，该函数值有不止一个极值时，系统必然处于不稳定状态。托姆指出：系统从一种稳定状态进入不稳定状态，随着参数的再变化，又使不稳定状态进入另一种稳定状态，那么，系统状态就在这一刹那间发生了突变。突变论给出了系统状态的参数变化区域。突变论方法正是试图用数学方程描述这种过程。简单地说，突变论的研究内容是研究从一种稳定组态跃迁到另一种稳定组态的现象和规律。

突变论通过探讨客观世界中不同层次上各类系统普遍存在的突变式质变过程，揭示出系统突变式质变的一般方式，说明了突变在系统自组织演化过程中的普遍意义。它突破了牛顿单质点的简单性思维，揭示出物质世界客观的复杂性。突变理论中所蕴涵的科学哲学思想主要包含以下几方面内容：内部因素与外部相关因素的辩证统一；渐变与突变的辩证关系；确定性与随机性的内在联系；质量互变规律的深化发展。

突变论的主要特点是用形象而精确的数学模型来描述和预测事物的连续性中断的质变过程。突变论是一门着重应用的科学，它既可以用在“硬”科学方面，又可以用在“软”科学方面。当突变论作为一门数学分支时，它是关于奇点的理论，可以根据势函数而把临界点分类，并且研究各种临界点附近的非连续现象的特征。突变论与耗散结构论、协同论一起，在有序与无序的转化机制上，把系统的形成、结构和发展联系起来，成为推动系统科学发展的重要学科之一。

目前，突变论在许多领域已经取得了重要的应用成果。随着研究的深入，它的应用范围在不断扩大，相信它在我国的建设中将发挥重要作用。

3. 20世纪80年代以来的发展

20世纪80年代以来，非线性科学和复杂性科学的兴起对系统科学的发展起了积极推动的作用。

非线性科学是研究各类系统中非线性现象的共同规律的一门交叉学科。线性与非线性是一对数学名词。线性是指两个变量具有正比例的关系，它在笛卡儿坐标平面上表示为一条直线。非线性是指两个变量之间没有像正比例那样的直线关系。由线性关系描述的系统满足叠加原理，通过研究其对简单输入的响应，叠加起来就可导出和描述其他输入的响应。线性系统的整体性态通常可由各局部性态叠加或放大得到。一个系统不再是其部分的总和，这意味着叠加原理的失效，在数学上说是非线性的。在自然科学和工程技术中，不少现象不能采用线性模型描述，如钟摆的大幅度摆动，继电器二极管的特性，自激振荡电路的机理等。从逻辑上说，非线性就是不满足线性叠加原理的性质。但人们真正关注的是那些仅用线性理论所不能解释的现象，并将这些现象统称为非线性现象。

每一门科学有它自己的非线性问题，并形成各自的非线性学科分支。非线性科学不是各门非线性学科的简单综合，它研究出现于各种具体的非线性现象中的那些共性。这些共性有的已可以用适当的数学工具描述，表现为一些数学定律，但有的还难以找到相应的数学描述，没有严格的数学理论。非线性科学着眼于定量的规律，主要用于自然科学和工程技术，对社会科学的应用一般还局限在类比和猜测，难以有实质性的定量结果。

由于学科的交叉性，非线性科学和一些新学术如突变论、协同论和耗散结构论有相通处，并从中吸取有用的概念理论。但非线性现象很多，实证的非线性科学只考虑那些机制比较清楚，现象可以观测、实验，且通常还有适当的数学描述和分析工具的研究领域。随着科学技术的发展，这个范围将不断扩大。

线性科学研究适用于简单现象，非线性科学研究适用于复杂现象。非线性科学认为，世界的本质是非线性的，而线性是非线性的特例。

兴起于20世纪80年代的复杂性科学是系统科学发展的新阶段，也是当代科学发展的前沿领域之一。复杂性科学的发展不仅引发了自然科学界的变革，而且也日益渗透到哲学和人文社会科学领域。英国著名物理学家霍金称“21世纪将是复杂性科学的世纪”。复杂性科学为什么会赢得如此盛誉，并带给科学研究如此巨大的变革呢？主要是因为复杂性科学在研究方法论上的突破和创新。在某种意义上，甚至可以说复杂性科学带来的首先是一场方法论或者思维方式的变革。尽管国内外学者已经认识到研究复杂性科学的重要意义，然而要想找出一个能够符合各方研究旨趣的复杂性科学的概念还有困难。

在我国，钱学森教授组织领导了复杂系统的研讨班。基于对社会经济系统等复杂系统的研究，钱学森提炼出开放的复杂巨系统的概念，以及从定性到定量的综合集成的研究方法处理此类系统。

在美国，有几位在物理学和经济学不同领域的诺贝尔奖获得者，盖尔曼、安德森、阿罗，也认识到复杂系统的重要意义，并聚集了一批物理、经济、生物和计算机等方面的研究人员，在桑塔费(Santa Fe)成立了一个研究所，这就是著名的桑塔费研究所(Santa Fe Institute，SFI)，并将研究复杂系统的这一学科称为复杂性科学。

复杂性科学是一门崭新的科学，在 20 世纪从未对复杂性进行过系统深入的研究。而且在这门科学的方法论上，与 20 世纪的科学研究相比，也要进行革命。20 世纪的科学研究，如物理学，其研究方法是“还原论”，即研究单一个体。例如，核物理的研究是以原子核为对象，DNA 的研究是以细胞为对象，力学的研究是以受力体为对象等。对于复杂系统，这样做就不行了。例如，金融股市不能研究个别股民，而要研究股民的总体行为和思维过程；不能研究个别神经元，而要研究神经元网络；胚胎的形成，不能研究单个细胞等，即不能只研究单一个体(还原论)，而是要对总体系统进行整合研究。

另外，20 世纪的科学，如物理学等的研究已非常深入，并建立了许多精确的数学模型，可以进行论证、推演、理论分析和定量计算。但对复杂系统而言，如神经网络的思维过程、动物种群的发展过程、胚胎的形成过程，都没有定量的数学模型，从而不能进行定量研究。但是，一些网络的动态过程也可以建立一定法则在计算机上进行模拟，并作定量分析。因此，复杂性科学的研究又要定量与定性相结合。上面说到，复杂系统是涉及多个学科的一门科学。因此，要从不同的学科、不同的侧面，用不同的方法和工具，进行多方面的交叉研究。所以钱学森教授提出了“从定性到定量的综合集成研讨体系”的设想。

尽管复杂性科学流派纷呈、观点多样，但却具有一些共同的特点可循：①它只能通过研究方法来界定，其度量标尺和框架是非还原的研究方法论；②它不是一门具体的学科，而是分散在许多学科中，是学科互涉的；③它力图打破传统学科之间互不来往的界限，寻找各学科之间的相互联系、相互合作的统一机制；④它力图打破从牛顿力学以来一直统治和主宰世界的线性理论，抛弃还原论适用于所有学科的梦想；⑤它要创立新的理论框架体系或范式，应用新的思维模式来理解自然界带给我们的问题。

复杂性科学是指以复杂性系统为研究对象，以超越还原论为方法论特征，以揭示和解释复杂系统运行规律为主要任务，以提高人们认识世界、探究世界和改造世界的能力为主要目的的一种“学科互涉”的新兴科学研究形态。虽然目前人们对复杂性科学的认识不尽相同，但可以肯定的是复杂性科学的理论和方法将为人类的发展提供一种新思路、新方法和新途径，具有很好的应用前景。复杂性科学是一门具有重大理论及实际意义并亟待开展研究的崭新科学。

8.2　系统的结构和分类

8.2.1　系统的概念

系统一词来源于古希腊语，是由部分组成整体的意思。学术界从各种角度研究系统，对系统下了各种各样的定义，如系统是诸元素及其顺常行为的给定集合；系统是有组织的和被组织化的全体；系统是有联系的物质和过程的集合；系统是许多要素保持有机的秩序，向同一目的行动的东西等。但具有一般性的系统的定义莫过于系统研究的先驱贝塔朗菲的定义，系统是"相互作用的多元素的复合体"。这个定义中含有"多元素"和"相互作用"两个关键词，把定义描述得更为具体。如果一个集合中包含两个或两个以上的互不相同的对象或事物，所有对象或事物相互关联，就称该集合为一个系统。集合中包含的对象或事物称为系统的组成部分，简称为组分，最小的即不需要再细分的组分称为系统的元素或要素。

我们的周围世界存在各种各样的系统。一个公司、一个学校、一个城市、一个国家、一个班级、一本书，都是系统。一个家庭是一个系统，因为她的组分(家庭成员)之间具有血缘关系，但是随便几个没有任何联系的陌生人凑在一起，不能构成一个系统。当然，如果这些陌生人，就像我们班的同学一样，组成一个班级，那么他们的集合也构成了一个系统。大、漠、长、河、落、日、烟、直、圆、孤是十个普通的汉字，经唐代诗人王维形象思维加工创造，就产生了千古名句"大漠孤烟直，长河落日圆"。这是一个极富美感的观念系统，10 个字是它的组分。贝多芬的《命运交响曲》、王羲之的《兰亭序》、曹雪芹的《红楼梦》，也是系统。

由系统的定义可以看出系统的基本特性有以下三点：

(1) 多元性或多组分性。系统是多样性和差异性的统一，只有存在多个互不相同的事物才会在某种特定的条件下出现成为一个系统的需求。最简单的系统只包含两个组分，如师徒二人就构成一个简单系统；一般的系统为多组分系统，原则上存在无穷元素的系统，如整数系和实数系。反之，一个不能划分为不同组分的事物不是系统。

(2) 相关性或相干性。同一系统中的组分之间按照该系统的特有方式相互关联，系统不存在和别的组分没有关联的孤立元。如果一个集合中存在一个孤立元，那么这个集合就不是系统。多元性是系统存在的必要条件，相关性是系统存在的充分条件。例如，一堆砖瓦不是系统，但是用它们建成砖瓦房，则是一个系统。

(3) 整体性。系统由它的所有组分构成的统一体具有整体的结构、整体的特性、整体的行为、整体的状态和整体的功能等。整体性包含了多样性和相关性，是系统最重要的属性。贝塔朗菲把系统科学界定为整体性的科学，这一见解早已成为学术界的共识。

"系统是一切事物存在的方式之一，因而都可以用系统的观点来考察，用系统方法来描述"是系统科学存在的前提。世界上不存在绝对的非系统的集合，总可以找到一个角度把它看做一个系统,不存在数学意义上的孤立元。一个人作为个体,从生物学的观点来看,也是一个系统。一堆砖瓦杂乱地堆放在一起,相互之间有了力的作用,从力学的观点来看,它是一个相关联的整体,也是一个系统。

8.2.2 系统的结构与子系统

系统科学中的组分和结构是有密切联系而又不同的两个概念。组分是系统的基本的或主要的组成部分,不考察组分之间的关系,而系统研究关心的是所有组分之间的关系,即它们之间的关联方式。组分及组分之间关联方式的总和称为系统的结构。组分之间存在的关联互动方式都属于结构,但实际应用中不可能也没有必要找出所有可能的关联互动方式,这时的结构指的是那些主要的关联方式。

当组分很少、彼此差异不大时,系统可以按照同一的方式对组分进行整合。当系统的组分数量很多,而且难以甚至无法按照同一方式进行整合时,需要划分为不同的部分,分别按照各自的方式组织整合,形成若干子系统,再把这些子系统整合为整系统或母系统。形式化地说,如果系统S的某个部分 S_i 本身也是一个系统,则称 S_i 为系统S的子系统,称S为整系统或母系统。军队上一个营的战士需要分成几个连来管理,一个连的战士要分为几个排来管理,一个排的战士要分为几个班来管理。连是营的子系统;排是连的子系统,也是营的子系统;班是排的子系统,也是连和营的子系统。整个国家需要分为省(自治区)和直辖市来管理,一个省(自治区)要分为一些市来管理,一个市要分为几个县或地区来管理,一个县或地区要分为一些镇来管理,一个镇分为一些村来管理。国家是一个系统,省(自治区)和直辖市、市、县、镇、村都是国家的子系统。

从定义可以看出子系统有以下基本特征:①局域性,子系统只是系统的一部分;②系统性,子系统不仅是系统的组分,而且它本身具有系统的基本特征,是一个系统;③隶属性,子系统是整系统的一个真部分,整系统中至少还有一个不同于它的另外一个子系统,一般的情形是存在多个真子系统。

结构分析的重要内容是划分子系统,分析各个子系统的结构和它们之间的关联方式。为了从不同侧面了解系统结构,同一系统可以按照不同的标准来划分子系统。按照同一标准划分的子系统具有可比性,按照不同标准划分出来的子系统没有可比性。

一个系统的结构通常包含多方面的内涵,需要从多个角度去考察。例如,学校作为系统,其结构首先指职能部门的设置,如教务部门、财务部门、人事部门和后勤保障部门等,它们之间的分工合作关系是学校的基本关系。学校还有师生关系、同学关系、教师之间的同事关系、学校与教师之间的领导与被领导关系、不同学院之间的分工合作与竞争关系、同学之间的同乡关系、恋爱关系等,所有这些关系都属于学校作为系统的结构因素。此外,学校的教育理念、校园文化、行为守则等因素把不同部门、不同成员联系和整合为一体,也属于学校作为系统的重要内容。国家作为系统,其结构复杂得多,需要从民族结构和行政结构等更多的角度去考察。

结构是系统和组分的中介。系统对组分的制约是通过结构起作用的,如一个军队,司令员是军事系统的代表,他的命令是通过军、师、旅、团、营、连、排、班各级组织传达下去，得到执行的，即军队这个系统对组分（每个战士）的支配（命令）是通过结构（各级组织）来实现的。组分对系统的作用也不是直接的，组分（战士）的要求也是通过各级组织（结构）反映来满足的。

系统的结构方式多种多样，既有一定的共性，又千差万别，难以给出一个完备的结构分类方法。一般从以下两方面对系统结构分类：

（1）空间结构和时间结构。现实的系统及其组分都存在和运行于一定的时间和空间中，组分之间的关联只能通过空间的形式或时间形式呈现出来。组分在空间中的排列或配置方式称为系统的空间结构。四合院、窑洞、塔楼和平房代表中国民居系统的几种不同空间结构。汽车站在武汉市的分布反映武汉市公交系统的空间结构。组分在时间流程中的关联方式称为系统的时间结构。当年毛泽东把中华民族的抗日战争划分为三大阶段，详细描述了三个阶段之间的衔接和过渡，预测可能出现的曲折，就是对抗日战争这个系统的时间结构的科学分析。若系统既呈现时间结构，又呈现空间结构，则称为时空结构，如树的年轮。

（2）框架结构与运行结构。当系统处于尚未运行或停止运行的状态时，各组分之间的基本关联方式称为系统的框架结构；系统处于运行过程中所体现出来的组分之间的互动方式称为系统的运行结构。火车作为系统，车厢、发动机及其他组件这些组分之间的相对位置、空间布局、连接固定方式等是框架结构；火车开动运行过程中各组分之间的互动协调方式是运行结构。具有历史意义的神舟七号作为系统，它的推进舱、气压舱、轨道舱、气闸舱及其他组分之间的空间布局、连接方式等是框架结构；神舟七号升空运行过程中个组分之间的相互协调方式是运行结构。

8.2.3　系统的层次

孟子曰：天时不如地利，地利不如人和。天时、地利、人和是战争系统的三个组分，但是它们在战争系统中所起的作用并不相同，而是人和重于地利，地利又重于天时。这种组分的等级划分也就是系统的层次。

只要是系统，就至少有两个层次，即组分层次和整体层次。整体层次属于高层次，组分层次属于低层次。只有两个层次的系统，对组分进行整合就可以直接产生系统的整体涌现性，不需要先形成子系统，没有中间层次，因而通常不称其为层次结构系统，也就是简单系统。至少包含三个层次的系统，即存在介于组分和系统整体之间的层次，称为层次结构系统。曹雪芹的《红楼梦》中描写的所有人物就是一个层次结构系统。最高层次是贾母、贾政等家长，决定贾府的命运；第二层次是王夫人、邢夫人、王熙凤等，对贾府的命运有重要影响；第三层次是宝玉、探春、黛玉等人；最低层次是袭人、鸳鸯等众多的丫环、仆役。大学作为一个系统，可以看做由学校、院、系、年级、班和学生个人六个层次构成的多层次系统。生物结构是一个由生物圈、生物群落、生物种群、生物机体、组织、器官、细胞、细胞器和生物大分子等各层次构成的多层次系统。

层次的划分与子系统划分密切相关。只要有子系统的划分，就有中间层次的划分；只要存在中间层次，就有子系统的划分。现实存在的系统基本上都有层次结构，或者说层次结构是系统的常态。一般说来,系统的低层次隶属于高层次并支撑高层次,高层次包含或支配低层次。多层次是复杂系统必须具有的一种组织方式,层次结构是系统复杂性的基本来源之一。对于复杂系统,必须按层次方式由低级到高级逐步进行整合,首先对组分进行整合,形成许多子系统,再对这些子系统进行整合,形成较高一级的子系统,一直到形成系统整体。一个新兵连是军队的复杂系统,由一些战士组合成班,再由几个班组合成一个排,再由几个排组合成一个连。班隶属于排,排隶属于连,连对排和班有支配权。

层次结构观点有助于更深刻地理解涌现性。凡高层次具有低层次不具有的特性,即在高层次上观测到的特性,一旦还原到低层次就不复存在,这样的特性就是涌现性。系统中的不同层次有不同水平的涌现性,只要出现新的层次,就一定有新的涌现性。二层次系统由组分层次和整体层次组成,不需要中间层次的整合,组分之间的相互关联直接涌现出整体特性。对于多层次系统,不可能一次完成组分性质到系统整体性质的涌现,需要经过一系列的中间层次的整合而逐步涌现出来,每一个层次都会涌现出低一层次没有的新特性,最终涌现出系统的整体特性。多层次系统的涌现是由低到高逐级进行的,直到对次高一级子系统的整合才能形成系统整体的涌现性。

8.2.4 结构效应与整体涌现性

组分是产生系统整体涌现性的实在基础和必要前提,仅仅把组分汇集起来不会形成整体涌现性。整体涌现性是通过组分之间相互关联、相互制约、相互作用、相互激发而产生出来的。相互关联、相互制约、相互作用、相互激发的方式就是系统的结构。同样的组分,按照不同的结构方式,产生不同的整体涌现性。化学上讲的同分异构体化合物就是典型代表。金刚石和石墨都是由同一种碳原子构成的,但由于原子排列的方式不同,即结构不同,所呈现的整体特性也不相同。金刚石美丽得令人眩目,坚硬得可以割开玻璃,而石墨毫无光彩,又比较柔软。这就是系统的结构效应,对于整体涌现性具有至关重要的作用。

系统中所含组分多少,代表系统的规模。规模大小不同所产生的系统性质的差异称为规模效应。整体涌现性是一种规模效应,整体特性与系统的规模有关,没有一定的规模,无法产生一定的整体效应。例如,北京奥运会开幕式中的《击缶》,没有3000军人构成的团队来表演,就不可能产生那么美轮美奂、恢宏壮观的效果。从小系统到大系统,规模的增大导致系统的整体特性有明显的不同,描述和处理的方法也有显著的区别。

整体涌现性是由规模效应和结构效应共同产生的,但一般情况下,结构效应起决定作用。任何系统,无论是人工构建的还是自然界自行组织的,它的整体和涌现性总是相伴而生。系统一旦形成,立即涌现出整体特性;系统解体,整体特性立即消失。

整体涌现性是非还原性或非加性的,也就是整体大于部分之和,即整体具有还原为部分便消失的特性,或者说把所有部分特性加起来也无法得到的特性。任何一个系统都具有非加和性,但是可以在某些方面表现出加和性。例如,学校教职工的工资总额等于其所有教职工工资的加和,是加和特性。系统是加和性与非加和性的统一。

8.2.5 系统的分类

不考虑组分的具体性质，仅按照系统的整体特性进行分类，主要可从以下几方面区分不同的系统。

(1) 贝塔朗菲给出的系统分类：一般系统和特殊系统。特殊系统，不是指的某一个具体系统，如银行系统、工业系统，而是指一般系统的不同子类，并不牵涉系统组分的具体性质。作为一般系统的子类，着眼于系统的整体特性，按照系统的规模、结构、行为和功能之类纯粹的系统特性分类为：①开放系统与封闭系统；②简单系统与复杂系统；③有调控的系统与无调控的系统；④自组织系统与他组织系统；⑤广义的物理系统与事理系统；⑥过程系统与非过程系统；⑦确定性系统与不确定性系统；⑧适应性系统与非适应性系统等。

系统科学主要研究的是开放系统，也就是同环境进行物质、能量、信息(至少其中之一)交换的系统。同物质、能量、信息都不进行交换的系统是封闭系统。贝塔朗菲把开放系统理论作为一般系统论的支柱之一。控制论、运筹学和系统工程都是开放系统。

(2) 按照系统的规模划分：小系统、大系统和巨系统。

(3) 把系统规模和系统的简单或复杂结合起来，钱学森给出以下系统分类：

- 系统
  - 简单系统
    - 小系统
    - 大系统
  - 巨系统
    - 简单巨系统
    - 复杂巨系统
      - 一般复杂巨系统
      - 特殊复杂巨系统(社会系统)

钱学森给出的另一种系统分类为：①简单环境中的简单系统，如自行车；②简单环境中的复杂系统，如晚清末年的中国社会；③复杂环境中的简单系统，如家务机器人；④复杂环境中的复杂系统，如当代的中国社会。

(4) 基于数学模型的系统分类为：①连续系统与离散系统；②时变系统与时不变系统；③线性系统与非线性系统；④静态系统与动态系统。

8.3 系统的环境、边界、特性、功能

8.3.1 系统的环境

一个系统之外与系统相关联的事物的总和称为该系统的环境。确切地说，系统的环境是指系统之外一切与系统具有不可忽略的相互关联的那些事物的集合，尽量不考虑外部环境中与系统关联不大的那些事物。系统的结构、状态、属性、行为总与环境有关。系统与环境的相互关联是系统的外部规定性。同样的组分在不同的环境中必须按照不同方式整合，形成不同的结构，甚至组分的性质也随着环境的变化而有所变化。一般来说，环境是决定系统涌现性的重要因素。在特定的环境下，系统只有涌现出特定的

整体性,才能与环境相适应,也就是我们常说的入乡随俗。随着环境的改变,系统必须产生新的整体涌现性,才能适应新的环境。因而,研究系统必须研究它的环境及它同环境的相互作用。系统的环境有以下四个属性:

(1) 环境的客观性。任何系统都是在一定的环境中产生,又在一定的环境中运行、延续和演化。也就是说不管从哪个角度来考虑,系统之外总有其他的事物或系统存在,系统总是处于环境的包围之中,不存在没有环境的系统。有系统,就有它的环境,相对于系统而言,环境总是客观存在的。

(2) 环境的非系统性与系统性。相对于系统内部组分之间的密切联系,环境组分之间相互关联一般比较弱,不够规则,大量的关联可以被忽略。相对于对象系统,环境这个大系统在总体上有明显的杂乱无序性,也就是环境的非系统性。另外,环境中含有大量的其他系统,对象系统要与环境互动,首先与这些系统互动。例如,中国之外的世界对于中国来说构成环境,这个环境中的其他国家都是系统,中国要与环境互动,就必须与这些国家互动。我们常说的"牵一发而动全身"也是这个意思。任意一个系统的环境中原则上都包含无限多的事物,依照普遍联系的原则,这些事物之间存在普遍的联系,包括以对象系统为中介而相互之间产生的关联,因而环境也是一种具有多元性和关联性的总体,即系统。例如,有关朝鲜核问题的谈判表明,朝鲜周边的国家日本、俄罗斯、韩国、中国四国构成朝鲜周边环境系统。这就是环境的系统性。系统科学一般要求把环境看做一个系统,称为环境大系统。综上可以看出,环境是系统性和非系统性的统一。对于系统的生存发展来说,环境的系统性和非系统性都既有积极作用的一面,也有消极作用的一面,关键是看系统如何趋利避害,保护和发展自己。

(3) 环境的相对性。从环境的定义可以看出,系统的环境是相对确定的。一方面,系统与环境划分的相对性。系统是从环境中划分出来的,在不同的研究目的下,或对于不同的研究者,同一系统的环境划分也有所不同。另一方面,系统与环境中的其他事物或系统互为环境。例如,中国和美国互为环境,湖北省与湖南省互为环境,武汉大学和北京大学互为环境。

(4) 环境的层次性。既然环境具有系统性,那么研究环境就需要分析它的层次。系统与环境是一种层次嵌套关系,环境本身也有层次划分,即近环境与远环境的差别。以大学生为例,班级是最近的层次,然后是系、院、学校等层次。国家作为一个系统,周边邻国是最近的环境层次,邻国的邻国构成另一层次,整个世界是最外的层次。

8.3.2 系统的边界

凡系统都有内部与外部之分,内部问题和外部问题具有性质上的不同。个人的自由不容他人侵犯,国家的内政不容他国干涉,"清官难断家务事"、"家丑不可外扬"讲的都是系统的内外有别。这就需要我们在用系统的观点看问题时,注意划分系统的内部与外部。

把系统与它的外部环境分开的东西称为系统的边界。从逻辑上来看,边界是系统的形成关系从起作用到不起作用的界限,规定了系统组分之间特有的关联方式起作用的最大范围。例如,《红楼梦》作为一个系统,没有涉及机器人、侠客、外星人、卫星和航空母舰等的描写,这就表明它的内容范围有限制。我们常说金融系统、教育系统和军队系统等,就说明每个系统的功能有所限制。从空间上来看,边界是把系统与环境分开来的所有点的集合(曲线、曲面)。例如,鸡蛋的边界是蛋壳的外层表面,一座建筑的边界是建筑的外层表面,宇宙飞船的边界是飞船的外表面。边界是客观存在的,凡系统都有边界。有些边界是明确的,有些边界是模糊的。一般来说,社会中的文化系统、教育系统和经济系统等的边界是模糊的,而国家、符号系统、行政区划、物理系统、机械系统和生命个体等的边界是明确的。

由于边界具有把内部与外部既分开来又联系起来的特殊作用,边界附近必然产生系统内部和外部任何部分都不会产生的现象,这种现象称为边界效应。典型的边界效应之一当属乒乓球比赛中的擦边球。当然边界效应也有正负之分。古往今来,邻国之间可能出现纠纷,甚至爆发战争,如日本的侵华战争就是边界的负效应。如果有友好邻邦作为依靠,则大敌当前,可增加国家的安全性,这是边界的正效应,如抗美援朝,中国帮助朝鲜捍卫了朝鲜的国家主权,阻止了美国的入侵。系统思维要求人们善于经营系统的边界,发挥边界的正效应,抑制边界的负效应。

8.3.3　系统的开放性与封闭性

系统需要并且能够与环境交换物质、能量和信息的属性称为系统的开放性。系统阻止自身同环境交换物质、能量和信息的属性称为系统的封闭性。一方面开放性是系统必备的基本属性。一切系统本质上都具有开放性,与外部环境绝对没有关联的系统,也就没有讨论环境的必要,因为它不是系统。另一方面,封闭性也是系统的基本属性。因为与外部环境交往不受任何限制的系统并不存在,否则这样的事物完全融入环境,也没有讨论环境的必要。所以系统是开放性和封闭性的统一。

对于系统的生存发展而言,开放性和封闭性既有建设性的积极作用,也可能产生破坏性的消极作用。一个系统,特别是社会、生命和思维系统,必须具有充分的开放性,才能同环境相互作用,同外部交换物质、能量和信息,才能生存和发展。但是系统在开放同外界事物相互作用的同时,必须对开放性加以必要的管理,对系统和环境的输入输出有所过滤。系统必须具有必要的封闭性,以便保护自身免受外物的侵袭。每个人作为一个系统,一方面必须不断地与外界交流、学习,使自己全面发展,融入社会,否则将会与社会脱节,形成自闭;另一方面,必须保护个人隐私,否则极易受到外界的伤害。总的来说,系统应该开放的开放,该封闭的封闭,使系统免受侵犯和伤害,并防止内部的资源流失。

按照系统与环境的关系,可将系统分为开放系统和封闭系统。实际系统都是开放系统,但某些系统与环境的交换极其微弱时,可看做封闭系统。从系统的边界的角度来看,开放系统的边界有间断点,具有可以进出的通道;封闭系统的边界是完全封闭的、连续的,没有可以进出的通道。

8.3.4 系统的功能

系统总是处于环境的包围之中,系统的任何行为都会对环境产生影响。系统行为所引起的有利于环境中某些事物乃至整个环境存续与发展的作用称为系统的功能。被作用的外部事物称为系统的功能对象。凡系统都具有功能。教育系统的功能是为社会培养人才和研究学问,计算机的功能是能够进行信息存储和计算,军队系统的功能是保家卫国。

功能是系统作为整体的一种属性,即系统功能的整体性。系统的整体涌现性体现在功能上,整体的功能不等于部分功能之和。一般来说,只要把组分整合为系统,就具有组分总和没有的功能。俗话说"三个臭皮匠,抵一个诸葛亮",讲的就是系统的整体性。科学家把一堆零件组合成"神舟七号"飞船,则它可以在天空中执行任务。人们设计、制造、组建、改造和使用系统的目的就是希望它发挥预期的功能。当然,一旦组分整合成系统也会具有组分没有但整体具有的过失。一个和尚挑水喝,两个和尚抬水喝,三个和尚没水喝,就是整体具有的过失的典型例子;医学研究者制造了吗啡,它可以止痛,但过量使用也会使人死亡;火可以用来取暖,也可以造成火灾;水是生命的源泉,但古往今来,洪水泛滥也夺去了许多人的生命。

功能与结构是系统的两个方面,结构是系统的内在构成,是相对静态的方面;功能是系统的外在行为,是动态的方面。结构连接组分与系统,功能连接环境与系统。例如,一辆汽车的结构由发动机、油箱、车身、座椅及其他零件构成,而其功能是交通运输。结构直接影响功能,一座建筑的好坏,不仅取决于建筑材料,更取决于结构是否合理。金刚石和石墨有相同的分子结构,但功能差异很大,原因在于它们的内部结构不同。但结构不能决定系统的功能,系统的功能是由环境和结构共同决定的。系统的功能与环境有很大的关系。教育系统的功能是为社会培养人才,如果把教育系统用来制造某种产品,则无法充分发挥其功能。也就是系统首先要选择正确的功能对象,即人尽其才,物尽其用。其次,系统的功能的发挥还需要环境提供性质优异、数量充足的资源和最适宜的条件、氛围,否则就是所谓的"巧妇难为无米之炊"。只有在给定的环境下,才能说结构决定系统功能。中华人民共和国成立之初,人才储备基本没变,但由于采用新的组织管理方式,展现出新中国罕见的建设能力,"两弹一星"的成功就是最好的例子。就人造系统来说,通常是在组分和环境都给定的情况下设计或运营的,能够发挥人的能动性的主要是改造系统的结构,结构的优劣就成为决定性的因素。同样的组分,不同的结构方案,可能制造或组建出功能显著不同的系统。

值得注意的是结构与功能并不是一一对应的关系。首先,一种结构可以有多种功能。例如,mp3 可以用来听音乐,也可以用来录音,还可以作为 U 盘。现实中的几乎任何事物都不止一种功能,这是由系统与环境的复杂性决定的。其次,也存在系统的结构不同,但功能相同的情况。我们常说的"条条大路通罗马"就是这种情形,即达到一个目标可以有多种途径。

8.4 系统的状态、演化

8.4.1 系统的状态

日常生活中所讲的状态，一般是指事物所处的情况或状况。作为科学概念，状态源于自然科学及其工程技术，是对系统进行定量刻画的基本概念。状态指的是系统的那些可以观察和识别的状况、态势和特征等。例如，经济系统有危机态、萧条态、复苏态和繁荣态等。人体系统有清醒态与睡眠态、健康态与病态、常态与竞技态等。如果能够正确区分和描述这些状态，就把握了系统。状态一般可以用一组便于观测的参量来表示，这组参量称为系统的状态量。一个理想气体系统的状态可以用温度 T、压强 p 和体积 V 等状态量来表征。

系统的状态量可能随时间或空间的改变而改变，称为状态变量。最简单的系统可以只用一个状态变量来描述，一般的系统需要一组状态变量来描述。给定状态变量的一组数值就是给定一个系统状态，不同组的数值代表系统不同的状态。一般来说，可以用不同的状态变量组来描述同一系统，但所选择的状态变量必须具有特定的系统意义，能描述所研究系统的基本特性和行为。一般来说，状态变量的选择应满足以下要求：①状态变量应该足够多，能够全面刻画系统的状态；②任意一个状态变量都不能用其他变量表示出来。

状态变量总是在一定的范围内取不同的值，但不一定随时间发生改变。状态变量随时间发生改变的系统称为动态系统；反之，则称为静态系统。原则上说，只要时间足够长，状态变量总是会随时间的改变而改变，也就是说一切系统都是动态的。但就给定的研究问题和条件来说，在研究和解决问题期间，系统的状态没有明显的变化，就把系统看做静态的，这样可以简化对系统的描述。

一个系统的所有可能的状态构成的集合称为它的状态空间。系统行为是系统状态在状态空间中的转移变换过程。一般系统都可以用一组状态变量来表征，允许定量地研究系统。只要确定了系统的状态变量，就确定了系统的状态空间。不管是动态系统还是静态系统，都要在状态空间中研究。静态系统在状态空间中从一个状态向另一个系统转移的过程可以瞬间完成，不需要花费时间。动态系统必须花费一定的时间，才能从一个状态转移到另外一个状态，即表现出状态随时间发生变化的特征。这种变化在特征和速度等方面都表现出多样性，从而使动态系统理论比静态系统理论复杂得多。刻画动态系统也比刻画静态系统要难得多。基于科学层次的系统理论本质上研究的是系统的动态特性。

8.4.2 系统的演化

现实的系统都生存运行于一定的空间和时间中，依赖一定的条件。如果空间、时间或某些条件发生改变，系统也会有所变化，但系统在时间、空间、条件有所改变的情况下，能够保持自身的基本特征不发生改变。国外有个科学家曾讲过一个笑话，他说自己只结了一次婚,但却娶了三个妻子,因为他的妻子经历了青年、中年和老年三个阶段,在每一阶段她身体的细胞都已经新陈代谢得到更新,因而相当于娶了一个新的妻子。这是一个笑话而不是事实,因为他妻子的基本特征没有发生改变,在成长中由于结构的稳定性而保持连续性。在时间、地点、条件有所改变的情况下保持其基本特征不变的性质和能力称为系统的持存性。系统发生种种变化,人们依然能够认识它,就是因为系统具有持存性。

现实存在的系统的持存性是相对的,在保持基本特征前提下的变化时刻在发生,改变某些基本特征的变化迟早也会发生,最终走向老化和消亡。例如,人终究是要死的,也就是人体系统的消亡。系统所有可能发生的变化可以粗略地分为两类:非演化式变化和演化式变化。系统空间位置的变化,即机械运动,属于可以重复进行的可逆过程,称为系统的非演化。例如,上班下班、春华秋实等,这类变化一般不会导致系统持存性发生可以看得见的变化。系统的演化是指系统的状态和特性发生不可逆转的变化,即变化后的系统再也无法恢复原样。系统科学研究的主要课题是系统的演化现象,尤其是系统演化的动力和方向。

系统演化的动力一般来自以下三方面:

(1) 系统内部,即组分之间的合作、竞争、矛盾,或者层次之间的差异,以及系统规模或结构的改变,导致系统形成主动变革的要求。

(2) 环境,即环境的变化及环境与系统相互联系和作用方式的改变,在不同程度上导致系统内部发生变化,包括组分特性、结构方式的改变,最终导致系统整体特性和功能的变化。例如,生物系统、自然环境的几次大的变化都引起动植物的大变化,海面下降、陆地上升,出现了两栖动物和爬行类,冰河时期的出现导致恐龙等古生物的灭绝等。

(3) 系统内部和外部环境的共同作用,即系统内在产生主动变革的要求,外部产生强制变革的压力,共同推动系统的演化。一般来说,系统是在内部动力和外部动力共同推动下发展的。

系统演化大体沿着两种方向进行,一种是由低级到高级、由简单到复杂的进化,另一种是由高级到低级、由复杂到简单的退化。但实际的系统演化是复杂的,进化与退化相互交织,相互补充。电子计算机的出现使人类社会取得了重大的进步,但同时造成人脑记忆和计算能力的某种退化。现存的系统退化是新系统产生的必要条件,该消亡的系统消亡了是一种进步。系统的出现必有其出现的根据,但不一定是进化。例如,恐怖组织的出现有其出现的社会条件,但对社会有百害而无一利。

系统的演化有狭义和广义之分。狭义的演化仅指系统由一种结构或形态向另一种结构或形态的转变。广义的演化包括系统从无到有的形成、从不成熟到成熟的发育、从一种结构或形态到另一种结构或形态的转变、系统的退化和从有到无的消亡等。到目前为止,科学家关心的主要问题是系统的生存和转变。但最终一切系统将走向消亡。

8.5 系统的模型方法

8.5.1 系统的原型和模型

系统的原型是指科学研究的系统的真实对象，如真实的“神舟七号”飞船，真实的航空母舰、真实的社会、真实的火车和真实的生物体等。科学研究需要面对原型，考察原型，针对原型做可行的实验，但科学研究更多的工作是不允许直接针对原型进行，而是针对替代品进行的。例如，医学工作者研制一种新药，要先用小白鼠或猴子等动物做实验。宇航员只能在模拟的失重环境中进行训练，而不可能直接在太空中训练。原型经过必要的简化处理，用适当的表现形式或规则把它的主要特征表征出来，这样得到的替代物称为系统的模型。模型和原型一样也有结构，但它们的结构既有直接或间接的联系，又不相同。模型要能够反映原型中必须考虑的结构问题。比例模型对原型的简化主要是缩小尺度，与原型具有相同的或相似的结构，如飞机模型、沙盘模型要求把实际战场的地形结构表示出来，地图模型要求与原型具有相同的结构。对于抽象的模型，如数学模型，它不能直接反映原型的结构，但是可以用数学语言来描述、分析和解决原型中的结构问题。例如，控制系统的稳定性问题转化为数学结构的稳定性问题。研究系统一般是研究它的模型，模型方法是系统科学研究的基本方法。

构造模型的目的是研究原型，那么建立模型必须满足三个要求：①有效性，模型必须能够反映原型的基本特征，通过研究模型可以获得原型的一切主要特性；②可操作性，模型方法是科学研究的一种方法，只有能够进行试验和理论研究的模型才是好模型；③简单性，模型是对原型的简化，在保持原型的主要特征的前提下，压缩一切可以压缩的信息，同原型比较没有明显简化的模型不是好模型。

一般存在两种模型，即实物模型和符号模型。飞机模型、沙盘模型和人体模型等都是实物模型。“神舟七号”时的太空行走要求航天员必须在地面做充分的试验和训练，其地面训练一般在一个对比重有一定要求的中性水池里进行，这种水池通常建在大型的试验房内，把航天器放在水池中，利用水的浮力模拟太空的失重现象，然后航天员在水池里面进行出入舱和舱外操作训练，也是实物模型。人物画像、地图、建筑物的设计图纸和数学模型等都是符号模型。把原型的基本特征用抽象的符号表征出来的模型称为符号模型。符号模型与原型的相似之处无法直接观察，但能够深刻地把握原型的基本特征。系统科学的兴趣在于由信息构成的符号模型。符号模型包括概念模型、逻辑模型和数学模型，其中最重要的是数学模型。通常所谓研究系统的模型化方法就是指为系统建立数学模型，通过分析模型来解决问题。

8.5.2 系统的数学模型

用来描述系统组分之间、子系统之间、层次之间相互作用以及系统与环境相互作用的数学表达式称为系统的数学模型。最简单的表格、曲线和图等都是数学模型，如每学期期终考试的成绩单、成绩卷面分析图和医院的体检表等都是数学模型。

原则上说，现代数学提供的一切数学描述工具，如代数结构、拓扑结构、几何图形和分析表达式等，都可以作为一定系统的数学模型。原子物理学常用代数中的群作为模型。最常用的数学模型是解析模型，即原型系统的变量和常量相互关系的表达式，主要是代数方程、微分方程和差分方程等。

大量的数学模型是定量分析系统的工具。对于技术层次的系统理论和系统工程，数学模型不仅可以作为定量分析系统的工具，而且可以作为定性分析系统的工具。对于描述系统的演化现象，定性分析更主要，因为关心的是系统的定性性质是否改变。

正确认识系统的定性性质是定量描述系统的数学模型的前提。简化对象模型的定性认识，是选择描述系统的特征量的基础。这是一切科学共同的方法论原则。

一般情况下，模型分为定性模型和定量模型。常用的定性模型有以下结构：

(1) 链式结构。组分按照一定的顺序排列成一个链条，第一个组分和最后一个组分不相连。例如，生态系统有食物链，质量管理讲质量链，经济系统有产业链等都是链式结构。

(2) 环形结构。系统的链式结构如果首尾相连，就形成环形结构。佛教讲的生死轮回，城市交通的环形线，大气动力学讲的大气环流等都是环形结构。

(3) 树结构。树作为系统是由根、干、枝和叶组成的，它的主要特点是没有闭环，有分叉。树中最简单的分支是链式结构。树结构在系统分析中有广泛的应用，如家谱树、决策树和语法树等。佛教传入中国一直到五祖弘忍以后，分化为南宗(慧能)和北宗(神秀)两个流派，以后进一步分化出更多的流派，这就是一种树结构。

(4) 网络结构。同时包含链、环和树三种结构的复杂结构。个人的社会关系网、铁路网、互联网和企业的业务关系网等都是网络结构。

这类模型是描述系统结构的工具，能够给出系统的各个组分、子系统相对位置、秩序、分布等情况，但难以给出定量描述。例如，沙盘模型可以将实际战场的地形结构表示出来，但却不能描述出山有多高，河流的水有多深。

定量模型是用有关的量来表达的，如迭代、函数和方程等。这种数学模型由两种量构成。一种是反映系统本身变化的量，如输入变量、状态变量和输出变量等，它们可以刻画系统的行为、特性和未来发展趋势。另一种是控制参量，它们一般反映系统与环境的依存制约关系，不能由系统的本身获得，这些量可以当做不变量，在数学模型中以常数的形式出现。例如，企业管理系统中，产品的价格不受企业控制，则它在系统的数学模型中作为控制参量出现。由状态变量和控制参量构成的某种数学方程式称为状态方程。静态系统的数学模型用代数方程，因为它不含时间变量。动态系统的数学模型是动力学方程，主要是微分方程和差分方程。状态方程的主要功能是描述系统状态转移的规律。

8.5.3　基于计算机程序的系统模型

系统科学的迅速发展也得力于计算机技术的发明与发展。一方面大型计算机先进的算法有助于解决许多大型的、复杂的控制、运筹、决策问题；另一方面，利用计算机对系统演化的动力学机制、原理、规律的定性研究进行数值计算。

鉴于计算机只能接受程序语言表达的输入，也只能提供用程序语言表达的输出，适用于计算机系统的模型必须用计算机程序来定义，称为基于计算机程序的模型。首先明确系统的构件，把它们之间的相互关联方式提炼成若干简单的行为规则，并用计算机程序表示出来，以便通过在计算机上的数值计算来模仿系统运行演化，观察如何通过对构件执行这些简单规则而涌现出系统的整体特性，预测系统的未来走向。基于计算机程序的模型正在系统科学中获得越来越广泛的应用。

第 9 章　发展中国的科学技术事业

现代科学技术正以磅礴之势迅猛发展，其内容之丰富、影响之深远是历史上少见的。特别是当前正在飞速发展的新技术革命，以其巨大的威力和特有的方式波及全世界，所有的国家、民族和地区都不能漠然视之，在这一新的挑战面前必须尽快作出决策。前途只有两个：一个是随着新技术革命的浪潮，激流勇进，借此良机加速发展，自立于世界民族之林；另一个是被新技术革命的潮流所吞没。

中华民族是一个伟大的民族，中国人民是勤劳、勇敢、智慧的人民。历史告诉我们，直到 15 世纪，从总体上看中国的科学技术在世界上一直处于领先地位，中国人民为人类创造了灿烂的古代文化。只是到了近代，由于社会和经济等各方面的原因，以科学实验为基础的近代科学技术没有发展起来，使中国这个古老的民族失去了及时进入工业社会的机会。研究这段历史，探讨落伍的原因，吸取经验教训，对于深入认识自己的民族、保持清醒的头脑是颇有教益的。

20 世纪 40 年代末期，中华民族的发展历史出现了划时代的转折。中国人民挣脱了几千年的封建统治，一跃进入社会主义社会。生产关系和社会制度的巨大变革，极大地解放了社会生产力，有力地促进了科学技术的发展。中国的科学技术事业虽然是在艰难的基础上重新起步，但却迈开了坚定的步伐，获得了巨大的成就。可是，总体看来，我国的科学技术还比较落后，与新技术革命的形势很不适应。面对新的挑战，我们应该以已经取得的成就为基础，从中国的国情出发，认真研究和制定总的战略、策略，实行各种相应的变革。我们应该顺应新技术革命的潮流，击风搏浪，努力发展中国的科学技术事业，实现中华民族的腾飞。

9.1　中国古代的科技成就

中华民族有着悠久的历史，在科学文化上取得了辉煌的成就。尤其是在天文学、数学、医药学和农学四大领域，我们的先辈曾遥遥领先于世界各国。指南针、火药、造纸和印刷术的发明更是加速了世界文明的发展进程。历史事实清楚地表明，古老的中华民族在历史上曾长期占据着世界东方科学技术的中心地位。

9.1.1　天文学

我国是世界上天文学起源最早、最发达的国家。早在旧石器时代已有某些简单的天文知识，到了新石器时代中期，已有天象记录，用来定方位、定时间和定季节。

我国古代的天文学成就主要表现在以下几个方面：

(1) 天象观测方面。在已发现的甲骨文中，已有商代日、月食记录，有世界最早的新星记录。春秋初期,我们的祖先就把天空划分为28个恒星区,称为二十八宿,以便于观测。在对太阳系的观测方面,不仅积累了已知的水、金、火、木、土五个行星的大量资料,还发现了火星、金星的逆行。特别难能可贵的是,身处齐国的甘德在没有望远镜的情况下,发现了木星的部分卫星,比西方认为最先发现木星卫星的伽利略大约早2000年。宋代对恒星的观测有了很大的进步。北宋的100多年间,进行过五次大规模的恒星位置观测工作,第四次观测结果曾被刻石,并保存至今,即世界闻名的刻有1430颗星的苏州石刻天文图。特别是我国成功地记下了1054年的超新星爆发,近年来天文学家已确认现存的蟹状星云就是这次爆发的遗迹,为研究现代天体理论提供了极为珍贵的历史资料。

(2) 精确历法的制定。我国早在周代就已能比较准确地确定冬至、夏至等节气。春秋战国时期,已制定出24个节气的划分。公元前5世纪左右,出现了"四分历",确定$365\frac{1}{4}$天为一回归年,这在当时世界上是最标准的数值。以后,历法得到不断改进,精度也越来越高。唐代著名天文学家一行(本名张遂)在制定新历法方面作出了突出的贡献。他在前人工作的基础上大胆创新,注重实际,进行细心实测,以使历法尽量与天象符合,从而纠正了前人的一些差错。他还在制历和推行新历的过程中,在世界上第一次实测了子午线。他制定的"大衍历"标志着我国古代历法体系的成熟。

(3) 发明了各种天文仪器。在天文观测和历法制定过程中发明了各种天文仪器,这也是我国古代天文学方面的巨大成就。秦汉时期,浑仪就问世了,它是在发明望远镜以前,测定天体方位不可缺少的仪器。汉代张衡还巧妙地制造了用于演示思想的仪器——水运浑象仪。他创制的地动仪更是举世闻名。宋元时期,我国古代传统的天文仪器,如漏壶、圭表、浑仪和浑象仪等,都增加了测量精度和观测的准确性。元代学者郭守敬设计了用于观测太阳的仰仪、观测恒星位置以定时刻的星晷定时仪和日月食仪等10多种天文仪器。

我们的祖先不但勤于观测,而且以其智慧不断地思考着宇宙构造这个超越感官的问题,先后出现了"盖天说"、"浑天说"和"宣夜说"等早期宇宙理论。最先出现的是第一次盖天说,主张天圆地方。后来加以修正,成为第二次盖天说,认为半圆形的天,拱形的大地,日月星辰附着于天而平转。成书于公元前1世纪汉代的数学著作《周髀算经》,对这个学说有记载。该传说源于春秋战国早期,东汉前期的郄萌作了系统的总结和明确的表述。他认为没有固体的天球,不把天看成是有形质的,日月星体悬浮于宇宙空间,依靠气的作用而运动。浑天说是在汉代发展起来的,著名天文学家张衡的天文理论就是建立在浑天说的基础之上的。他认为大地是悬于宇宙空间的圆球体,宇宙是无限的。这是古代最好的近似说明宇宙的理论。

9.1.2 数学

中华民族的数学知识起源很早。新石器时代的半坡遗址中出土的彩陶钵口就有了与数字有关的刻画符号。这个时期的其他出土文物中还有圆形、椭圆、方形、菱形、弧形、三角形和多边形等多种几何图案。从原始社会晚期的一些迹象看，很可能已出现了最早的规矩。

我国古代对数学作出了重大贡献。

(1) 发明了十进位制和相应的计算方法。我国很早就出现了用竹、木、骨等制作的“算筹”，用以计算(称为“筹算”)。春秋时期，十进位制及在其基础上运用算筹的筹算已很完备。这些远早于世界各国的成就是对世界文明的重大贡献，如果没有这种十进位制，就几乎不可能出现现在这个统一化的世界了。14世纪前后，古代流传下来的应用算筹的筹算方法开始向珠算发展。珠算便于保存、携带和使用，它产生后流传到许多国家。

(3) 利用特有的方法，极大地提高了一些问题的计算精度。我们的祖先在解决某些问题时，往往从方法入手，然后精益求精，使问题得到满意的解决，如求圆周率就经历了这样的过程。很早时，人们取圆周率为3，但误差较大，西晋时期的刘徽为解决这一问题创立了巧妙的“割圆术”。他证明$\pi=3$是圆内接正六边形周长与直径的比值，不是圆周与直径的比值。他运用割术，从圆内接正六边形算起，直到正192边形，得出π的近似值为3.14。祖冲之在刘徽的基础上，利用割圆求出了精确到第七位数的圆周率π介于3.141 592 6与3.141 592 7之间。这个数字在世界上领先了1000年。

(3) 我国古代拥有一批理论与实际相结合的数学巨著。最著名的有《九章算术》，汉、唐1000多年间的十部著名数学著作《算经十书》，宋元时期的《日用算法》、《数术九章》等。这些专著论题广泛，既是理论上的研究，又解决了大量的实际问题。出现在秦汉时期的《九章算术》就是典型的代表作。该书总结和概括了春秋战国至西汉中期社会实践中的数学知识，它标志着我国以算筹为计算工具并且有独特风格的数学体系已形成。此书经人们多年修订、补充而成，很难归于某一人之作。《九章算术》以问题集形式写成，共收246个问题，分为九章，即九类，内容极为丰富，涉及田亩面积计算、比例、方程解法、体积计算和勾股定理的应用命题。《九章算术》的丰富内容曾传入印度、伊斯兰教国家和欧洲，深深地影响了文艺复兴前后世界数学的发展。

9.1.3　医药学

医药学直接为人类的保健服务，与人类的关系最为密切，所以起源很早。我国很早就创立了独具特色的中医学和中药学。

(1) 我国古代有高超的治疗技术和独特的治疗方法。我们的祖先在原始社会使用火的过程中，逐渐发现热有保健作用，发明了灸法疗痛；由于发现某些植物的果实、根、茎有医疗作用，所以用草药医病等。在漫长的医疗实践活动中，我国古代涌现出扁鹊、华佗、孙思邈等许多著名医生。战国时期的名医扁鹊，精通妇科、五官科、小儿科、内科和外科等医术，善于纯熟地使用望、闻、问、切四法诊断疾病，并通晓多种其他方法，能根据具体情况处理各种疑难杂症，达到很高的医疗水平。

(2) 中国古代通过对生理、病理的研究，形成了完整的中医理论体系。从殷墟甲骨文的记载中可以看出，最初对疾病的认识大部分是按身体部位记述的，如头、眼、耳、鼻、腹等，此外还有对生理功能失调疾病的认识和对某些病症的记载。春秋时期开展了致病原因的大讨论，如有人认为“饮食哀乐”致病，有人认为“纵欲厌私”致病，还有人认为“六气”致病，即自然界的阴阳、风雨、日月六气失去平衡成为致病的原因。在理论探讨和不断实践的基础上，于战国晚期出现了我国最早的医学著作《黄帝内经》(简称《内经》)，全书由《素问》和《灵枢》两部分组成。《内经》内容极为丰富，既有系统的基本理论，也有对疾病的详尽治疗方法，还有关于医疗保健的论述。《内经》把人体看做由不同功能器官构成的有机整体，有明确的整体观念。它还强调了人体与外界环境相互感应的观点。《内经》建立了脏腑、经络学说，提出了最早的关于血液循环概念，强调了辨证论治的基本理论，还有了预防为主的医疗思想。《内经》系统地对病因进行了探讨，记载了人体骨骼、血脉长度、内脏器大小等解剖知识。《内经》的理论后来经过不断完善，深深影响了祖国医学的发展，直到今天，仍是中医遵循的经典。

(3) 中药学在我国古代发展到了很高的程度。汉代就有了系统的药物学专著《神农本草经》，它是对战国、秦汉包括内、外、妇、耳、齿、喉等方面的病名达 170 余种，所载药物大多数药效可靠，同时还初步研究了药物学理论。我国古代医药学的集大成者是明代伟大医药学家李时珍，他著有《濒湖脉学》、《脉诀考证》、《奇经八脉考》和《本草纲目》等，其中《本草纲目》学术价值最高。《本草纲目》全书 52 卷，载药物 1892 种，是李时珍经过近 30 年的辛勤劳动，并参阅了 800 多种古籍，潜心研作而成。该书在 1596 年刊印之后，很快引起了世界的注意，被译为世界各主要文字，传遍世界各国。

9.1.4 农学

我国是世界上农业起源最早的国家，七八千年前在黄河流域、长江流域已有了原始农业，新石器时代就培植出了一些农作物。发达的农业可以保证人们充足的衣食来源和稳定的生活，因而我们的祖先十分注重发展农业，总结出了丰富的农学知识。

(1) 各种农具的发明和改进是我国古代农学发达的重要标志。商代已有牛耕，从甲骨文中发现了“犁”字的原始形象写法，说明我们的祖先很早就发明了农业生产的基本工具犁。到了唐代，农具犁已相当完备，结构合理，功能齐全。除此之外，还有用于翻地的铁锴，用其掘土比牛耕还深。用于破碎土块平整地面的耙和砺等配套农具也得到广泛应用，逐步形成了农作物栽培和种植的系列性农具。

(2) 系统研究农业的各个环节是我国古代农学发达的另一标志。春秋时期之前，我国已开始研究农业生产与气候的关系，并对园艺、农副产品加工和养蚕等多方面进行了总结。战国时期的《吕氏春秋》一书中的《上农》、《任地》、《辩土》、《审时》各篇，分别论及了农业理论和政策、合理使用耕地、播种、管理和收获等各重要的农事环节。北魏末年的贾思勰主张农事活动要把天时、地利和人力结合起来。由此可见，我国古代的农学已将农业纳入一个广泛的系统中去研究，远远超出了单纯的种植和栽培这一狭小范围。

(3) 我国古代的农学不但有极高的科学价值，而且有很强的实用性。古代农学虽然来自最基本的生产实践活动，但它不是生产过程的简单记述，而是对人类世世代代生产实践活动经验的概括和总结。不少农学著作中，对于有的种植和栽培方法虽然论述得十分具体，看起来似乎对生产过程的直接记载，但这种方法被肯定、被记载，无疑是经过了周密思考和实践检验的，是从多种相同的或相异的方法中筛选出来的。因此，具体方法中蕴含着极大的普遍性，是早期科学抽象的结果。例如，现在最早最完整的农学专著《齐民要术》，实际上就是我国公元 6 世纪之前农业生产知识的总结。同时，正因为早期的农学来自生产实践，而且没有完全进入理论形态，所以其实用性特点强。例如，元代著名农学家王祯著有《王祯农书》，全书 37 卷，是一部大型农书。其中仅农具就记述了 74 种，并配有 306 幅实物写真图，看后既可了解有关农具的使用和性能，又可以模仿制作，其实用性是明显的。

9.1.5　指南针、火药、造纸术和印刷术的发明

指南针、火药、造纸术和印刷术是我们祖先的伟大发明，是中华民族对人类文明发展的突出贡献。

我国早在战国时期已发现了天然磁石吸铁和能指方向的性质，并利用这种性质制造了指南针的始祖司南。司南是用天然磁石磨制成圆底的勺形物，放在刻有方位的底盘上，以其柄指示方向。由于天然磁石加工后磁性较弱，转动时又需克服较大阻力，导致灵敏度降低等显而易见的缺点，司南没能广泛使用。但是，它却提示了一个方向，为进一步研究指示方位的仪器开辟了道路。后来人们用天然磁石摩擦钢针，使针人工磁化，再配以适当装置，用磁化针指南。“指南针”一词或许就是由此而来，宋代著名科学家沈括在其著作《梦溪笔谈》中记载了指南针，介绍了指南针的四种装置，即把磁化的针浮在水上、放在指甲上、置于碗沿上或悬在丝线上。南宋的陈元靓在其著作《事林广记》中介绍了另外两种指南装置：木刻指南鱼和木刻指南龟。二者都是把天然磁石放在木刻鱼或龟腹内，前者浮于水上而指南，后者在腹下挖一小穴置于竹针上以指南。这种发明成为后来罗经盘（罗盘）的先声。指南针发明以后，立即用于航海，它使人们有了全天候航行能力，对于人类在茫茫无际的大海上自由航行起了关键作用，很快在 12 世纪末或 13 世纪初经由阿拉伯国家传到欧洲。沈括在《梦溪笔谈》中还指出，指南针所指并非正南，而是略有东偏，并指出这是“磁偏角”。他的这个发现比哥伦布航行大西洋时发现磁偏角早 400 多年。

火药是我国 1000 多年前的发明。火药的主要成分是木炭、硫磺和硝石（硝酸钾）。早在春秋战国时期，人们对这三种物质的性质已有所认识。后来人们在医学实践和炼丹活动中，逐渐知道点燃这三种物质的混合物就会产生异常激烈的燃烧，这就为火药的发明准备了条件。现在知道，最早的火药配方是唐代初期医学家孙思邈记载在《孙真人丹经》中的。火药一经发明，迅速被用于军事活动。唐末宋初，出现火药箭这种最初的火药武器。火药武器的发明又提出了改进火药的要求，从而推动了火药的研究和大规模生产，并迅速经印度传入阿拉伯，再传入欧洲。

造纸术也是我国古代的一大发明。现在所知道的最早的纸是在西安灞桥出土的公元前 2 世纪的西汉古纸。它主要由大麻和苎麻纤维制成，这可确认为我们祖先造纸术的发明。在前人基础上，东汉时的蔡伦卓有成效地改进了造纸术，推进了造纸工艺的进

步。他除用破布、旧渔网等废旧麻类纤维之外,还加用了树皮,开拓了一个丰富的新原料来源。他主持造出了优质纸,人称"蔡侯纸"。这是造纸术发展史上的一个重要的里程碑,它不但显著地提高了纸的质量,而且可以较多地生产,这就使纸逐渐代替了其他书写材料。

纸张的广泛应用为印刷术的诞生创造了重要条件。隋代发明了印刷术。最先出现的是雕版印刷术,它受印章和石刻的启发并在其基础上发展而来。这种印刷技术是把文字刻于纹质细密的木板上,然后刷上墨,再把纸盖于其上,经过刷子轻轻匀拭之后,文字即转印到纸上,如此反复下去,就印出一页页的印刷品。雕版印刷与手抄相比虽是一大进步,但毕竟费工费时,亟待改进,这也客观上促进了宋代毕昇发明活字印刷。毕昇用胶泥制成单个活字,经火烧硬,在备好的铁板上涂以松香、蜡、纸灰等混合物,把活字摆到铁板上,经火加热把活字固定其上,之后即可如使用雕版一样印刷了。用过之后,铁板再经加热熔开松香等,取下活字以备再用。元代《王祯农书》的作者王祯制成木活字,此法一直沿用至明清。明代还出现铜活字雕版印刷。印刷术发明后,于唐代传到日本,以后又传入埃及和欧洲,广泛地影响了世界印刷术的发展。

以上各项发明是中华民族对世界作出的杰出贡献。马克思指出:"火药、指南针、印刷术——这是预告资产阶级社会到来的三大发明。火药把骑士阶层炸得粉碎,指南针打开了世界市场并建立了殖民地,而印刷术则变成新教的工具,总的来说变成科学复兴的手段,变成对精神发展创造必要前提的最强大的杠杆"(中共中央马克思恩格斯列宁斯大林著作编译局,1979)。这说明这些伟大发明的意义不仅远远超越了它们的发源地,而且也远远超出了它们自身的范围,对世界的历史进程产生了巨大的作用。

我们的先辈所创造的辉煌的科技成就远远不只上面这些,在天文学、数学、医药学和农学及指南针、火药、造纸术和印刷术的发明这些有世界性影响的成就之外,还有极为丰富的科技成就。在遗传育种、陶瓷烧制、桑麻纺织、造船航海、冶金铸造、水利工程、桥梁建造和建筑技术等诸多领域,我国人民都有过重大发明创造,前前后后出现过许多科学家、发明家,中华民族在古代对世界科学技术的贡献是丰富多彩的。

9.2　中国近代科学技术落后的原因

中国古代的科学技术有极其光辉的历史,它创造的丰硕成果曾为世界所仰慕,直到15世纪之前,我们在许多领域仍居于世界的领先地位,但以后的发展逐渐缓慢。与此同时,西方世界却发生了翻天覆地的变化,以科学实验为基础的近代自然科学形成并发展起来,资本主义的生产方式将科学并入了生产过程,进一步促进了科学和技术的连锁发展。随着蒸汽机的广泛运用,西方各国先后完成工业革命,进入工业化社会,它们的科学技术远远走在世界的前列。

在中国这片曾经有过灿烂文化、对世界科学技术曾作过巨大贡献的古老土地上,竟然没有产生近代科学,而且历经几个世纪,具有强大生命力的近代科学技术也一直没能在中国的土地上培植起来,这确实是一个值得深思的问题。研究中国科学技术在近代落后的原因,有助于我们寻找正确的前进道路。

历史表明,科学技术的产生和发展既有社会历史方面的条件,也有自己固有的矛盾运动。中国近代科学技术落后的原因必须从这两方面探讨。

9.2.1　社会历史原因

中国长久而稳定的封建社会严重阻碍了科学技术的进一步发展,这是我国近代科学技术落后的根本原因。

自从进入封建社会以来,我国一直是一个长期与手工业结合的农业立国的社会,自给自足的小农经济是这个社会的经济基础。这个社会从总体上看,在几千年的历史中平稳发展居多,而极少振荡,无论是一户一体的农业、手工业劳动者,或是最高的封建统治者阶层,都满足于现状,趋向保守,很少有改变传统的欲望。日复一日,年复一年,只要风调雨顺,收成不低于往年,则心满意足。这种状况最大的消极后果是不能对社会和生产提出更高的要求,当然也就不会想方设法去发展生产力,积极促进科学技术的进步。所以,在我国近代科学技术的历史发展中,以平稳的量积累为多,而少有重大发现、发明或科学观念上的创新。

自给自足的小农经济使生产发展缓慢,更使社会易于稳定,而这正是历代封建统治阶级喜欢的,所以他们长期以来实行"强本抑末"政策。本者农也,末者工商也,这与"重农抑商"基本是一个意思,从汉代以来大体如此。实施这种政策的结果,无疑是将人们的肉体和精神都紧紧地束缚在小块土地上,商品经济极不发达,缺乏竞争,缺乏进步动力。这当然意味着对内不交流,对外不引进,直到清代晚期我国才派出极少数的留学生,通晓外语的人才也很少。封建统治者们丝毫不认为这有什么不好,满脑子天朝大国思想,对广阔的世界所知甚少。这种状态只能严重地阻碍科学技术的发展。任何实行闭关自守、隔绝交流的做法都不是强大的表现。相反,倒是自己缺信心、不成熟、不发达的表现。结果越是这样,越使自己软弱,更加落后。

这种封建的小农经济既然决定了没有进取精神和进步活力,既然并不追求新科学技术,也就决定了我国在长期的封建社会中,迟迟不能产生出有利于科学技术发展和传播的教育制度,以及选拔人才的制度,实行的是手工业式的教育,是科举,是八股取士。这种形式不能培养出科技人才,也难以发现科技人才,其基本职能是为封建制度制造标准官吏和驯服工具。我国古代有一些在当时很先进的科技发明创造,后来竟失传了;有一些极有价值的著作,后来竟亡佚了。其重要原因,是我国长期以来缺乏巩固、传授,更谈不到发扬光大先进科学技术的文化教育形式和手段。总之,在封建社会,我国极其缺乏科学技术社会化的动力、手段和形式。所以,我们古代的许多科技成就或只为少数人掌握,或只在极有限的范围内为人知晓,不易成为全社会的财富。这样,它们虽然很有价值,甚至是世界上领先的东西,却难以发挥其应有的社会功效。

明末清初以来,外国传教士和个别中国知识分子曾把某些外国的科技成就介绍到国内来。但是,这些知识多数在中国没有迅速推广,长期未获普及,鲜为人知,也不易巩固发展下去。不仅近代科学技术没有被移植到中国的土地上,即使是我们自己的那些光辉成就,特别是指南针、火药、造纸术和印刷术这些举世瞩目的发明也被弃置。自宋代以来,它们在中国差不多存在了10个世纪,但是对社会政治经济文化的发展所起的作用远远不如欧洲,同时也没有像欧洲那样在技术上被改进、提高,获得那么大的发展和进步,以至于到了近代这四个领域中的先进者早已不是发明它创造它的中国了,许多国家都超过了我们。这种既落后又被动的状况,也要归咎于中国的与手工业结合的自给自足的封建制度。

科学技术的产生离不开一定的社会条件。同样,科学技术的发展、应用和继承也需要一定的社会条件。造成上述情况的原因,正是我国不具备或不够完善地具备必要的社会条件。关于这一点,马克思有过深刻地阐述:“只有资本主义生产方式才第一次使自然科学为直接的生产过程服务……科学获得的使命是:成为生产财富的手段,成为致富的手段”。“只有在这种生产方式下,才第一次产生了只有用科学方法才能解决的实际问题。只有现在,实验和观察——以及生产过程本身的迫切需要——才第一次达到使科学的应用成为可能和必要的那一种规模。资本不创造科学,但是它为了生产过程需要,利用科学,占有科学”(马克思,1978)。正是资本主义生产方式这个条件才使科学应用于生产,成为生产力,并推动科学进步;而封建的自给自足农业经济对科学技术是淡漠的。富于追求的资产阶级不能离开科学技术,它要把科学技术的每一项新成果都抓过来;而趋于保守的封建贵族甚至排斥科学技术,盲目地斥之为“奇技淫巧”。资产阶级的先知们明确提出“知识就是力量”,勤于探索;而封建社会的卫道士们却满口经伦,抱残守缺。马克思还从另一方面阐述了同一问题,他说:“自然科学本身的发展,也像与生产过程有关的一切知识的发展一样,它本身仍然是在资本主义生产的基础上进行的。这种资本主义生产第一次在相当大的程度上为自然科学创造了进行研究、观察、实验的物质手段。由于自然科学被资本用作了致富手段,从而科学本身也成为那些发展科学的人的致富手段,所以,搞科学的人为了探索科学的实际应用而互相竞争”(中共中央马克思恩格斯列宁斯大林著作编译局,1962)。这就说明,正是资本主义生产方式为发展科学技术提供了条件,而以农业立国的中国封建社会则恰恰不具备这个条件,它不能为自然科学创造研究、观察和实验的物质手段,科学也不会成为致富手段,人们不懂向科学去寻找致富的门径。总之,没有探索科学、发展科学的巨大活力。

还必须注意到,科学技术能否应用于社会生产过程中,能否在生产过程中获得发展,在很大程度上由原有生产力状况和水平所决定,即生产力状况和水平也是一个重要的社会条件。这样,科学就得到广泛应用和迅速发展,不仅适应了资本主义生产方式发展生产力和经济的需要,而且欧洲国家当时具有的生产力状况和水平也与之相协调,它们具有接受它、消化它和发展它的能力。中国则相反,继续处于自给自足经济状态的农业封建王国的生产力,不能为已有的科学技术的进一步应用和发展提供条件。这种生产力没有造成发达的海外贸易和远洋船队,也没有大规模的探矿和冶金。总之,长期以来束缚在土地上的狭隘循环式的生产力极大地限制了科学技术的进一步发展。

9.2.2　中国传统文化及科学自身的原因

由于历史的原因,中国传统的文化和古代的科学技术也有其局限性。这些局限性在一定的条件下也阻碍了自身的进一步发展。

古代的中国是一个思辨性思维发达的国家,无论是哲学、自然观,还是社会历史观,常采取思辨形式来表达,少有内涵和外延清晰的概念,如气、道、阴阳和五行之类。它们是一些独特的带有神秘色彩的概念,在其基础上形成了一套不利于科学发展的思维方式。它很难适应科学的进步要求,也不易跟上时代的步伐。用这些概念、这种方式去认识自然,最终并不能把问题弄清楚,难以把事物的本质揭示出来,相反倒是给人一种若明若暗、似明白又模糊的满足。这种情况反过来又阻碍了人们的探索精神,即使有所探求,也往往陷于思辨的圈子中,显然不能对科学的发展产生切实有效的推动作用。

与上述情况有密切关系的是我国古代科学长期以来缺乏分化,有些分化也极其缓慢,相反倒是呈现出一种很强的原始综合性的情况。这也是科学不成熟、不发达的表现。事物的发展总是通过分化形式实现的,分化到一定程度再综合,二者波浪式地转化、促进,才能呈现出进步。例如,我国的古代医学长期以来是一种囫囵的理论,当医学发展到一定高度,成熟到一定程度时,这种理论也就不能指导它进一步发展了。所以到了 15 世纪以后,随着欧洲资本主义生产方式逐渐发展和确立,急剧诞生近代科学的时候,中国的科学技术仍然没有感觉到矛盾,没有危机感,没有产生飞跃的动力,没有新意,而在心安理得地缓步慢行。

中国的传统科学注意了实际应用,但没有形成科学逻辑思维方法。除我国古代科学中最发达的医药学和农学本身就是实用性科学外,其他的天文学和数学之所以成为最发达的科学,也是以其实用性为主。应该说,数学是逻辑性严密的科学,但我国的古代数学没有更多地去注意数学的逻辑性,而多是讨论具体的数学应用问题,所以既没有形成公理化的逻辑体系,也不善于归纳推理。这种情况在科学技术的许多领域都有明显表现。所以自春秋时期以来,在我国浩瀚的科技著作中,很多是讲直接应用技术的,而理论性著作则相对很少。这并非偶然,且不能不说是我国传统科学的重大缺陷。理论的薄弱意味着科学缺乏发展的内在矛盾和动力,这也是造成科学发展缓慢和落后的一个重要原因。

中国古代科学技术自身存在着某些弱点和不足是不可避免的,因为当时科学基本上处于原始的萌发状态,还没有摆脱对实践经验的直观总结。问题在于,长期的封建统治和落后的生产方式未能使这棵刚刚萌发的幼苗成长为参天大树,而相反被窒息了,使其濒于枯萎。随着资本主义的渗透和帝国主义的入侵,中国沦为半殖民地半封建社会。尽管有不少仁人志士试图发展中国的科学技术事业,有的人也确实作出了不小的贡献,但却始终没有摆脱被动、落后的地位。直到 1949 年中华人民共和国成立以后,特别是改革开放后,我国才进入了科学技术发展的新时期。

9.3　我国科技事业的发展

社会主义制度在中国的建立，彻底砸碎了束缚科学技术进步的枷锁，从根本上为科学技术的发展提供了条件。中国的科学技术事业在新的社会政治经济条件下，开始快速发展。在不到40年的时间里，我们不断调整科学技术政策，以充分发挥社会主义制度的优越性；多次制定了科技发展规划，并逐步实施；已培养出一批从事科技工作的专门人才，初步建立了基础研究、应用研究和开发研究相互配套的科研体系；解决了工农业生产、国防建设和人民生活中亟须解决的大量问题。我国的科学技术事业已经取得了伟大的成就。

第一，我国制定了正确的科技政策，为科学技术事业发展铺平了道路。社会主义的新中国一诞生，就采取了一系列的政策措施，保护和发展中国弱小的科技力量，不仅稳定了科学技术队伍，而且在极其困难的状况下，积极创造条件，让科技人员正常开展科学技术研究。随着生产资料所有制社会主义改造的完成，我国开始了大规模的社会主义建设，社会的各个方面都需要科学技术。1956 年 9 月，中国共产党第八次全国代表大会提出，有计划地发展国民经济，尽可能迅速地实现国家工业化，有系统、有步骤地进行国民经济的技术改造，使中国具有强大的现代化的工业、农业、交通运输和国防。并指出，必须努力促进我国的科学、文化、技术的进步，为在这些方面赶上世界先进水平而奋斗。实际上，党的八大为我国的科技事业的发展制定的总的战略，在相当长的一个历史时期里，是发展我国科技事业的总政策。改革开放使我国迎来了又一个科学的春天。特别是 2005 年以来，根据中央建设创新型社会的要求，全国上下掀起了一场以拥有自主知识产权为核心的科技创新热潮。自主创新将成为我国相当长时间内的科学技术发展主题。

随着实践的发展，我国的科技政策经过不断的调整和补充，发展得更加丰富和完备。现在已经明确地认识到，科学技术是生产力，知识分子是工人阶级的一部分。随着生产的发展和社会的进步，科学技术将起越来越大的作用，科学技术现代化是能否实现工业、农业和国防现代化的关键；经济建设要依靠科学技术，科学技术要面向经济建设，要走经济、科技与社会协调发展的道路。在政策上，还进一步明确了必须尊重科学技术自己的发展道路和发展规律；在科学上，要有学术自由，允许不同的学术派别互相争鸣。科学技术是没有国界的，只有继承和学习全人类的优秀科技成果，才能更快地发展自己，并在此基础上逐步对科技体制进行改革。这些政策，引导着我国的科技事业一步一步向前迈进。我国科技政策的调整和发展过程实际上是寻找符合实际的、有利于科学技术发展的道路。事实上，各国科学技术的发展既有共同之处，又有独特之处，发展模式不完全一样。我们也应该有自己的模式，它不同于美国、俄罗斯，也不同于日本。它只能既尊重科学发展的一般规律，又从中国的实际出发。这种具有中国特色的科学技术发展模式还在探索中，所以科技政策的不断调整是必然的，这样有利于科学上的进步。

第二，1956 年的远景科技发展规划将我国纳入现代科学技术的发展轨道。有了正确的科技政策，还要有相应的科技规划，通过科技规划的贯彻落实，带动和促进科学技术的发展。我国于 1956 年制定了《1956～1967 年科学技术发展远景规划》(简称《十二年科学技术发展规划》)。正是这个规划的制定和实施，才使我国的科学技术事业开始摆脱历史遗留下来的落后状态，迈开了新的步伐。

《十二年科学技术发展规划》的制定，体现了当时我国科学家的集体智慧。1956 年 1 月 14 日，周恩来总理作了《关于知识分子问题的报告》，强调要发挥知识分子的积极性，为社会主义建设多作贡献。在此期间，中央曾多次召开各学科的带头人、多方面人才的座谈会。科学家们畅所欲言，出谋献策，为规划的制定提供了基本的素材和充分的论证，为中央最后决策奠定了坚实的科学基础。

《十二年科学技术发展规划》既从中国当时的国情出发，实事求是，又具有远见卓识。我国当时在各方面都很落后，现代各门科学技术几乎没有什么基础，很多领域需要研究，亟待发展。通过分析认识到，技术科学对国民经济发展的影响比基础科学更直接，应为发展重点。周恩来总理明确指出，科学研究不能只为促进科学发展而发展，应该面向国民经济发展和国家现代化的总任务。周恩来总理的决断成为科学规划的指导方针。最后确定了规划重点应该放在发展那些能衡量一个国家发达水平的现代科学技术上，选定喷气技术(后称航天技术)、核技术、半导体技术、计算机、电子学和自动化为重点。这些技术都是当时世界上的最新成就，有的才出现几年，有的才刚刚露头。在一个工业基础薄弱、科学技术落后的国家，起步就发展这样的现代科学技术，决策者的胆识是非凡的。周恩来总理当时正是看准了这个方向，他说："由于电子学和其他科学的进步而产生的电子自动控制机器，已经可以开始有条件地代替一部分特定的脑力劳动，就像其他机器代替体力劳动一样，从而大大提高了自动化技术的水平。这些最新的成就，使人类面临着一个新的科学技术和工业革命的前夕"(周恩来，1980)。

后来的发展事实证明，《十二年科学技术发展规划》是及时的、正确的，决策是英明的。1958 年，第一台电子管电子计算机研制成功；1959 年，半导体二极管和三极管研制成功；1960 年，第一枚探空火箭上天；1964 年，爆炸了第一颗原子弹；1965 年，第一台大型晶体管电子计算机研制成功；1970 年，第三代集成电路计算机研制成功；1970 年，发射了第一颗人造地球卫星。至此，我国第一个大规模的科学技术远景规划全部实现。

1956 年制定的《十二年科学技术发展规划》对我国科技事业的发展起了重大的作用。从这时开始，现代科学技术在我国发展起来，甚至可以说，这是我国科学技术现代化的开端。这一规划的完成，使我国掌握了一批现代科学技术，有的领域还接近世界先进水平。同时这一规划的实施带动了各行各业，推动了国民经济的发展。

第三，培养出一批从事科技工作的专门人才，初步建立了基础研究、应用研究和开发研究相互配套的科研体系。科学技术的发展需要大批的人才，可是在中华人民共和国成立以前，中国的科技人才奇缺。他们的研究工作基本上是单枪匹马，没有设备条件，很少得到应有的资助和支持，更谈不上构成相互配套的科研体系。

中华人民共和国成立后，首先将各方面的科技人才组织起来，充分发挥他们的积极性。接着，恢复、扩大和新建了一批高等学校，基本做到理、工、农、医各类院校齐全。与此同时，大量地增设中、小学，以技术为主，统一教学计划和要求，很快提高了教学质量。特别是一些具有较好基础的重点大学，在较短的时间里培养出一批又一批国家急需的科技人才。在此基础上，根据不同的国际环境，我国先后向世界多国家派出了自己的留学生、进修生、研究生，其中不少人学有专长，取得了成就。20 世纪 80 年代初，我国培养出了自己的博士研究生。2005 年开始，我国已经实现高等教育的大众化，标志着我国对高级科技人才的培养进入新的阶段。

中华人民共和国成立后，为了加强科学研究工作，成立了以中国科学院为核心的各类科学研究机构，在各省市、大型厂矿、大专院校和中国人民解放军系统还建有相对独立的研究机构。目前，我国已有地、市级以上独立科研机构 4300 多个。这些机构有的从事基础理论的研究，有的从事应用理论方面的研究，还有的从事技术开发研究，初步形成基础研究、应用研究和开发研究相互配合的科研体系。

各类科研机构内部也不断臻于完善，如人员结构、知识结构和设备配置都在变化，合理的研究机构将使科研效率大大提高。随着科研体制的改革和科研人员积极性的调动，我国科学技术研究工作将会有更大的发展。

第四，在工农业生产、国防建设等方面取得了一系列重大成就。

在农业方面，实现了全国农业区划，编制了综合区划资料。

在培育良种上取得突出成就，基本上更新了一代农作物新品种。随着袁隆平教授杂交水稻等技术在全国农田的推广，水稻平均亩产量由中华人民共和国成立初期的 100 kg 增至近 1000 kg。我国首创的橡胶栽培新技术使橡胶的种植区北移 3～9 个纬度。在全国范围内根治了东亚飞蝗，控制了小麦条锈病。

在工业方面，研制成功并生产了大批大型成套设备。其中包括：装机容量为 175 000 kW 的世界上最大的低水头发电机组，1000 万～3000 万 t 大型露天矿的成套设备，200 吨级的电渣重熔炉，50 万 V 高压输电变电设备，30 万 t 合成氨、24 万 t 尿素的成套设备，15 000 t涤纶拉丝设备等。改革开放以来，相继完成了三峡水利枢纽、青藏铁路和高速铁路等大型工程。利用自己的技术，解决了重水的工业生产问题，解决了我国陆地层石油、海上石油开发问题。我国在钢铁冶炼、电子技术、日用纺织等领域的技术与实力已经赶上甚至超过发达国家，汽车、能源等工业也已达到较高水平。

在国防建设和新兴技术方面，1964 年 10 月爆炸了第一颗原子弹，以后又成功地爆炸了氢弹。1970 年 4 月成功发射第一颗人造地球卫星。1980 年以来远程运载火箭技术和卫星通信技术已经进入世界先进行列。1983 年研制成功第一台一亿次巨型计算机和第一台千万次向量计算机，标志着我国在研制巨型机方面达到世界先进水平。还研制成功了 1800 路模拟微波系统和光纤通信实用系统，表明我国在新兴通信实用系统技术研究开发方面进入新的发展阶段。我国航天航空技术日新月异，已成为继美国、俄罗斯后第三个具有自主探索外层空间奥秘的国家。我国近期正在开发航空母舰，已取得实质性进展。

在医药卫生方面，我国创造的针刺麻醉技术、显微外科技术、治疗大面积烧伤技术、血吸虫防治技术，以及肝癌、食道癌和鼻癌的早期诊断等，都达到了世界先进水平。

在基础研究方面，我国在理论数学、高能物理、结构经学、地球科学和生物科学等领域都取得了一些高水平的成果。我国创立的"层子模型"理论受到国际上的重视和好评。我国最早实现了胰岛素的人工合成，最先完成酵母丙氨酸转移核糖核酸的全人工合成，参加并完成了人类基因组计划。这些成就标志着我国在基础研究的一些领域处于世界先进水平。

中华人民共和国成立以来，特别是改革开放以来，我国的科学技术事业取得了伟大的成就，正在阔步前进。这不仅是因为在许多现代科学技术领域有了丰硕的成果，更主要的是开始扭转了中华民族近代科学技术落后被动的局面，我国人民在十分困难的条件下迈开了步伐，走上了现代科学技术的发展大道。坚冰已经打破，道路已经开辟，在新的基础上，中国的科学技术事业将迈开新的步伐。但是，我们也必须看到，我国已经取得的成绩只是初步的，我们在发展，科学技术自身也在发展，我们必须保持清醒的头脑，去迎接新技术革命的挑战。

9.4　从迎接新技术革命到走科技自主创新之路

现代科学技术在电子学、激光技术、光导纤维、新能源开发、新型材料、空间科学技术、海洋开发、生物工程和现代农业等方面又取得了重大的新成就，世界新的技术革命正在蓬勃发展。美国、日本、俄罗斯和欧洲一些工业发达国家都在普遍注意和研究这个问题，并采取了相应的对策。这就意味着在21世纪，或者稍长一点时间，现在已经突破和将要突破的新技术运用于社会，将带来社会生产力的新飞跃，相应地会带来社会生活的新变化。同时，吸取新中国成立以来科技工作的经验教训，正确处理自主创新与引进消化关系，提升我国在国际上的核心竞争力，已经成为当前我们面临的一个挑战。为抓住和用好21世纪头20年发展的重要战略机遇期，2006年1月26日，中共中央国务院作出了关于实施科技规划纲要增强自主创新能力的决定，动员全党全社会力量，为建设创新型国家而奋斗，提出要组织实施《国家中长期科学和技术发展规划纲要(2006～2020年)》(以下简称《规划纲要》)，坚持自主创新，全面提升国家竞争力。以第三次科技大会为标志，我国的科技工作已由被动地迎接挑战全面进入自主创新的战略时期。

9.4.1　我国面临的新挑战

20世纪末，新的技术革命来势很猛，发展迅速，对我国比较落后的现状构成了全面的挑战，其中在以下几个方面特别明显。

(1) 新技术革命向我国的传统工业提出了挑战。新兴技术的出现带动了新兴产业群的发展。传统的产业将逐步被改造或淘汰。

(2) 新技术革命向我国农业经济提出了挑战。新技术革命使农业变成知识和技术密集型的生产领域，农业人口将大量减少。发达国家的农业正向着工厂化、高度机械化、自动化方面发展，生物工程、电子计算机等新技术逐渐推广应用，传统的农业生产方式正在发生变化。我国农业没有完全实现机械化，距离工厂化、自动化就更远。

(3) 新技术革命向我国落后的管理体制和经营方式提出了挑战，新技术革命在信息化的基础上处于落后状态，管理人员缺乏科学技术知识，这些情况无疑与新技术革命的要求相距甚远。

(4) 新技术革命向我国的教育提出了挑战。

经过 30 多年的改革开放，我国科技工作取得了辉煌的成就，不仅经受住了挑战，而且创新引进与吸收消化并存的科技发展战略，极大带动了我国科技产业的水平，提升了我国的实力。

但是，鉴于人类资源的逐渐短缺与社会环境的日益恶化，可持续发展已经成为我们面临的新的挑战。为应对世界新一轮科技革命和产业革命的挑战，加快提高我国科技自主创新能力对我国具有十分重大的意义。中央领导强调，要坚持把推动科技自主创新摆在全部科技工作的突出位置，坚持把提高科技自主创新能力作为推进结构调整和提高国家竞争力的中心环节，加快建设中国特色国家创新体系。

9.4.2 借以起飞的好机会

我国面临着新技术革命的挑战，同时，新技术革命也给我国的发展提供了一个机会。这个机会使我们有可能跳过某些发展阶段，采用新的技术成果，节约能源、材料与资金，取得良好的经济效益，获得更快的发展。我们有可能利用发达国家为了适应新技术革命形势而进行经济结构性调整，以及各国之间激烈竞争的机会，借用发达国家先进的管理方法、经验和手段，加快进行管理体制的改革，以提高效率。高等教育的飞速发展已经为我们的科学文化普及和智力开发工作提供了基本保障。尤其是利用新技术革命的机会，有可能使我们克服难以想象的困难，解决长期难以解决的农业现代化问题。长期以来，我国农民绝大多数终年在田间辛勤劳动，以获取最基本的生活资料，农业现代化就是要改变这种局面。事实上，发达国家早已解决了这个问题，如美国目前只有不到 3%的农业人口进行生产，可以养活 120%的人口。随着生物技术的发展，很多农业问题可以不用耗能高的机械技术解决，而用耗能低的生物技术解决。借助先进的生物技术，我们完全可以走生物农业的道路，以生物技术的广泛运用来实现农业现代化。

我们完全有可能也有条件抓住新技术革命这个机会，可以促进我国科技事业，乃至整个国民经济的进一步发展。

科学技术是第一生产力，是推动人类文明进步的革命力量。进入 21 世纪，科学技术发展日新月异，科技进步和创新日益成为增强国家综合实力的主要途径和方式，依靠科学技术实现资源的可持续利用、促进人与自然的和谐发展日益成为各国共同面对的战略选择，科学技术作为核心竞争力日益成为国家间竞争的焦点。我国已进入必须更多依靠科技进步和创新推动经济社会发展的历史阶段。科学技术作为解决当前和未来发展重大问题的根本手段，作为发展先进生产力、发展先进文化和实现最广大人民群众根本利益的内在动力，其重要性和紧迫性日益凸显。全面实施《规划纲要》，建设创新型国家，核心就是把增强自主创新能力作为发展科学技术的战略基点，走出中国特色自主创新道路，推动科学技术的跨越式发展；就是把增强自主创新能力作为调整产业结构、转变增长方式的中心环节,建设资源节约型、环境友好型社会,推动国民经济又快又好发展;就是把增强自主创新能力作为国家战略,贯穿到现代化建设各个方面,激发全民族创新精神,培养高水平创新人才,形成有利于自主创新的体制、机制,大力推进理论创新、制度创新、科技创新,不断巩固和发展中国特色社会主义伟大事业。

9.4.3　迎接新挑战

为了抓住机会,迎接未来的新技术革命挑战,必须要有总的战略,要有既符合中国实际,切实可行,又富有远见卓识的各项对策,调动各方面的积极因素,努力使我国赶上世界先进水平。

第一,要坚定不移地贯彻科学技术、经济和社会协调发展的总原则。科学技术发展不是孤立的,在很大程度上依赖社会经济状况。特别是现代科学技术的研究、开发和利用,一般都是大规模的组织和实施的过程,需要庞大的财政支持,耗费大量的资财,没有一定的经济基础作后盾,现代科学技术不可能昌盛。社会条件对科学技术的发展也有很大影响,如社会政治制度及国际环境等,都在不同程度上影响科学技术,甚至人们的文化素养和传统习惯也会起作用。要使现代科学技术蓬勃兴起,必须提供经济和相应的社会条件。另外,科学技术的研究必须为经济建设服务,为加速社会的发展和进步服务。发展科学技术,其本质目的在于认识、驾驭自然规律,用以改造自然、改造社会。同时,有了新的技术,如果长期得不到运用,见不到经济效果,也会丧失自身存在和发展的价值。科学技术、经济和社会三方面的关系是相互依赖、相互影响又相互制约的,应该自然地处理好三者之间的关系,促使它们协调地发展。

第二,要制定出好的发展规划。制定规划就是确定实际的奋斗目标,这一工作十分重要。有了明确的目标,才有努力的方向,才能有步骤地组织和实施。目标的制定既要实事求是,又需眼光远大。目标定得太高,实现不了,急于求成反而不行,最终使计划落空。目标定低了,四平八稳,没有速度和力量,也会坐失良机,一拖再拖,永远落后。从我国目前的实际出发,可制定出三级规划,即 5～10 年的近期发展规划,到 21 世纪中叶的中期发展规划,到 21 世纪末的远期发展规划。

近期发展规划要考虑详尽,安排具体,并要留有余地。其中包括发展目标、科研项目、引进项目、改造和扩建项目,还要包括材料供应、资金预算和人才培养等。近期规划的基点在于把我国科学技术、经济的发展转入与自主科技创新相适应的轨道。与之相应的发展速度应是稳中求快。

中期发展规划应立足于赶超,到 21 世纪中叶,在总体上我们要力争达到与经济发达国家相当的先进技术水平。不同的领域会有所区别,某些新兴技术领域应当争取达到当时的世界先进水平,而有些方面则应该根据我国的特点开发独创的技术。21 世纪中叶就是中华人民共和国成立 100 周年,中国人民在社会主义制度下经过 100 年的奋斗,上述目标应该可以实现。到那时,我国的经济能力将有大幅度的提高,进一步发展的物质文化基础将更加雄厚。

远期发展规划应当着重考虑我们在各主要领域都达到当时的世界先进水平,有一批领域有可能超过当时的世界水平，还应该有自己开拓性的新领域。当然远期规划不能做得很细，但要在总的目标下可以进行预测，估计可能出现的新情况，以不断调整我们的行动。

第三，要选择好战略突破口。迎接新技术革命的挑战，要做的工作数不胜数，应该深入分析，抓住关键，选择好战略突破口，集中力量，全力以赴，力争突破；取得成就立即推广，搞好全局。我国目前应把注意力集中在国际上那些已经开始推广应用并有良好经济社会效益的新兴技术。另外，还必须注意分析我国的技术实力，如前所述，在一些重大的新兴技术领域中都有一定的基础，不是从零点起步。

要实现这一战略突破，就必须相应地集中人力、物力和财力，真正采取“有限目标，突出重点”的方针。在研究上，要实行纵深配备，加强研制的环节，结合我国的特点，解决各个领域从工厂生产到人们生活诸环节技术问题。然后抓好推广应用工作，对大型企业、大型工程项目有计划地实行改造。

第四，加强技术引进和消化工作，提高自主创新率。现代先进技术是经过人们艰苦的思索和长期试验挖掘开发出来的，其中凝结了大量的知识，付出了很高的代价。为了增强自己的经济和技术基础，为了缩短研制周期以缩短同先进技术水平的差距，我们必须重视技术引进工作。技术引进是个总概念，其中应包括许多具体内容，如引进技术资料、技术专利、技术设备和技术人才等。可以围绕某一具体技术对以上各项进行综合引进。技术引进，不同国家有不同情况。发达国家也搞技术引进，他们以引进技术资料和专利为主，只要有了资料，有了相关的理论、工艺数据，就可以物化为产品。一些发展中国家，除引进资料外，主要靠引进设备，有的技术还不得不采取综合引进的办法。因为这些国家工业水平比较低，技术力量单薄，单凭资料、数据还不能生产出成品。我国的技术引进工作应视不同的技术采取不同的引进办法，有的可只引进专利或资料，对有的急需的技术应当花巨资购买成品或成套设备。

一般来说，引进技术应该是先进的，但不同国家和地区，先进的标准是不一样的。有些在国际水平看来不太先进的技术，对于某个国家来说可能正是急需的，不但有先进性，而且可带动全局。有些一时看来很先进的技术，结果刚引进后，别人又更新换代了，可能成为无用的淘汰技术。在当前技术发展迅速、国际竞争激烈的情况下，我们尤其要注意研究引进什么技术有可能、有实效，而且最合算，切不能盲目引进，跟着别人转。

在技术引进的同时，要加强对引进技术的消化。对于引进的技术设备和综合性的技术项目，如果不能消化，那无疑只是引进了一件产品，结果作用很有限。消化引进技术是一个复杂的过程。第一步，要熟练地掌握引进的技术，既要操作、使用，更要知其所以然。第二步，在知其所以然的基础上，对某些与本国工业技术体系不相适宜的地方，可以进行局部或大部的改进，将引进技术融于本国整个技术体系中。同时，使这种技术在可以运用的地方得到广泛的应用。第三步，在使用、研究的基础上提高，使其能够更新换代，大大超出引进时的水平，成为创造新技术的基础。走过这三步的时间越快，意味着消化周期越短，技术引进的经济、技术和社会效益越高。

第五，要尽快地开发智力，培养人才。世界各国在新兴科技领域中的竞争，实际上是知识和人才的竞争，培养具有高水平的科技人才，是我国迎接新技术革命挑战的关键问题之一。我国人口众多，开发智力的潜力非常大，现在的关键问题是发展教育事业。除了一般的大、中、小学和中专技校教育要发展外，还要大力开办综合性的高质量的研究生院，并给他们优先配备先进的科学实验设备，聘请世界著名的科学家、技术专家、发明家讲学，让大批具有一定科学技术基础、年轻有为的青年进校学习和研究，使他们处于新技术革命洪流的最前沿，启发思想，大胆创新，有所发明，有所发现。

新时期我国科学技术发展的指导方针是：自主创新、重点跨越、支撑发展、引领未来。这一方针是我国半个多世纪科技事业发展实践经验的概括总结，是面向未来，实现中华民族伟大复兴的重要抉择，必须贯穿于我国科技事业发展的全过程。

从现在起到2020年，我国科学和技术发展要以提升国家竞争力为核心，实现以下重要目标：一是掌握一批事关国家竞争力的装备制造业和信息产业核心技术，使制造业和信息产业技术水平进入世界先进行列。二是农业科技整体实力进入世界前列，促进农业综合生产能力的提高，有效保障国家食物安全。三是能源开发、节能技术和清洁能源技术取得突破，促进能源结构优化，主要工业产品单位能耗指标达到或接近世界先进水平。四是在重点行业和重点城市建立循环经济的技术发展模式，节约资源、保护环境，为建设资源节约型、环境友好型社会提供科技支持。五是重大疾病防治水平显著提高，新药创制和关键医疗器械研制取得突破，全面提升产业发展的技术能力。六是国防科技基本满足现代武器装备自主研制和信息化建设的需要，为维护国家安全提供保障。七是涌现出一批具有世界水平的科学家和研究团队，在科学发展的主流方向上取得一批具有重大影响的创新成果，信息、生物、材料和航天等领域的前沿技术达到世界先进水平。八是建成若干世界一流的科研院所和大学以及具有国际竞争力的企业研究开发机构，形成比较完善的中国特色国家创新体系。

近期，一要把解决经济社会发展的瓶颈制约放在优先位置，力争在能源、资源、环境、农业和信息等关键领域取得重大技术突破。二要积极发展对经济增长有重大带动作用、具有自主知识产权的核心技术和关键技术，协力攻关，形成一批市场占有率高的产品和国际知名品牌，提高重大技术装备国产化水平，推动高技术产业加快从加工装配为主向自主研发制造延伸。三要加强基础研究和前沿技术研究，在信息、生命、空间、海洋、纳米和新材料等战略领域超前部署，加大投入力度，增强科技和经济持续发展的后劲。四要加强重大科技基础设施和条件平台建设，实施若干重大科学工程，支撑科学技术创新。五要按照有所为有所不为的原则，集中优势力量，启动一批重大专项，力争取得重要突破，提高国家核心竞争力。

古代，中华民族对世界文明作出了巨大的贡献。在近代，我国的科学技术没有成长起来，因而失去了一次发展的机会，中华民族落后了。今天，新技术革命为我们提供了一个腾飞的极好时机，我们不能再失去这次机会。如果说中华民族在古代取得的光辉成就鼓舞着其子孙后代不断前进的话，那么中华民族在近代落后的教训将鞭策其子孙后代更加奋力地拼搏。我们要彻底改变落后的面貌，我们的科学技术事业要发展，我们的科学技术事业一定能够发展。

第10章 课余阅读材料

10.1 关于原子是否存在的争论

19世纪后期,物理学领域中围绕着"原子是否存在"的问题发生了一场争论。

反对原子论的主要代表人物是奥地利物理学家马赫和德国化学物理学家奥斯特瓦尔德;坚持原子论的一方则以奥地利物理学家玻耳兹曼为代表。

自意大利化学家康尼查罗在1860年的国际化学会议上散发小册子以后,分别于1808年提出的原子论和1811年提出的分子假说在化学界被广泛接受了,虽然物理学家所说的原子与化学家所说的原子有所不同。化学家心目中的原子就是不可分的微粒;而物理学家则把原子看成是一些非弹性粒子,其特点是具有各种各样的吸引-排斥力。

在同一时期,物理学领域由于热质说被否定,而使分子运动论得到了复兴。对复活分子运动论最有影响的是德国物理学家克仑希,他于1856年发表了《气体理论原理》,被认为是打开分子运动论系统研究大门的开篇之作。他提出了理想气体模型:分子都是弹性小球,它们在没有相互作用时作匀速直线运动,只有在碰撞时才有相互作用。他还首次明确将概率引入气体分子动力学的研究中。在他的启发下,德国物理学家克劳修斯也从微观上对分子运动进行了探讨。他在1857年,发表了《论热运动形式》一文,提出了理想气体的力学模型,把统计思想引入物理学,导出了气体的压强公式,对气体压强的分子运动本质给予了精辟解释。1858年,克劳修斯又以气体分子运动的平均自由程的概念,解决了所谓的单个分子的高速运动与大量分子组成的气体缓慢扩散之间的矛盾。1859年,英国物理学家麦克斯韦进一步引进了"速度分布函数"的概念,把概率统计的思想和方法推进到描述真实的物理过程中。1866年,麦克斯韦对输运过程提出了更加普遍的理论,并证明了他的分布函数不仅是可能的分布状况,而且是分子速度分布的唯一形式。继麦克斯韦之后,玻耳兹曼把分子运动论理论的研究推向了高峰。他在1868～1871年把麦克斯韦速度分布律推广到有外力场作用的情况,得出了粒子按能量大小分布的规律。玻耳兹曼想到,他和麦克斯韦所得到的分布律只反映了气体平衡态下的情况,而没有时间因子。所以他想建立起非平衡态分布函数的运动方程,表示在不同时刻气体分子按速度的分布;如果能解出这个方程,就可以统一解决各种输运过程问题。1872年,玻耳兹曼建立了这一运动方程,并由此发现了一个与熵有关的特殊函数 H。它被表示为玻耳兹曼证明,该函数永远不能随时间而增大。在没有达到平衡时,H 函数的值随时间持续下降,在达到由麦克斯韦分布律所表示的平衡态时,H 函数取极小值。这就是 H 定理,它从微观上的分子运动表现了自然过程的不可逆性。为了解决"单个分子的运动服从牛顿力学因而是完全可逆的,但由大量分子组成的宏观系统的热力学过程却是不可逆的"这一矛盾，玻耳兹曼把熵 S 和系统的热力学状态的概率 w 联系起来。这样，玻耳兹曼就揭示了热力学第二定律的统计本质。通过他的这一系列工作，分子运动论发展为一门严谨的独立学科。持原子论思想的物理学家沿这一研究路线，取得了相当的成功。

但是，在 19 世纪下半叶，与气体分子运动论相联系的物理原子还没有为物理学家普遍接受。原子论遭到了一些科学家的责难，反对原子论者是从两个不同的方面向原子论进攻的。

一方面是以马赫为代表，他们从实证主义哲学出发，以原子不是一种可感觉到的现象为由而不相信原子论。实证主义认为自然科学的思想方法与哲学的思想方法不同，自然科学强调的是观察事实，在事实基础上扩大和加深自然科学的洞察力。他们提出必须在科学理论中清除虚妄的形而上学的见解，坚持一切概念和知识都直接来源于经验，都必须经过实证；凡不能直接经验到的东西，都是形而上学的。实证主义还认为人类只能建立诸如热力学一类唯象理论，现象之外并引起现象的东西是存在或可能存在的，但由于无法获知它们是什么样子，所以只能把思考和论述限制在现象本身的范围之内，超出这个范围的任何探求都是毫无意义的。从实证主义思想出发，马赫在 1872 年出版的《功守恒定律的历史和根源》一书中，第一次明确表达了反对原子论的思想。他在书中写道："或许人们可以认为，在现象本身中不能察觉的现象规律，能够用分子理论予以发现，但情况却恰恰不是这样。在一个完善的理论中，假设的细节必须与现象的细节相对应，并且这些假设事物的规律也必须能直接地转移到现象上。但是，分子却仅仅是一个无价值的想象。"以后，他多次表达了这样一种想法，即认为原子就如同数学上的函数一样，只是一种工具，是对现象的一种说明。1883 年，马赫的那本数次再版的名著《力学及其发展的批判历史概论》发表了。在这本书的第 4 章第 4 节"科学的经济功能"中，他又进一步批判了原子论。他说："然而并非一切流行的科学理论都是如此自然和如此朴素地产生出来。例如，化学的、光学的和电学的现象都是用原子来解释。但是原子这一精神设计物并不是根据连续原理形成的，它是为一定目的而特别设计的产物。原子不能被感官感知，像一切物质一样，它们是思维的东西。而且，原子被赋予的性质，同迄今为止在物体中所观察到的特征完全矛盾。尽管原子理论很适宜描写某些事实，但是熟悉牛顿定律的物理学家只能把它看成暂时的帮助，还要努力以某种更自然的方式求得一种令人满意的理论代替它。"他还写道："原子论在物理学中所起的作用与数学中某些辅助概念相似；这是一个数学模型，为的是简化精神对事实的描写。"马赫与玻耳兹曼都是奥地利人，又都是维也纳大学培养出的物理学家，他们之间一直有通信联系，彼此相互尊重，不过他们之间也进行了长时期的争论。对于玻耳兹曼关于热力学第二定律的统计解释，马赫也给予非议，说它是"呆板的概念，看来是完全人造的、虚假的"。

反对原子论的另一方面是唯能论。有一批科学家如奥斯特瓦尔德、德国物理学家赫尔姆、法国物理学家迪昂等组成了唯能论学派。他们认为，要从实验上证实原子的存在是完全不可能的，而且认为物质概念是多余的；原子、分子等概念只是为了进行能量运算而作出的一些数学的虚构；原子假说已经失去作出精确预言的作用，几乎是"毫无用处的”和“有害的”假设。奥斯特瓦尔德主张用“唯能论”来代替“原子论”，认为用能量概念就可以解决一切物理学和化学问题。

1895年9月20日，奥斯特瓦尔德在德国吕贝克第67届自然科学家和医生大会的年会上作了题为《克服科学唯物论》的演讲。从此，在唯能论与原子论之间展开了公开的、激烈的争论。这次大会的主席是化学家维斯利森努斯，他是奥斯特瓦尔德在莱比锡的同事，但对奥斯特瓦尔德在唯能论方面的过激主张并不怎么热情。所以，他请化学家迈耶就原子论问题发言，以抵消奥斯特瓦尔德演讲的影响。但是，赫尔姆作了题为《论唯能论的现状》的发言，支持奥斯特瓦尔德的观点。玻耳兹曼则针对奥斯特瓦尔德的观点进行了针锋相对的驳斥。这样一来，争论的一方是所谓的“唯能论学派”，大部分是物理学家；另一方是所谓的“原子论学派”，大部分是化学家。

会议结束后，玻耳兹曼将他的讲稿整理成论文，以《唯能论的数学语言》为题在1896年的《物理学和化学年鉴》上发表。玻耳兹曼批评奥斯特瓦尔德和赫尔姆在动力学和热理论上作了混乱和错误的推论，数学上也有错误和前后矛盾之处，更为重要的问题是他们把熵函数狭隘地限制在辐射能消散的现象上。他更不能接受的是，唯能论者把唯能论作为物理学中很多未解决问题的灵丹妙药。针对奥斯特瓦尔德断言能量是固有的存在者，没有必要再假定某种特定的载体的观点，玻耳兹曼针锋相对地指出，物质是实际存在的东西，热是物质的性质。不过，他对唯能论者宣称美国物理学家吉布斯属于唯能论学派而感到不安，因为争论的双方都赞美吉布斯的热力学研究。玻耳兹曼在论文中还指出，唯能论对自然现象的理解和描述是模糊的。他认为奥斯特瓦尔德等是在向物理学家已不再坚持的观点挑战。他写道，或许没有一个人再主张能是一种实在，或者相信一切自然现象能够用力学解释的观点毫无疑问地得到证明。我们现在更加谨慎，要精确地描述自然现象，应尽可能地与一切假设无关。长期以来，甚至在气体理论中，人们不再把分子仅仅看做质点的集合，而宁愿看做由广义坐标确定的未知系统。英国物理学家普朗克参加了吕贝克会议，在会上他没有发言，但是会后他写出了《反对新唯能论》的论文，表明了他站在原子论一边。普朗克早期从事热力学研究，在1887～1891年用热力学第二定律研究物理化学和热化学，曾受到奥斯特瓦尔德和马赫等的鼓励。但是，他对唯能论过分的反力学观点不太同意，转而对唯能论进行批评。玻耳兹曼和普朗克所发表的批评文章促使奥斯特瓦尔德和赫尔姆发表文章进行答复。赫尔姆没有正面回答对唯能论的批评，而是要求反对者能给以适当的机会，来阐明他们的一些技术困难。奥斯特瓦尔德则对玻耳兹曼从数学上对唯能论的批评争辩道，数学运算没有必然地揭示问题的物理意义；分析的完善与寻求如何简明地形成唯能论相比，不那么重要；不能把能量仅仅看做物质的性质和状态函数等。对于奥斯特瓦尔德把根本的存在赋予能量而不是质量的偏见，玻耳兹曼并不特别关心，他比较注意的还是奥斯特瓦尔德对原子论和分子运动论的批评。玻耳兹曼在回答奥斯特瓦尔德指责原子论和分子运动论并无成果时指出，吉布斯关于热力学的研究建立在分子描述的基础上；还有奥斯特瓦尔德的助手能斯特研究电化学也借助于分子的概念；在这两人的工作中，原子论的观点都为他们的目的服务。吕贝克会议后，争论双方利用各种场合与刊物，阐述自己的见解，批评对方的观点。

到 19 世纪末，这场争论的高潮基本过去了。玻耳兹曼虽然竭尽全力与唯能论进行争论，但是持原子论的科学家们仍无法摆脱这样一个困境：原子论要求实体有某种亚结构，却没有一个实验证明。法国物理学家彭加勒就采用一种“中立性假说”来对待原子论，他说，分子运动论既不能认为是正确的，也不能认为是错误的，而且今后能否继续使用，也是一个悬而未决的问题。1897 年，电子的发现使情况发生了根本转变。这使坚持原子论的人不仅可以谈原子，甚至可以去谈比原子还小的粒子了。尤其是 1908 年法国物理学家佩兰用藤黄乳浊液的布朗运动实验证实了分子的存在。同年 9 月，奥斯特瓦尔德在为他的《普通化学基础》一书第四版写的导言中，明确地承认了原子的存在。他说：“我现在相信，我们已经有了物质的分立性和可检性的实验证据，这是千百年来原子假设者所徒然寻求的。一方面，气体离子的分离和计数已给汤姆孙长期进行的接触研究以成功的荣誉；另一方面，由很多研究者并由佩兰极其确凿地建立的布朗运动与分子动力学假设的要求符合，这一切使最谨慎的科学家现在也理直气壮地谈论物质的原子本性的实验证据了。这样，原子假设就被提升到有充分科学根据的理论的地位，在打算用来介绍化学知识现状的教科书中，它有权要求自己的一席之地。”同时，他附带评论说，在所引证的实验证据出现之前，他拒绝原子论是有道理的。奥斯特瓦尔德承认原子论是真诚的，当然，他确认原子论并不等于完全放弃唯能论。不过，对于“是否存在原子”的争论来说，就已经结束了。

玻耳兹曼后来发现他的观点几乎被欧洲大陆的科学家所抛弃，只有在英国才有支持者。他在 1898 年出版的《气体理论讲义》中以一种悲凉的心情写道：“目前这段时间里，对气体理论的攻击又厉害起来了。我确信，这些攻击仅是建立在曲解的基础之上的。当然，气体理论在科学中应起的作用还没有发挥出来也是一个原因……我的看法是，如果气体的理论由于暂时对它的敌视态度被人们短时间忘却了，科学将出现很大的灾难，这与波动理论受牛顿的权威影响的例子一样……我意识到，仅仅一个人孤军奋战不足以抗击时代的潮流。但是我仍将尽我的力量在这方面作出贡献，以使气体理论再一次复兴时，将不会有太多的东西要去重新发现。”

可能由于病痛的折磨，可能因为他的观点在学术界所受到的冷遇，还可能是孤军奋战的愤恨，玻耳兹曼精神上深深地陷入抑郁和绝望，于 1906 年 9 月 5 日自杀身亡。但是，仅仅两年之后，布朗运动理论被实验所证实，而使原子-分子学说被包括奥斯特瓦尔德在内的大多数科学家所接受。

这场争论虽然是以奥斯特瓦尔德和马赫的失败，以玻耳兹曼的胜利宣告结束，但是，必须指出的是，玻耳兹曼是一位坚定的原子论者，然而他又保留着强烈的机械论自然观。他曾说过：“力学是整个理论物理学赖以建立的基础，所有其他科学分支都是从它那里产生出来的。”而对于马赫、奥斯特瓦尔德等批判学派来说，虽然在这个问题上有失足之处，但是他们对经典力学局限性的批判，对世纪之交的物理学革命所起的巨大推动作用也是无法抹杀的。

10.2 在发现电子道路上的遗憾

电子这个名字我们今天已经十分熟悉，它是人类发现的第一个基本粒子，它的发现说明原子是有结构的，标志着人类的认识向微观领域的深入。由于原子不可分传统思想的束缚，发现电子经过了漫长而曲折的过程，许多科学家错过了发现的机遇。

原子概念产生于古希腊，认为宇宙万物是由原子组成的，原子就是最小的不可分割的物质粒子。到 19 世纪末，人类对原子的认识已经大大地丰富了，道尔顿化学原子论的提出，使对原子的认识从一种哲学观点发展为科学的认识；化学元素周期律的发现，使人类认识了自然界存在的各种各样的原子及它们之间的差别和联系，原子是组成物质的最小单元的思想就更为科学界广泛接受了。

电子这个名称是英国科学家斯通尼引入的，他主张把电解时一个氢离子所带的电荷作为一个基本电荷。1891 年，他引入电子来表示电的基本单位，但是他没有把电子当做粒子的名称。在 100 多年前，当科学家把电子这个术语引入物理学时，还不知道它的物质基础。

电子的发现与阴极射线的研究有关。在 X 射线发现的故事中已经介绍过有关阴极射线的知识。阴极射线是 19 世纪后半叶一个科学研究的前沿领域，当时，关于阴极射线的本质科学家们提出了不同的看法，为此在 19 世纪后期展开了一场 20 余年的科学争论。有趣的是，争论的双方基本上是以国家划分的，德国科学家主张阴极射线是类似于光的以太振动；而英国和法国科学家则主张阴极射线的本质是粒子流。为了给自己的观点提供有利的证据，争论双方都积极展开实验研究，促进了阴极射线研究的深入发展，也导致了电子的发现。

人们发现在低压放电管放电时，对着阴极的玻璃管壁上会出现荧光光斑，在阴极和荧光之间放置的障碍物，会在荧光出现的玻璃上留下阴影。他们还看到阴极射线管中伴随有辉光出现。德国科学家赫兹发现，在阴极射线的路径上加上一个垂直的电场，即把真空放电管置于两块带大量异号电荷的极板之间进行放电实验，射线所产生的荧光光斑没有任何变化，因此，赫兹认为阴极射线不带电。德国科学家提出，阴极射线是电磁波，具有和紫外线类似的性质，是光的一种特殊的以太振动。

1879 年，英国科学家克鲁克斯首先对阴极射线的以太振动说提出批判。他最早成功地使阴极射线管的真空度降到百万分之一大气压，制成“克鲁克斯管”，这种管子后来被许多实验室普遍选用。他在实验中发现，阴极射线在磁场的作用下发生偏转，这表明阴极射线是带电的，而且阴极射线具有动量，当它定在置于放电管中的风轮叶片上时，风轮就会转动。阴极射线还有热效应。克鲁克斯认为阴极射线是带负电的粒子流，但是由于当时原子不可分的思想根深蒂固，所以他认为阴极射线是从阴极发出来的带电荷的原子，当时称为“电原子”。

德国科学家也提供了认为是对他们有利的实验证据。1892 年，赫兹把一块薄金属板置于阴极和阳极之间，他发现阴极射线能够通过隔板，这个实验启发了德国科学家勒纳德，他成功地把阴极射线引到了真空管以外。1893 年，勒纳德在阴极射线管的管壁上开一个小铝窗，即把阴极射线管管壁的玻璃去掉一小部分，同时，为了不破坏管子内的真空，他用极薄的金属薄片将这一部分密封好。实验发现，阴极射线可以穿过铝箔，并在空气中传播几个厘米。德国物理学家认为这个实验是对英国科学家的粒子说的有力回击，他们说，如果阴极射线是一种带电的原子，它应该和铝箔的原子尺寸相同，那么阴极射线通过铝箔时为什么没有在铝箔上留下孔洞呢？德国科学家对他们的实验给出了完全错误的解释，他们认为阴极射线只能是类似于光的以太振动，他们根本没有想到，也许阴极射线粒子很小，即使穿过金属箔也不会留下孔洞。

现在知道阴极射线的本质是电子流，英国科学家的基本想法是正确的，但是由于传统的原子不可分思想的束缚，他们设想的粒子尺度太大了。从德国科学家的实验中可以得到的最有价值的认识应该是，组成阴极射线的粒子是很小的，它可能比原子的尺度要小很多，得到这样的认识就会将研究引向正确的方向。但是，德国科学家却由此更坚信以太振动假说，远离了电子的发现的正确道路。

1897 年，英国科学家汤姆孙通过对阴极射线的研究发现了电子，宣告了这场关于阴极射线本质争论的结束。汤姆孙出生于英国曼彻斯特，父亲以售书为业，他因为缺钱学工程而学习物理学。1876 年获得奖学金进入英国著名学府剑桥大学，此后，他在剑桥大学度过了大半生。

1884 年，年轻的汤姆孙被聘为剑桥大学卡文迪许实验室主任。卡文迪许实验室相当于剑桥大学的物理系，汤姆孙担任实验室主任长达 34 年，他采取了一系列措施改进发展实验室，在他任职期间培养了一大批人才，有 7 位后来获得了诺贝尔奖，使卡文迪许实验室成为国际物理学研究中心之一。

1897 年，汤姆孙对前人的实验研究进行了认真的分析总结，他认为，阴极射线是带负电的粒子流。他成功地对阴极射线实现了电偏转，并分析了前人电偏转失败的原因。他认为，由于阴极射线使低压管中的残留气体电离，电离后的气体变成了导电体，阴极射线被导电体包围起来，就屏蔽了电的作用力，所以就不能发生电偏离，就像金属罩把验电器屏蔽起来，使它不受外部的电作用一样。汤姆孙用两种实验方法测量了阴极射线粒子（也就是电子）的运动速度，并进一步测算了它所带电荷 e 与它的质量 m 的比值 e/m，e/m 称为粒子的荷质比。汤姆孙得到阴极射线粒子的运动速度与真空度有关，能达到光速的 1/10 左右；阴极射线粒子的荷质比很大，大约是电解时得到的最大的荷质比——氢离子的荷质比的 1000 多倍。

汤姆孙认真分析了阴极射线粒子荷质比大的实验结果，认为可能是质量小或者电荷大造成的。汤姆孙假定，阴极射线粒子与氢离子的电荷相等而符号相反，从而得出阴极射线粒子的质量约为氢原子的千分之一的结论，提出了阴极射线粒子是“小粒子”的假说，迈出了发现电子的重要一步。汤姆孙进一步用实验说明，阴极射线粒子的荷质比 e/m，与放电管的阴极使用的材料种类无关，也与管中的残留气体的种类无关。

通过阴极射线粒子荷质比的测量，汤姆孙得出了这样的结论：阴极射线的本质是带电的粒子流，而且这种粒子是小粒子，因此，原子并不是物质可分性的最后极限，这种小粒子是所有原子都具有的共同组成部分，这样汤姆孙就发现了电子。

在汤姆孙发现电子前后，还有几位其他物理学家也进行了电子的荷质比的测定工作。

1890 年，英籍德国科学家舒斯特最先从阴极射线的磁偏转中测出 e/m，约为氮离子的 500 倍，但他认为，这种粒子与原子的大小差不多，错过了发现的机遇。

1896～1898 年，德国科学家考夫曼对 e/m 进行了更精确的测量，但是，他对获得的数据疑惑不解，不能从理论上进行说明，因此只发表了实验结果。

荷兰物理学家塞曼从光谱学的研究得到了电子的荷质比。1896 年，他发现，钠火焰的光谱线在磁场的作用下发生分裂，这就是所谓的塞曼效应。塞曼认为他的老师洛伦兹的电子论能够解释这一效应，就把自己的发现告诉了洛伦兹。洛伦兹立即说明了计算方法，并预言塞曼效应中变宽的谱线两侧的光是偏振光。塞曼根据洛伦兹的提示，果然观察到了这一预言的现象，并由光谱线的宽度算出了荷质比。他的计算结果是，电子的荷质比是氢离子的 1000 多倍。塞曼的论文在汤姆孙第一次测量电子质比的实验之后 1 个月发表，塞曼没有向着物质微观结构方向进行更深入的研究。

上述物理学家对所得到的数据没有很好地理解，把它归结为旧理论的内容：电荷很大。他们已经发现这个性质很不同寻常，因为在电解研究中发现的最大的荷质比就是氢离子的荷质比，而电子的荷质比远远比它大。但是，他们没能突破传统思想的束缚，认为氢原子就是最小的粒子了，他们没有想到可能是更小的粒子，因此，阻塞了探索的道路，迷失了前进的方向。他们所缺少的是大胆的创新和假设。

提出“小粒子”假说只是汤姆孙发现电子的一个重要的科学创造环节，汤姆孙不只是停留在大胆的假设阶段，还进行了谨慎的实验检验。阴极射线粒子的荷质比测定以后，汤姆孙还进一步用实验说明电子分布的广泛性，1899 年，他最终测得了电子的电荷。

原子可分的发现震撼了科学界，科学家接受电子的概念经历了相当长的时间，电子是汤姆孙最重要的科学发现，10 年后的 1906 年，汤姆孙获得诺贝尔物理学奖，但是获奖原因并不是由于电子的发现。而是“因在气体导电的理论和实验研究上取得巨大成就获奖”。今天科学的发展已经证明，电子发现的意义远远超出了科学家当时的预料。

10.3　普朗克的“悲剧”

1900 年，德国物理学家普朗克提出了能量子假说，冲击了经典物理学的基本观念，使人类对微观领域的奇特本质有了进一步的认识，对现代物理学的发展产生了重大的革命性影响。但是，在此后的 14 年中，他犹豫徘徊，两次试图退回到经典物理学，被认为是一个“悲剧”。

普朗克出生于德国基尔，他的父亲是基尔大学著名的法律教授。普朗克先后在慕尼黑大学和柏林大学学习，曾经在著名物理学家基尔霍夫等的指导下学习和研究热力学，1879 年获得博士学位。1880 年，普朗克成为慕尼黑大学物理学讲师。1885 年，被基尔大学聘为理论物理学特约教授。1889 年，基尔霍夫逝世后，普朗克回到母校柏林大学继任了老师的职位，成为柏林大学的教授，他在该校一直工作到 1926 年退休。1894 年，普朗克被选为普鲁士科学院院士，1926 年，被英国皇家学会吸收为会员，他同时还担任柏林威廉皇家研究所所长。普朗克受到同事们的尊敬，不仅由于他的重要科学发现，而且由于他品德高尚。纳粹统治德国时期，普朗克感到有责任留在自己的祖国，他公开反对政府的某些政策，特别是反对迫害犹太人的政策。这是他一生中遭受痛苦和不幸的时期，1944 年，他的一个儿子被控告参与谋杀希特勒未遂案件，在第二次世界大战即将结束的前几周，他的家被炸成废墟，普朗克经受了个人的不幸与苦难。1947 年普朗克在格丁逝世。

普朗克早年的研究工作是在热力学方面，发表过关于熵、热力学以及溶液理论的文章，同时热辐射问题也引起了他的注意。带电粒子在原子和分子内部的振动会引起电磁波的发射和吸收。这种辐射无论是辐射能量的大小，还是辐射的电磁波波长的分布情况，都与辐射物体的温度密切相关，所以称为热辐射。经验告诉我们，白色物体吸收辐射的能力最弱，黑色物体吸收辐射的能力最强，而且吸收能力最强的物体也是辐射能力最强的物体。1860 年，普朗克的老师基尔霍夫引入绝对黑体的概念，它指在任何温度下都能全部吸收落在它上面的一切辐射的物体。理论研究表明黑体的辐射本领是具有普遍意义的，与黑体的材料性质无关。

19 世纪后半叶，黑体辐射的实验和理论研究取得了一系列成果，但是基于经典物理学理论无法说明实验结果，引起越来越多的物理学家的关注。1894 年，普朗克开始积极投入这个领域，进行理论研究。当时，黑体辐射的研究中心在德国，德国国家物理技术局有一大批实验物理学家从事黑体辐射的精确测量工作，理论工作可以很快与实验结果进行比较，对于普朗克的研究十分有利。经过 6 年的努力，1900 年 10 月 19 日，普朗克在德国物理学会发表论文，报告了他找到的一个新的辐射公式。当晚，他的朋友，实验物理学家鲁本斯就把普朗克的公式与实验结果进行了比较，发现与实验结果“令人满意地相符”。10 月 20 日早晨，鲁本斯将这一结果告诉了普朗克，并深信在普朗克公式中包含着极其重要的含义，绝不可能是一个偶然的巧合。普朗克也立即意识到，紧接着的和更为基本的任务就是为他的辐射公式提出理论基础，这个任务引导他发现了一个新的自然常数——作用量子。

普朗克后来说，他“经过一生中最紧张的几个星期的工作”，自然规律迫使他作出“孤注一掷的行动”。30 年后，1931 年在给友人的一封信中，普朗克回忆当时的心情说：“我已经为辐射和物质之间的平衡奋斗了 6 年(从 1894 年开始)，仍然没有成功。我知道这个问题对整个物理学是至关重要的。我已经找到了确定能量谱分布的那个表达式，因此，无论花多大的代价我也必须为它找到理论上的解释。我非常清楚经典物理学是不能解决这个问题的，因为按照它的解释，所有的能量最终都会从物质化为辐射。为了避免这一点，就需要有一个新的常量来保证能量不会分解。”他说，除了热力学的两条基本定律，他准备牺牲以前对物理定律所抱的任何信念。

1900 年 12 月 14 日，普朗克在德国物理学会上宣读了论文《关于正常光谱的能量分布定律的理论》,提出令人感到惊讶的能量子假定,得到辐射公式。他假设,物体在发射辐射和吸收辐射时,能量是不连续的,以一个最小单位的整数倍跳跃式变化,这个能量的基本单位,称为能量子,即辐射能量的交换只能以能量子为最小单元作不连续变化。他说"我们采取这种看法——并且这是整个计算中最重要的一点——认为能量 E 是由一些完全确定的,有限而又相等的部分组成,而对于这个有限而又相等的部分,我们应用了自然常数 $h=6.55\times10^{-27}$ erg · s①。"因此,这一天被看做量子论的诞生日,h 称为作用量子,是最基本的自然常数之一。

量子论的提出冲击了经典物理学长期信奉的一切自然过程都是连续的这条原理。这个理论与经典理论格格不入,当时物理学界对它的反映是极为冷淡的。从 1900 年到 1904 年的文献中,几乎找不到有关这一理论的论文。1908 年,德国的《自然科学和技术史手册》发行第二版,书中详尽地列举了 1900 年全世界 120 项发现、发明,就是没有提到普朗克的名字。普朗克工作的重要意义没有引起物理学界的应有关注。人们承认普朗克得到与实验相符的黑体辐射公式,却不接受普朗克的量子假说。

由于经典物理学传统思想的束缚,普朗克虽然发现了能量子,但是他不能理解这一发现的意义,对自己的发现长期惴惴不安,总想回到经典物理学的立场。他曾在散步时对儿子说:"我现在所做的事,或者毫无意义,或者可能成为牛顿以后物理学上最大的发现。"1909 年,当他重新投入量子问题的研究时,他曾经告诫自己和别人,要尽可能避免采取冒险步骤,他说:"在将作用量子 h 引入理论时,应当尽可能保守从事;这就是说,除非业已表明绝对必要,否则不要改变现有的理论。"1910 年,他提出了一个理论,认为发射过程在时间上是不连续的,但吸收则是连续的。这是一次公开的倒退,1914 年,他又提出了一个理论,干脆撤销了量子假说,认为发射过程也应假定是连续发生的。这又是一次大倒退。

在普朗克犹豫徘徊甚至倒退时,量子论有了很大的发展。1905 年,爱因斯坦提出光量子假说,成功地解释了光电效应,1906 年,他又将量子理论运用到固体比热问题,获得成功。1922 年,康普顿通过实验最终使物理学家确认了光量子图景的实在性。1912 年,玻尔将量子理论引入原子结构理论中,克服了经典理论解释原子稳定性的困难,建立了他的原子结构模型,取得了原子物理学划时代的进展。量子理论得到了科学界的普遍承认。

普朗克的两个倒退的理论都受到了科学界的批评,面对量子论的发展与成功,普朗克最终放弃了倒退的立场。普朗克在逝世前不久所写的《科学自传》中回忆说:"我一直试图把作用量子纳入经典物理学理论,这种尝试我曾持续了许多年,并且消耗了我许多精力,但仍然归于失败。我的许多同事把它视为一种悲剧,我则持不同意见,因为对我来说,通过这种最基本的研究而得到的益处是最有价值的。现在我已真正了解到,作用量子在物理学中所起的作用要比当初我所设想的广泛得多,重要得多,并且由此对研究原子问题必须引进新的方法提供了全面的认识。"

---

① erg 为非法定单位,1 erg$=10^{-7}$J。

造成普朗克长期犹豫徘徊的原因是传统观念的束缚。自从 17 世纪牛顿力学建立，自然过程连续性的观念在物理学中已经根深蒂固了，莱布尼茨曾经说过："自然界无跳跃。"19 世纪，电磁场理论的建立更使这一观念深入人心，要冲破它确实不容易。普朗克说："因为作用量子揭示了某种至今未知的东西，所以要求我们彻底变革我们旧的物理思想，而这种物理思想是从莱布尼茨和牛顿创立微积分以来一直建立在因果关系的连续性假设上的。"普朗克 14 年的犹豫带来的影响是，他没能在量子论的进一步发展中作出贡献，没能追随这一理论的进一步发展，科学领域的开拓者成了落伍者。普朗克的遗憾再次说明冲破传统观念的束缚是多么不容易，它需要大量的实验和理论研究基础，需要众多科学家的努力。在量子论创立后的最初 10 年中，爱因斯坦起到了旗手的作用。但是到了 1951 年，爱因斯坦却这样总结了他的探索工作："整整 50 年有意识的思考，还没有使我更接近'光量子是什么'的答案。当然今天每一个不老实的人都认为他知道答案了，但他在欺骗他自己。"普朗克在两次倒退的过程中对量子论做了深入的理论研究，这是有一定意义的，但是，量子论最终获得胜利是由于它在微观领域研究中的普遍意义和价值。应该看到，一个科学新理论的价值只能在未来科学进一步发展中得到揭示，倒退是不会有结果的。科学认识一旦获得，无论他的发现者抱有什么样的态度，不管他们是犹豫，是后悔，还是坚定，科学都会产生它的认识功能，促进人类的进一步探索。

普朗克的工作得到了科学界的高度赞扬，1948 年，在悼念普朗克的会上，爱因斯坦高度评价了普朗克的工作，他说：作用量子"这一发现成为 20 世纪物理学研究的基础，从那个时候起几乎完全决定了物理学的发展。要是没有这一发现，那就不可能建立起分子、原子以及支配它们变化的能量过程的理论。而且，它还粉碎了古典力学和电动力学的这个框架，并给科学提出了一项新任务——为全部物理学找出一个新的概念基础。"

因为发现能量子而对物理学的发展作出杰出贡献，普朗克获得了 1918 年诺贝尔物理学奖。瑞典皇家科学院认为他对量子理论的研究工作具有划时代的意义，"这一理论虽然来源于黑体辐射，但现在表明，它在自然界的其他领域和相互关系中也是正确的。"1920 年，在诺贝尔奖颁奖仪式上，普朗克作了题为《量子理论的创立和当前的发展状况》的演讲，演讲中普朗克说："当回顾 20 年前根据大量实验事实首次阐明物理作用量子这一概念及其大小，以及最终导致发现作用量子的这一段漫长而曲折的道路时，我觉得整个的发展过程似乎是对歌德很久以前的一句名言提供了一个新的证明。这句名言是：'人要奋斗，就要有错误。'一个勤奋的研究工作者，如果不是通过一些明显的事实发现他走过的复杂道路确实是向真理靠近了一步，那么他的全部智力劳动最后将会归于徒劳。一个必不可少的假设，尽管远不是一个成功的保证，但它追寻着一个特定的目标。即使开始失败了，也不要轻易放弃设置的路标。"普朗克告诉我们他的科学创造过程的曲折性，也告诉我们应该怎样对待错误和失败。

10.4　制造永动机梦想的破灭

永动机这个名词不是很恰当。例如，飞轮一旦开始运动，若无摩擦阻力作用，是可以永久继续运动下去的，这在实际上虽然不易实现，但是在道理上说得通，可以看做一种实际的极限情况。所谓永动机并不是指这种情况，不是试图去保持永恒的运动，而是期望在没有外界能源供给，即不消耗任何燃料和动力的情况下，源源不断地得到有用的功。如果这种永动机真的能够制成，那么就可以不使用任何自然能源无中生有地得到无限多的动力。在人们还没有掌握自然力的基本规律时，这种想法曾经吸引了许多有杰出创造才能的人，他们付出了大量的智慧和劳动，追求这种梦想的实现。但是，没有任何一部永动机被实际地制造出来，也没有任何一个永动机的设计方案能经受住科学的审查。

早期著名的一个永动机设计方案是 13 世纪法国人亨内考提出的。亨内考设计的装置当时并不称为永动机，而是按它特别吸引人的性质，把它称为魔轮（图 10-1）。他在一个轮子的边缘上等距地安装 12 根活动短杆，杆端分别套上一个重球。无论轮子转到什么位置，右边的各个重球总比左边的各个重球离轴心更远一些。亨内考设想，右边更大的作用特别是右边甩过去的重球作用在离轴较远的距离上，就会促使轮子按照箭头所示的方向永不停息地旋转下去，至少要转到轮轴磨坏时为止。但是，实际上轮子转动一两圈后就停了下来。

文艺复兴时期，意大利的达·芬奇也造了一个类似的装置（图 10-2）。他设计时认为，右边的重球比左边的重球离轮心更远，在两边不均衡的作用下会使轮子沿箭头方向转动不息，但实验结果却是否定的。达·芬奇由此敏锐地得出结论：永动机是不可能实现的。

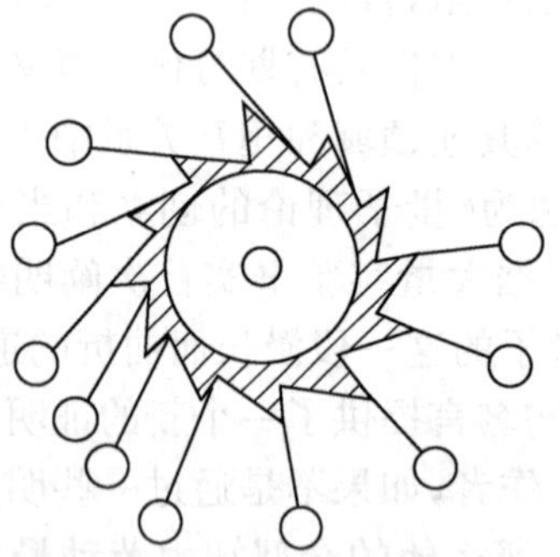

图 10-1　亨内考的魔轮

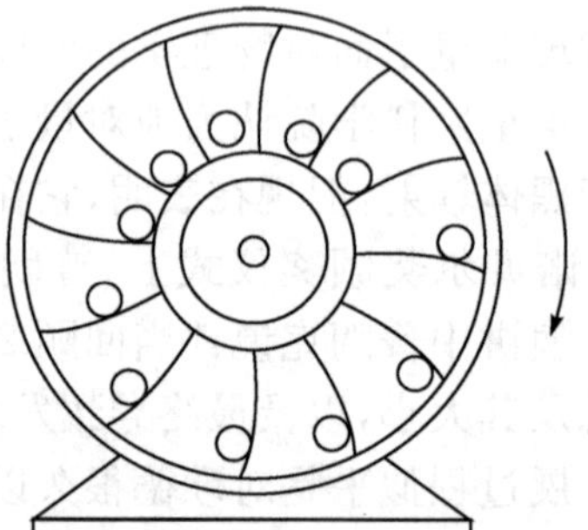

图 10-2　达·芬奇的装置

事实上，由杠杆平衡原理可知，上面两个设计中，右边每个重物施加于轮子的旋转作用虽然较大，但是重物的个数却较少。精确的计算可以证明，总会有一个适当的位置，使左右两侧重物施加于轮子的相反方向的旋转作用（力矩）恰好相等，互相抵消，使轮子达到平衡而静止。

流水的落差可以推动水轮机对外提供动力，能否用流水来设计永动机呢？16 世纪 70 年代，意大利的一位机械师斯特尔又提出了一个永动机的设计方案（图 10-3）。他在设计时认为，由上面水槽流出的水冲击水轮转动，水轮在带动水磨转动的同时通过一组齿轮带动螺旋汲水器，把蓄水池里的水重新提升到上面的水槽中。他想，整个装置可以这样不停地运转下去，并有效地对外做功。实际上，流回水槽的水越来越少，很快水槽中的水就全部流进了下面的蓄水池，水轮机也就停止了转动。

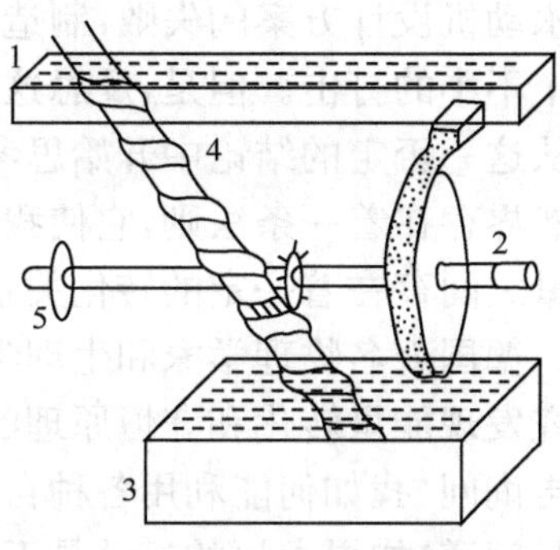

1. 水槽；2. 水轮；3. 蓄水池；4. 螺旋汲水器；5. 带动工具机

图 10-3　斯特尔的设计

浮力也是设计永动机的一个好帮手。图 10-4 是一个著名的浮力永动机设计方案。一连串球绕在上下两个轮子上，可以像链条那样转动。右边的一些球放在一个盛满水的容器中。设计者认为，右边如果没有那个盛水的容器，左右两边的球数相等，链条是会平衡的。但是，现在右边这些球浸在水中，受到了水的浮力，就会被水推着向上移动，也就带动整串球绕上下两个轮子转动。上面有一个球露出水面，下面就有一个球穿过容器底补充进来。

这样的永动机也没有制成，是不是因为要下面的球能够通过容器底，而又不能让水漏出来，制造起来技术上有困难呢？技术上的困难并不是主要问题，主要问题还是出在设计的原理上。

当下面的球穿过容器底时，它和容器底一样，要承受上面水的压力，而且是因为在水的最下部，所以它受到的压力很大。这个向下的压力就会抵消上面几个球所受的浮力，这个永动机也就无法永动了。

此外，人们还提出过利用轮子的惯性、细管子的毛细作用、电磁力等获得有效动力的种种永动机设计方案，但都无一例外地失败了。其实，在所有的永动机设计中，总可以找出一个平衡位置，在这个位置上，各个力恰好相互抵消，不再有任何推动力使它运动。所有永动机必然会在这个平衡位置上静止下来，变成不动机。

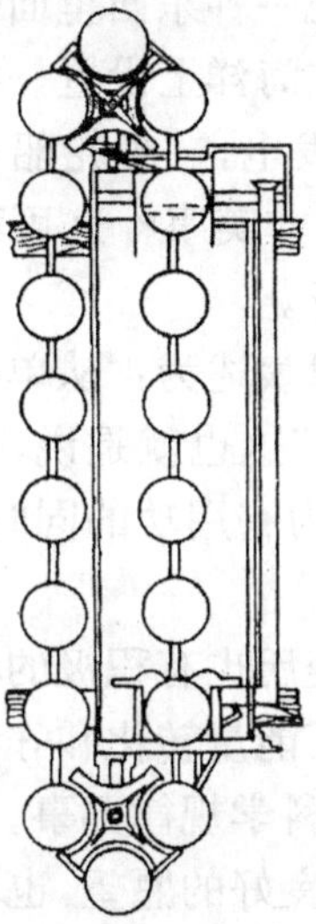

图 10-4　浮力永动机

层出不穷的永动机设计方案都在科学的严格审查和实践的无情检验下一一失败了。1775 年，法国科学院宣布“本科学院以后不再审查有关永动机的一切设计”。这说明在当时科学界已经从长期所积累的经验中认识到制造永动机的企图是没有成功的希望的。

各种永动机设计方案的失败，制造永动机美好梦想的破灭，对于每一个寻找永动机的人是一个不小的打击。但是，反思这一失败的探索过程，它从反面给人类以启迪，一些科学家从这一否定的结论中开始思考，提出这样一个问题：永动机不可能制成，是不是说明自然界存在着一条法则，它使我们不可能无中生有地获得能量？也就是说自然界各种能量之间存在着一定的转化关系。这方面的思考是能量转化和守恒原理建立的线索之一。德国著名物理学家和生理学家亥姆霍兹就是从永动机不可能实现的这个事实入手研究发现能量转化和守恒原理的。他在论文中写道："鉴于前人试验的失败，人们……不再询问'我如何能利用各种自然力之间已知和未知的关系来创造一种永恒的运动'，而是问道'如果永恒的运动是不可能的，在各种自然力之间应该存在着什么样的关系？'"

19 世纪中叶，能量转化和守恒原理得到了科学界的普遍承认。这一原理指出：自然界的一切物质都具有能量，对应于不同的运动形式，能量也有不同的形式，如机械运动的动能和势能、热运动的热力学能、电磁运动的电磁能、化学运动的化学能等，它们分别以各种运动形式特定的状态参量来表示。当运动形式发生变化或运动量发生转移时，能量也从一种形式转化为另一种形式，从一个系统传递给另一个系统；在转化和传递中总能量始终不变。

还有另外一种非常美妙的幻想，它并不违反能量转化和守恒原理。假如能把空气或海水中的热能，通过一种巧妙的机器，全部转化成所需要的机械功，这可以成为取之不尽、用之不竭的能源。发明这种机器的想法比起前面要凭空产生能量的想法聪明得多了。如果这种机器真的能发明，还有另外一个好处，我们可以把一种东西里面的热能取出来做功，同时还会使这种东西的温度降低。这样，我们可以在海洋上设置一些巨大的工厂，利用海水中的热能来进行各种不同的工作，如利用它来发电，一艘轮船可以利用海水中的热量，不必烧煤或烧油，就能到世界各地去航行，这岂非美事？这可称做第二种永动机，也是不可能实现的，因为它和热力学第二定律相违背。

热力学第二定律是由无数次实践证明了的客观规律。它可以表述为："从单一热源吸取热量使之完全变为有用的功而不产生其他影响是不可能的。"这也就是说，热机不可能有 100％的效率，它要在把从高温热源吸收的一部分热量变为有用功的同时，把另一部分热量放到低温热源。

追寻永动机的失败经历可以给我们两点启示：首先，失败的经历也有积极的科学研究价值，永动机的种种设计方案的失败引起了人们的反思，启发了能量转化和守恒的思想，成为能量转化和守恒原理建立的思考线索之一；其次，要依据科学规律办事。

历史上追求永动机而失败的人们，并不是因为他们没有一种良好的愿望，也不是他们缺乏刻苦钻研的精神，只是由于他们做的是违背客观规律的工作。在人们还没有认识能量传递和转化的规律之前，对那些寻求永动机的努力遭到的失败，我们只能感到遗憾，但是，如果在今天还有人去设计永动机，那他就是愚蠢的，是违反科学规律的，也是永远不会成功的。

10.5　明代数学的停滞

中国古代的数学研究可谓成就卓著，而尤以宋元时期最盛，其代表人物有贾宪、李冶、秦九韶、杨辉和朱世杰等。

在贾宪的研究中，他首创“开方作法本源图”，今天称为鼍。贾宪三角形。在西方则称为帕斯卡三角形，后者晚于贾宪 600 年。贾宪的三角形实际上是一个二项式展开的系数表，借此表可将传统的开方术推广到开高次方。在高次方程的数值解法研究中，贾宪创立的“增乘开方”法是一个重要的发展。

李冶最先对“天元术”进行系统的论述。这种方法类似今天的列方程的方法。在《测圆海镜》中，李冶在讨论方程问题时已摆脱了几何学的束缚，因此，在方程理论研究中取得了很多的成绩。

到 14 世纪中叶，这种人才辈出的局面基本上结束了。此后 400 年间中国数学进入了“沉寂时期”（李俨语），这时期“竟无人能了解增乘开方法和天元术”（钱宝琮语）。一般来说，数学是基础学科，数学的停滞所带来的负效应也是严重的，特别是对整个自然科学的发展是非常不利的。就当时而言，明代的科技迟滞现象是非常明显的。

造成这种迟滞局面的原因有多种。首先，中国古代数学过于偏重计算，而轻视数学的论证。在初等几何的研究中，古代也有一些进行严格求证的例子，但总的来说，中国古代数学家对一些实际问题的计算非常重视。尽管在这些实际问题的计算中也要进行论证，而且计算的规则是需要论证的，但是作为一种论证的方法却发展得不够。在较低水平的研究上，数学发展对论证的需要并不明确，学习数学主要是通过大量练习来掌握其知识的，特别是在为解决实际问题而学习时更是如此。朱世杰的研究水平是非常高的，但对论证的认识仍未能有所超越，尽管他的论证水平基本上达到了中国古代数学水平的顶峰。从“四元术”来看，由于一味地求解而疏于论证，未能讨论五次或五次以上的方程，因此我们也就不能期望像阿贝尔和伽罗瓦这样的天才在中国产生，也不会产生群论。由此可见，中国古代虽有论证的方法，但论证得不够，当向近代过渡时就出现了停滞的局面。

其次，中国古代数学使用的计算工具算筹也有很大的局限性。在运算过程中，随着演算的进行，中间过程是无法保留的。运算中的错误也不易发现，尤其是从这样的运算中找出一般的规律也是很不容易的。筹算以及后来发展起来的珠算适宜数值运算，不能要求它进行抽象的符号运算，所以利用算筹不能展开五次方程的论证。尽管“天元术”和“四元术”已有初步的符号运算，但抽象化的程度是远远不够的。未能采用符号运算是限制中国数学发展的一个重要原因。

最后，中国古代数学缺少演绎体系。演绎体系相对社会生产的发展是独立的，它不是只为了满足生产实际的需要。作为理论发展到一定阶段的产物，数学是它的理想内容，或者说，演绎体系是数学理论的天然的形式。演绎体系可以使理论与理论之间发生紧密的联系，而且理论与理论之间具有一定层次的关系。由于演绎体系的需要，它为

(数学)科学的发展提供了一种天然的动力,因为人们总想把这一体系发展得尽善尽美。只是满足生产的需要和只是反映经验的事实,缺乏来自(包括数学在内的)科学内部需求的动力,不会使科学得到正常的发育,而建立演绎体系也就无从谈起了。数学不应一味地为满足社会的需要而研究,这样,如果社会的需求没有了或减弱了,其学术的发展就要受到影响。来自内部需求的数学则不然,如中国人和希腊人都发现了勾股定理,希腊人借助勾股定理很快就发现了无理数,而中国人却未能出现无理数的概念。

明清时期,欧洲的科学技术获得了飞速的发展,中国的科学发展却出现了迟滞的局面,中国数学在消化西方数学的知识时才获得了进步。

10.6　王夫之的物质不灭思想为什么没有发展为物质不灭原理

中国古代的元气思想发展可谓源远流长,其代表人物层出不穷,使元气理论体系不断充实和提高。

先秦时期,诸子蜂起,学术研究不拘一格,形成了"百家争鸣"的局面。许多学派都提出了自己的世界本原理论,其中"气"的思想研究成就最为突出。

《管子》中最早提出了气的观点。宋趼和尹文提出"精气"观点认为,"精气"是世界万物的本原,并且构成包括精神现象在内的一切事物。

荀子对此说进行了进一步的阐发,他指出:"水火有气而无生,草木有生而无知,禽兽有知而无义;人有气、有生、有知、亦且有义,故最为天下贵也。"(《荀子·王制》)荀子的发展中表现出初步的进化思想,并且除去了"精气"中的神秘色彩。

东汉时期的王充在继承前辈的物质本原思想时,首次将这种思想系统化,并首次在他的名著《论衡》中提出元气自然论。王充认为:"元气未分,混沌为一。"(《论衡·言毒篇》)并认为:"天地,含气之自然也。"(《论衡·谈天》)以及"天地含气,万物自生,犹夫妇合气,子自生也!"(《论衡·自然》)王充的理论为元气理论,进而为古代自然哲学的发展奠定了基础,在中国古代自然哲学发展中占据了重要的地位。

唐代的柳宗元也强调宇宙的元气构成,他说,在茫茫的宇宙中,"惟元气存,而何为焉"!(《天对》)刘禹锡则进一步指出:"空者,形之希微者也。"(《天论》)他还强调"气"的存在状态具有"无常形"的特点。

北宋时期,著名哲学家张载对元气理论进行了大大的发展,进而形成"元气本体论"。他认为,宇宙本原是"气","太虚即气","太虚无形,气之本体","太虚不能无气,气不能不聚而为万物,万物不能不散而为太虚"(《正蒙·太和》)。他认为,"气"无所不在,太虚不虚,气凝聚而为万物,消散而为太虚。

明末清初的王夫之对元气理论的发展使之达到顶峰。王夫之是一位重要的思想家,明末参加了抗清活动。失败后,在家乡隐居山林,潜心著述,完成著作100余部、400余卷。王夫之的研究功底深厚,他的"治学方法,已渐开科学研究的精神"(梁启超,《清代学术概论》),使他在学术上多有建树,在中国古代学术史上占有重要的地位。

在中国古代思想史上,王夫之的经学研究非常重要。王夫之重视《周易》的研究,他总结了宋明理学,借助于前代的大量思想材料,使中国哲学思想发展到了顶峰。此外,王夫之对方以智的“质测之学”大加赞许,继承了张载的“元气本体论”,借助元气理论对一些自然哲学的命题进行了研究和发展,得到了一些重要的成果。

在元气理论上,王夫之肯定了张载的“太虚即气”的观点,并对元气与气体进行了区别。使元气更加抽象和更加普遍,这样,元气就可以作为客观世界统一的基石。他认为:“气在空中,空非无气”,“阴阳二气充满太虚,此外更无他物,亦无间隙。天之象,地之形,皆其所范围也。”(《张子正蒙注·太和》)元气是“太极之主体,中涵阴阳必有之实”(《张子正蒙注·参两》)。在王夫之看来,在世界之初的“太极”状态仍充满元气,而“太极”的本体就是元气。元气的一个重要性质是运动,元气是运动的本体,他认为:“误解《太极图》者,谓太极本未有阴阳,因动而始生阳,静而始生阴。不知动静所生之阴阳,为寒暑、润燥、男女之情质,乃固有之蕴,在动静之先。”(《张子正蒙注·太和》)

在古代物质观中,很早就出现了物质不灭的思想。最早明确提出物质不灭思想的是战国时期的墨家学派,《墨经》第 162 条认为,有的东西是不能加以消灭的。

魏晋时期成书的《列子》也谈到物质不灭问题,其中讲到:“物损于彼者盈于此,成于此者亏于彼。”物质是不能消灭的,所谓消灭于此者,必定产生于另一处。张载对元气的状态讲道:从元气的状态来看,它是以“有形”和“无形”的状态存在,但不论气的状态如何,气“聚亦吾体,散亦吾体”(《正蒙·太和》)。

王夫之继承了张载的物质不灭思想,他指出:“于太虚之中具有而未成乎形,气自足也;聚散变化,而其本体不为之损益。”(《张子正蒙注·太和》)对于这种思想,王夫之还进行了论证。他提出了三个实例加以论证:“车薪之火,一烈已尽,而为焰、为烟、为烬,木者仍归木,水者仍归水,土者仍归土,特希微而人不见尔。一甑之炊,湿热之气,蓬蓬勃勃,必有所归,若掩盖严密,则郁而不散。汞见火则飞,不知何往,而究归于地。”

在王夫之的著述中,也一再谈到物质不灭的现象,如“形有凝释,气不损益”,“形散而气不损”等。

王夫之的论证仍然局限于哲学方面,发挥的是一种重要的哲学思想,并达到了很高的水平。因此,还很难说王夫之得到了一条科学的原理。这是由于当时的论证方法水平是比较低的,借助一些经验的事实,并把它们当做论证的基础是不妥的。又由于这种经验的体系未能上升到演绎体系,似乎王夫之的论证并不需要这种类似“公理”的基本原理。在王夫之的论证中,其“实验上”的证据也稍嫌简陋,其中的炼丹实验虽然有一定的水平,但由于中国的炼丹实践中未能利用天平之类的衡器,定量研究很差,因此难以得到较为严格的定量原理。

同时,我们也应看到,物质不灭思想是物质守恒原理(或定律)的重要思想基础,王夫之的研究具有重要的意义。虽然从思想到原理的距离只有一步之遥,但若要完成这样的跃迁是要很高的能量的。从西方国家的发展过程可以看出,从思想到定律的跃迁发生在 18 世纪下半叶,这是在大量的定量实验的基础上完成的。一般来说,17 世纪的物理学和化学水平尚不足以得到物质守恒原理,西方如此,中国也是如此。

参 考 文 献

贝尔纳 J D. 1982. 科学的社会功能. 北京：商务印书馆

蔡东升，卢华复. 1995. 板块运动的动力学解释. 南京大学学报（自然科学版），31（2）：344-348

陈筠泉，殷登祥. 2001. 科技革命与当代社会. 北京：人民出版社

冯·贝塔朗菲. 1987. 一般系统论：基础、发展和应用. 林康义等译. 北京：清华大学出版社

哈肯 H. 1984. 协同学引论. 徐锡申等译. 北京：原子能出版社

浩宇. 2008. 宇宙到底有多大. 资源导刊，12：34-35

胡显章，曾国屏. 2006. 科学技术概论. 2 版. 北京：高等教育出版社

胡中为，王尔康. 1998. 行星科学导论. 南京：南京大学出版社

胡中为，徐伟彪. 2006. 太阳系的元素丰度与起源. 自然杂志，28(4)：215-218

胡中为. 2003. 普通天文学. 南京：南京大学出版社

《化学哲学基础》编委会. 1986. 化学哲学基础. 北京：科学出版社

金祖孟，陈自悟. 1997. 地球概论. 3 版. 北京：高等教育出版社

雷铭奇. 2008. 太阳系的形成. 科技信息（科学教研），10：28

李达顺，李以章. 1989. 现代自然科学概论. 大连：大连理工大学出版社

李达顺，廖德文，李以章. 1986. 现代科学技术概论. 南昌：江西科学技术出版社

李剑桥，竭宝峰. 2008. 破解自然的奥秘：科学大发现（世界历史百科丛书：15）. 沈阳：辽海出版社

李启成，景立平，任常愚. 2008. 浅谈板块运动的外部力源. 地球学报，29（2）：241

李衍达，李志坚，张钹，等. 2005. 信息科学概论. 北京：清华大学出版社

李艳平. 1998. 科学的遗憾. 北京：科学出版社

李艳平，申先甲. 2003. 物理学史教程. 北京：科学出版社

李约瑟. 1975. 中国科学技术史. 北京：科学出版社

李宗伟，肖兴华. 2000. 天体物理学. 北京：高等教育出版社

里吉斯 E. 1994. 科学也疯狂. 张明德，刘青青译. 北京：中国对外翻译出版公司

林成滔. 2001. 科学的故事. 北京：中国档案出版社

林成滔. 2004. 科学简史. 北京：中国友谊出版公司

刘华，梅光泉. 2003. 自然科学概论. 北京：海洋出版社

刘钟锐. 2008. 宇宙的演化及其大小的探讨. 科技信息（学术研究），20：62-65

马克思. 1978. 机器、自然力和科学的应用. 自然科学史研究所译. 北京：人民出版社

马克思. 1979. 1844 年经济学-哲学手稿. 刘丕坤译. 北京：人民出版社

玛格纳 L N. 1985. 生命科学史. 李难，崔极谦，王水平译. 武汉：华中工学院出版社

苗东升. 2007. 系统科学大学讲稿. 北京：中国人民大学出版社

欧阳自远. 1988. 天体化学. 北京：科学出版社

欧阳自远. 2007. 月球探测推动科学的创新与发展. 科学中国人，1：6-12

钱学森，许国志，王寿云. 1988. 论系统工程（增订本）. 长沙：湖南科学技术出版社

钱学森. 2001. 创建系统学. 太原：山西科学技术出版社

萨顿. 1989. 科学史和新人文主义. 陈恒六等译. 北京：华夏出版社

上海交通大学. 2005. 智慧的钥匙：钱学森论系统科学. 上海：上海交通大学出版社

沈萍. 2000. 微生物学. 北京：高等教育出版社

斯诺 C P. 1994. 两种文化. 北京：三联书店

孙付平，赵铭. 1998. 现代板块运动的测量和研究. 地球物理学进展，13(1)：1-16